narrativa tea

Raffaello Mastrolonardo

Lettera a Léontine

Romanzo

TEA

Per informazioni sulle novità
del Gruppo editoriale Mauri Spagnol visita:
www.illibraio.it

TEA – Tascabili degli Editori Associati S.r.l., Milano
Gruppo editoriale Mauri Spagnol

www.tealibri.it

Prima edizione pubblicata da Besa Editrice, 2008

Prima edizione Narrativa TEA maggio 2010
Quarta ristampa Narrativa TEA novembre 2014

LETTERA A LÉONTINE

Questo è l amaro della vita.
che solo in due sı può essere felici;
e che i nostri cuori sono attratti
da stelle che non ci vogliono.
Edgar Lee Masters

Prologo
Lettera a Léontine

Léontine, tu non esisti, non sei mai esistita, sei il frutto della mia fantasia, un sogno di cui mi sono invaghito, che mi ha smarrito nel labirinto del cuore, che colora l'orizzonte grigio e lascia l'anima vagare. Illudersi, naufragare in un sorriso e morire, ubriacarsi d'una speranza e ignorare il mondo, questo è volare. Ma tu, Léontine, non me ne hai dato il tempo, hai avuto paura di sognare. Non posso fartene una colpa: io sono un visionario e questo ti ha spaventato. Così hai rinunciato al volo, alla poesia, alla mia tenerezza. Proprio tu, che m'hai sempre detto di amare i romanzi d'amore, il tuo non l'hai voluto vivere.

Ricordi? Te lo spiegai davanti a un quadro di De Nittis: l'uomo vive la realtà, l'artista la trasfigura. Così ho fatto con te. Ti ho trasfigurato e mi sono innamorato non di una donna, ma dell'idea che me n'ero fatto. Innamorato del desiderio d'una compagna ironica, intelligente, crudele, con la quale parlare di libri, quadri e di poesia davanti a un calice di buon vino, una donna che mi sa ascoltare e capire nel mio vagabondare disordinato, con la quale dividere la solitudine, ubriacarmi, fare l'amore senza ritegno oppure, semplicemente, sorridere.

Innamorarsi di un'idea! Un meraviglioso errore cui oggi non so rinunciare, né porre rimedio. Lo sgorgare delle emozioni non si può fermare e l'unico modo che mi resta per attenuarne gli effetti è scriverne. Oggi non ho altra amica, se non la pagina bianca. Tu non ci sei più.

No, Léontine, non scriverò poesie tristi per te. Inutile, inutile e doloroso. Ma mantenere le promesse non è mai stato il mio forte e, come vedi, ho trovato ugualmente un modo per farmi del male. Non riesco a svegliarmi, sto continuando a confondere realtà e sogno; ciò che è con ciò che vorrei che fosse o fosse stato. La vita reale con il desiderio impalpabile, intangibile, ma dagli effetti devastanti soprattutto in chi, come me, in fondo non è che un ragazzo e non sa controllarlo, gestirlo.

È un male? Sì, dolcissimo. Come lo sono state le ore trascorse insieme, col tuo modo di ascoltarmi, vezzeggiarmi, canzonarmi cinica e crudele, con la mia solitudine a tener compagnia alla tua, nelle nostre passeggiate notturne per i vicoli della città vecchia, nelle nostre cene sul mare, nelle ore dell'amore, poche, alla ricerca di qualcosa che non era né in me né in te.

Ora che tutto è finito, non posso far altro che ricordare e raccontare a me stesso d'un sentimento che il tempo, inevitabilmente, cancellerà. Peccato, quanta ricchezza sprecata!

Oppure no! Potrei tentare di convincermi che non è accaduto nulla, che sei stata una parentesi fra altre, senza importanza, senza significato; ma così non è. Potrei cercare di dimenticare. Non voglio.

Non ho più tempo, Lea, non ho più futuro. Solo il passato mi resta, soltanto i ricordi.

E poi sono ancora troppe le domande cui non riesco a dare risposta, prima di chiudere devo capire.

Mi chiedo come sia iniziata. Quando. Perché.

Non lo so e credo non sia facile rispondere: i sentimenti sono genî maligni che ti aggrediscono all'improvviso, alle spalle, quando sei più debole e indifeso. Come in ogni agguato, tutto si consuma rapidamente, con dolorosa violenza. Poi risorge il sole e compaiono i danni dell'aggressione, restano le ferite da rimarginare per le quali serve solo il tempo, spesso troppo, e la voglia di dimenticare. Io non ho né l'uno né l'altra.

Così non mi resta altro che fissare la storia di una parentesi che non doveva essere aperta e trasferire sulla carta i ricordi, sperando che questo serva a qualcosa o a qualcuno, magari a te, domani, nel leggerli.

Cosa sei stata per me, Léontine?

Un reagente. Tu hai smosso un equilibrio che pigramente mi ero costruito, e la vita artificiosa, appagante, la tana del mio letargo emotivo, l'ho improvvisamente vista nella sua luce e dimensione reale.

E se, invece, mi fossi solo innamorato del modo in cui vivi? Indipendente, senza legami, libera di accettare o rifiutare, con una scusa o la banale verità, quel che ti capita nella giornata. Tanta gente intorno, avventure non sempre innocenti, nessun vincolo, nessun impegno.

Sola. Sì, io ti immagino comunque terribilmente sola. Come me.

O forse è stata la tua casa a stregarmi. Aveva un che d'insolito, era la speranza d'un rifugio, il desiderio d'un luogo in cui iniziare una nuova stagione. Un desiderio che mi ha tradito, perso.

Continuo a interrogarmi. Perché proprio tu e non un'altra, perché oggi e non domani o ieri? È stato un caso, uno scherzo del destino, oppure ci siamo cercati? L'abbiamo voluto o l'abbiamo subìto?

E cosa, oltre le carezze, i baci, le tenerezze, le complicità e i sorrisi, sono stato io per te? Sono stato realmente qualcosa? Forse nulla.

Eppure sei stata tu a iniziare questo gioco. Tu mi hai cercato, Léontine, tu mi hai voluto! E hai innescato una reazione che non avevi previsto. Hai avuto paura per quel che stava accadendo. Quando hai compreso che una storia nata per caso o per gioco si stava trasformando in altro ti sei tirata indietro, hai rimesso i piedi sulla terra e sei fuggita.

No, non eri pronta. Non volevi nulla di più di un gioco, nulla di complicato. Peccato, quante emozioni sprecate...

Adesso è tardi, Léontine, troppo tardi, e non ho più il tempo.

È giunta anche la notte e voglio riposare. Ma i nostri giorni non possono andar perduti.

Scrivo, qualcuno domani leggerà, forse anche tu.

Chissà se queste parole ti diranno qualcosa.

È scesa la notte.

Addio Léontine.
Ti ho incontrata per caso.
Ti ho amata per errore.
È stato comunque bello sognare accanto a te.

Tuo
PIERGIORGIO

Parte Prima

Spera l'amante frangere l'arsura
nell'altra coppa delle carni accese.
Lucrezio

1
La prima volta che vidi Léontine

La prima volta che vidi Léontine fu nel maggio di sette anni fa, al Circolo della Vela, una notte calda e profumata che anticipava l'estate, come solo da noi ve ne sono.

Era la presentazione di un libro con annesso buffet. Non ricordo più che libro fosse, né l'autore, né l'argomento. Ricordo solo che doveva essere ospite un personaggio molto importante che poi, puntualmente, non venne. Mi aveva coinvolto il mio capo, Marco Tedeschi, direttore dell'Istituto di Ginecologia del Policlinico di Bari, che per carattere, professione e ruolo è sempre stato molto attento alle pubbliche relazioni. E certi inviti, si sa, sono obbligatori. Per fortuna, Marco mi aveva messo in libertà in tempo per non mancare l'appuntamento.

In primavera mi assale sempre il torpore e la pigrizia, o solo la voglia di godere ciò che il nostro seppur non lungo inverno ci nega. Abbandonare prima il lavoro, passeggiare per le vie del centro, sfogliare i libri da Laterza, vagabondare un po' sul lungomare assaporando il profumo del vento di levante che torna a soffiare sulla costa pugliese dopo mesi di maestrale.

Oppure semplicemente pensare, da solo. Buona parte delle mie poesie le ho immaginate così.

Quell'invito non mi dispiaceva. Era una buona occasione per incontrare qualche amico che mancava all'appello da anni, di quelli che capita di rivedere giusto in circostanze come quella. E magari anche conoscere gente nuova.

Ero solo. Alessandra mi aveva notificato fin dal primo momento che non sarebbe venuta. Non amava quelle occasioni. E odiava il mio capo.

«Ti sfrutta», mi diceva. La verità è che lo incolpava di tenermi troppo lontano da casa, il che le sottraeva un essenziale complemento d'arredo, il marito. A me stava bene così: sarei stato più libero di svagarmi senza preoccuparmi di mia moglie che s'annoiava, o di mia figlia a casa con la baby sitter.

Uscii dall'istituto e affrontai i viali spogli del Policlinico godendomi la prima sigaretta dopo alcune ore di astinenza. Faceva già caldo, troppo per maggio, sarebbe stata una serata mite e piacevole.

Auto, traffico, casa, o quel che ne restava.

Il sorriso di mia figlia mi venne incontro.

«Sei tornato presto oggi... Mi aiuti in matematica?»

La baciai sulla fronte: undici anni, prima media, spensierata, l'universo davanti a lei. Per me non c'era bisogno d'altro che di quel sorriso.

«Vai a quella cosa di Tedeschi, stasera?» mi chiese Alessandra.

Domanda retorica, sapeva benissimo che sarei uscito. Era solo un modo per farmelo pesare: tecnica manipolatoria.

«Sì, certo», risposi. «Ne avevamo già parlato...»

«Ma mangi fuori?»

Ancora tecnica manipolatoria. Rincarava la dose: non solo uscivo, ma cenavo anche fuori! Due a zero, palla al centro.

«Penso che ci sarà un buffet. Non lo so. In ogni caso non ti preoccupare, quando torno m'arrangio da solo...»

Il nostro matrimonio: anni felici, poi un inarrestabile declino. Era rimasto solo il moccolo di una candela che andava spegnendosi, e nessuna voglia di alimentarla, di ricominciare. Giorni che si trascinavano per inerzia. Noi due: ognuno al suo posto, col suo ruolo, e tanta stanchezza a farci compagnia. Cosa avevamo fatto della nostra vita, dei nostri sogni? Dove e quando avevamo iniziato a sbagliare? Perché non ce n'eravamo accorti? Forse, più semplicemente, non avevamo voluto accorgercene. Eravamo ancora in tempo per rimediare? No, troppo complicato, faticoso. Meglio pensare ad altro.

Doccia. Poi mia figlia, i compiti, qualche momento d'allegria e di complicità, un po' di televisione.

Erano le nove o giù di lì quando uscii. All'epoca abitavamo ancora nella vecchia casa in periferia. Imboccai il lungomare e lo percorsi lentamente verso il centro. Il traffico era tutto nell'altra direzione, la mia corsia sgombra. Non avevo fretta: mi capitava raramente di godere, goccia a goccia, pochi attimi di vita. Meglio prendersela comoda.

In lontananza Bari Vecchia, San Nicola, le luci del porto. Sul marciapiede coppiette a passeggio, famiglie a incassare un acconto di estate, qualche ritardatario a fare jogging, un solitario con un cane al guinzaglio e una sigaretta fra le dita.

Parcheggiai, salii le scale del Circolo e accarezzai il vecchio cannone che da sempre dava il benvenuto agli ospiti. Entrai. Tutto era come l'avevo lasciato l'ultima volta e tutto andò come avevo immaginato.

C'era già parecchia gente. Un rapido giro di perlustrazione: soliti volti anonimi che però sembra di conoscere da sempre, saluti di circostanza, sorrisi affettati, facce conosciute, un noto avvocato in compagnia della sua nuova amichetta, biondissima, appariscente, e finalmente qualche amico. Anche un paio di pazienti, Marcello e Francesca, che non vedevo da tempo. Si erano rivolti a me per un caso d'infertilità piuttosto complesso. Li avevo assistiti e alla fine era arrivato un bel maschietto. Le cose ora andavano bene ed erano nuovamente felici, salvo qualche ansia tipica dei genitori al primo round. C'ero passato anch'io, cercai di rasserenarli.

Mi guardai in giro: bell'ambiente, molta eleganza, donne da ammirare. Nessuna sola, purtroppo. Su un tavolo all'ingresso si pubblicizzava il libro e se ne vendevano le copie che altrimenti nessuno avrebbe comprato – ma lì qualcuno sarebbe stato felice di averne una autografata dall'autore, per poi magari non leggerne nemmeno una pagina. Un po' dappertutto, capannelli di persone a bere e parlare.

Con comodo arrivò anche Marco Tedeschi con tutta la sua corte. Chiacchierata sul nulla. Poi la presentazione all'editore, al quale doveva mostrare d'aver contribuito attivamente alla riuscita della serata.

Marketta serotina est bona medicina...

Si era fatto tardi, tutti erano impegnati a chiacchierare, ridere, bere e accalcarsi al buffet, aspettando ancora l'ospite importante che non sarebbe venuto. Stavo commentando con qualcuno la malinconia del quartetto d'archi che nessuno ascoltava, quando decisi che la serata poteva terminare lì. Troppo caldo, troppa gente, troppa noia. Un ultimo tentativo prima di andar via: un Bacardi Riserva, una sigaretta e l'aria della notte.

Mi avviai da solo verso il pontile.

Lei sbucò all'improvviso, scostando la tenda che separava la sala dall'ampio terrazzo affacciato sul mare proprio quando io stavo uscendo. Era in compagnia di un'amica di cui non ricordo nulla, mentre Léontine è un'immagine nitida come una fotografia, il suo sorriso, le poche parole che non ho mai dimenticato.

Spesso mi sono chiesto perché mai certi episodi, di per sé insignificanti, come di fatto lo era anche quello, colpiscano tanto e restino così fortemente impressi nella memoria. Deve essere quel che resta del nostro retaggio animale. Una capacità non razionale, istintiva, di percepire un pericolo prima ancora che si manifesti. Un sesto senso che ci mette in guardia per tempo, che ci aiuta ad approntare le difese, a sopravvivere. Ma io non lo sapevo, non lo capii.

«Ciao!» mi disse cogliendomi del tutto di sorpresa.

Lì per lì rimasi infastidito dall'essere stato fermato, interrotto da qualcuno che violava il mio desiderio di solitudine.

Ecco il caso che determina le svolte nella vita. Se non avessi avuto una botta di malinconia proprio in quel momento, se non avessi avuto caldo e voglia di andare sul pontile, se lei non fosse stata lì proprio in quell'istante, questione di attimi, non ci saremmo mai incontrati, non sarebbe accaduto nulla, oppure sarebbe accaduto qualcosa di diverso; in ogni caso, io non sarei qui a ricordare. È stato un bene? È stato un male? Inshallah.

In fondo Léontine non mi fece una grande impressione, anzi. Troppo alta, magra, volto spigoloso.

«Ciao», disse ancora facendosi avanti, «tu sei Piergiorgio, vero? Il collega di Lucrezia...»

Ricambiai il sorriso e accennai un sì con la testa. Il mio sguardo diceva: e tu chi sei?

«Lea, io sono Lea», disse tendendomi la mano, che io strinsi dopo un istante di troppo.

«Sono molto amica di Lucrezia», aggiunse, «di Chriss intendo, abbiamo fatto l'università insieme... Ogni tanto ci vediamo e mi ha parlato di te.»

«Spero bene. Sai, con i colleghi non si può mai sapere...» Battuta cretina, ma ero impreparato.

«Oh sì, sì, certo!»

Sorrise, e quel sorriso mi colpì. Occhi chiari, luminosi, segnati da rughe premature che il trucco, leggero, non nascondeva. Capelli lunghi ramati naturali ma non rossi. Volto punteggiato da efelidi, naso pronunciato appena più del dovuto, labbra sottili, una traccia di rossetto chiaro. Vestita di bianco, jeans e maglietta griffata, troppo sportiva per la serata abbastanza formale. Tacchi.

Trenta trentacinque anni, pensai. Probabilmente con l'amica a caccia di uomini, possibilmente single. Oppure aveva solo un bel carattere, magari Chriss le aveva realmente parlato di me ed era curiosa di conoscermi. Temo di averla delusa, ma non me ne fregava niente. Seguì una conversazione breve e formale: «Come mai qui... Ti annoi... Be' ciao, ci vediamo dopo... Ok, ciao, a dopo».

Sorseggiai il Bacardi, guadagnai il pontile, accesi una sigaretta.

Il resto non conta.

2
Splendore morente d'una notte d'agosto...

Riposi in un angolo della memoria quell'incontro casuale e insignificante; non ne accennai nemmeno a Chriss, il giorno seguente, quando la vidi in clinica come ogni mattina. Era tutto dimenticato.

Nell'estate che seguì non accadde nulla, nulla di diverso dal solito. Trascorse pacifica e piacevole come sempre: giornate divise fra il caldo del mattino, al lavoro. e l'aria fresca della notte assaporata in qualche locale sul mare o sul Fortino a Bari Vecchia. Le solite ricorrenze: il compleanno di Elio il due giugno, la vigilia di San Giovanni al Circolo della Vela, lo scambio del Martelletto al Rotary, il sabato sera in villa da amici, la domenica in spiaggia a Capitolo. Anche a casa nulla di nuovo: tutto apparentemente in ordine e al suo posto. Mia figlia aveva terminato la scuola. La mattina lei e Alessandra andavano al mare al Trampolino, dove s'incontravano ciascuna con le proprie amiche.

A metà luglio si trasferirono nella villa che, come ogni anno, avevamo preso in affitto a Rosa Marina. Piccola, accogliente, a due passi dalla spiaggia di Cala. Io le raggiungevo per il fine settimana e poi, in agosto, trascorrevo lì il mio periodo di ferie. Ogni anno ci si ritrovava con i soliti amici, i soliti conoscenti, le solite rassicuranti abitudini: colazione insieme, bicicletta per giornali e sigarette, un po' di spesa. Poi al mare, chiacchiere e pettegolezzi, una nuotata, il sole e via così fino a sera. Burraco in villa, due polpi appena pescati, oppure un po' di carne a Cisternino. Qualche festa un po' snob, dove le donne sfoggiavano quello che non avevano o non avevano più. Tutto in un ordine rassicurante e irrinunciabile. Non un granello di polvere a turbare quel perfetto equilibrio.

Soltanto, io continuavo a scrivere poesie tristi.

A settembre il rientro e tutto come prima. Quell'anno però si riprendeva con un'occasione particolare: i dieci anni di matrimonio di Roberto. Festeggiava una relazione felice, con Linda, per la quale lo invidiavo. Lo invidiavo per la pienezza dei loro sentimenti, per l'appagamento che li legava, per la complicità e le tenerezze, persino per i loro litigi furibondi, perché erano prodotti dall'amore, non dall'indifferenza. Beninteso, qualche tradimento da parte sua c'era stato. Dopotutto Roberto è un bell'uomo, affascinante, lo sa e ne approfitta. Ma si era trattato solo di cedimenti della carne, che per la morale di noi maschi sono al più un peccato veniale.

Aveva organizzato una grande festa. Roberto fa sempre le cose in grande, e quella volta non fu da meno, anzi. Quanto a me, non ero contento. Non ho mai sopportato le celebrazioni ufficiali. Fin dal mattino, immaginandone la confusione, i troppi amici interessati, le solite facce da incontrare, le banalità da recitare, mi aveva preso un senso di disagio. Speravo in un'occasione più intima e composta. Ma Roberto ama i fuochi d'artificio, non lo si può certo cambiare. E io gli voglio bene così com'è.

La festa era fuori città, poco prima di Mola. Grazie ad Alessandra arrivammo, come al solito, in fortissimo ritardo. E avevamo litigato.

«Non mettermi fretta... Mi fai venire l'ansia... Più fai così, più impiego tempo...»

Conoscevo quelle frasi a memoria, ma non riuscivo a farmene una ragione. L'orario, in ogni caso, non fu un problema: in certe occasioni la gara è sempre a chi arriva più tardi.

«Ecco, vedi, non siamo gli ultimi!»

Doveva averla vinta lei, per forza!

Una vecchia masseria, del Settecento credo. Lavori di recupero fatti con gusto e soprattutto molta parsimonia, un parco splendido, viali illuminati da luci discrete e fiaccole di cera; una cornice ideale per l'occasione.

La serata andò come previsto: incontrammo gli amici che ci aspettavamo d'incontrare, ascoltammo e ballammo la musica che sapevamo di trovare, mangiammo e bevemmo deliziati da tanta abbondanza, gusto e raffinatezza. In breve, provammo la meraviglia che non potevamo non provare.

Si era fatto tardi. Avevo perso mia moglie già da un pezzo, l'orchestra suonava un vecchio brano di Hoagy Carmichael e mi era rimasta solo la compagnia di un bicchiere di Tanit. Appena ci si allontanava dai profumi della festa, l'aria della notte era intensa e meritava di essere assaporata. M'incamminai, sperando di non essere seguito.

Sul retro della vecchia masseria si estendeva un grande giardino di alberi da frutto. Era deserto, tutti troppo impegnati a fare altro – mangiare, ballare, chiacchierare, rimorchiare... Quel frutteto era l'ideale per godersi un po' di solitudine nell'afrore dell'estate.

Mi sedetti su una panchina di pietra e guardai in alto. L'inquinamento luminoso era attenuato dagli alberi e da quel punto si scorgeva un angolo di cielo nero, punteggiato di luci. Cosa non avrei dato per rivedere ancora quei milioni di stelle delle notti d'agosto in campagna, quando ero bambino. Cosa non avrei dato per risentirmi ancora parte dell'Universo.

Lea si avvicinò in silenzio.

Non la sentii arrivare, vidi i suoi occhi chiari brillare nel buio. Fui sorpreso, e questa volta fu una sorpresa piacevole. Elegante, lungo abito nero, spalle chiare e scoperte, molto sensuali, scollatura adeguata, scialle in cachemire leggerissimo, trucco discreto, lunghi pendenti *art déco*.

«Sei sempre così pensieroso e solitario?» chiese senza preamboli. Aveva un bicchiere in mano, ne agitò il ghiaccio.

«No, solo di tanto in tanto... Di là fa troppo caldo, e soprattutto c'è troppa gente. Qui si sta bene, mi godo la notte, il profumo dell'erba e... sì, anche un po' di solitudine.»

«Allora ti ho disturbato...» disse accennando ad andar via.

«No, resta pure, mi fa piacere. E poi, sai, ho sempre avuto un debole per le rosse...» Battuta cretina, ma non avevo altro, tanto per cambiare.

«Che fai, già ci provi? Non perdi tempo...» disse

con un sorriso. Sembrava lusingata dal mio approc cio. Sedette accanto a me.

«No, scusami, scherzavo... Ma il debole ce l'hc realmente!»

«Come mai?»

«Trauma infantile. Al liceo avevo una compagna di classe dai capelli rossi: ne sono stato innamorato pei anni, senza speranza. Pensava ad altri. All'epoca andavano i ragazzi più grandi, noi compagni di classe venivamo puntualmente snobbati. Dev'essere che m. è rimasta la voglia...»

Lea sorrise, forse ripensando a un film simile che aveva girato anche lei.

«Lea, dunque», dissi dopo qualche attimo di silenzio. «E Lea sta per...»

Non rispose subito.

«Léontine.»

Pausa.

«Il mio vero nome è Léontine, ma è troppo strano e complicato e ogni volta devo spiegarne il perché. Da sempre tutti mi chiamano Lea.»

Sulle labbra le si leggeva un po' d'imbarazzo, quel nome la metteva a disagio. La cosa mi piacque, decisi d'insistere. Anche gli uomini sanno essere crudeli a volte.

«Be', allora, visto che ci siamo, raccontala anche a me questa storia!»

«Nulla di particolare e di esotico: mia madre era francese e mio padre troppo innamorato e debole per resistere alle sue decisioni, così mi ritrovo questa eredità.»

«Non è brutto, anzi. Ha un tocco di poesia che non dispiace.»

Cercai di capire come reagiva. Non reagiva.

«Sai chi era Léontine?» aggiunsi.

«No, chi era?» chiese incuriosita.

«La moglie di un grande pittore pugliese della fine dell'Ottocento: Giuseppe De Nittis. Da Barletta si trasferì a Parigi, dove conobbe appunto la sua Léontine. Il loro fu un grande amore, e lei fu ispiratrice e protagonista di molti suoi quadri. È stato l'unico vero impressionista italiano.»

Sembrava interessata. Nessuno le aveva mai raccontato quella storia.

«De Nittis... Strano, non l'ho mai sentito», disse.

«Non ne dubito. Il fatto è che ha avuto due disgrazie.»

«Cioè?»

«La prima, morire a trentotto anni nel pieno della sua maturità artistica. Emorragia cerebrale. La seconda, Léontine lasciò tutti i suoi quadri al Comune di Barletta. Se li avesse donati alla città di Parigi, probabilmente oggi De Nittis sarebbe uno dei genî indiscussi dell'Ottocento e la sua fama universalmente nota. Invece...»

Rimase qualche attimo in silenzio, un sorriso abbozzato sulle labbra sottili, lo sguardo smarrito.

«Grazie...» mormorò.

«Per cosa?»

«Per questa storia. Hai regalato un po' di poesia al mio nome.» Poi, sorridendo e alzando il bicchiere ormai quasi vuoto, aggiunse: «Sei autorizzato a chiamarmi Léontine!»

Le sorrisi anch'io.

Che strana donna, pensai, esprime una leggerezza intensa, attraente.

«Come mai da queste parti?» le chiesi.
«Festa per i quarant'anni di un'amica. E tu?»
«Anniversario di matrimonio.»
«Due occasioni un po' tristi, eppure ci si ostina a festeggiarle.»
«Hai ragione, in fondo la gente è strana...»
Accesi una sigaretta e terminai il mio Tanit.
Silenzio, musica in lontananza. Avevamo già terminato gli argomenti di conversazione? Stai perdendo colpi Piergiorgio, pensai.
Lea trasse un lungo, profondo sospiro. «Che notte splendida, meriterebbe una poesia...» disse.
Allora mormorai:

«*Splendore morente*
d'una notte d'agosto.
Silenzio, il cuore s'illumina
della flebile luce
d'una stella cadente.
Nel cielo nero null'altro...»

«Ma tu vai a gettoni?»
«No, l'ho immaginata poco fa, prima che arrivassi...»
«Allora è proprio vero che ti ho disturbato. Ti lascio solo, ciao...»
Restai smarrito a interrogarmi su quella donna, su quell'esile figura notturna che si allontanava tra gli alberi. Sì, esprimeva levità.
Aveva interesse per me? In fondo, in quei due incontri aveva mosso lei il primo passo. Era una cosa da coltivare? Non era propriamente bella, ma aveva fascino. Occhi magnetici, un fisico eccitante. Avrei dovuto chiederle il numero di telefono? No, troppo pre-

sto. Ma almeno rubarle qualche informazione utile a rintracciarla.

Solo allora realizzai che non sapevo nulla di lei.

Un'apparizione fugace in una notte d'estate. Quasi un miraggio.

Irreale. Morgana.

3
Dissonanze

Nei tre anni che seguirono non accadde nulla riguardo a Lea.

Avevo presto relegato in un angolo della memoria quella strana donna e quegli strani incontri. Nell'immediato, solo qualche fugace pensiero alle sue gambe lunghe e al suo seno piccolo e ben tornito. Ero stato tentato di chiamarla, ma non mi ero mai deciso a farlo. Quante occasioni fanno perdere la pigrizia, l'abitudine, la paura dell'ignoto, e come sono invece rassicuranti la propria casa e una vita ben costruita! O forse il mio era solo banale orgoglio maschile, nulla brucia più del rifiuto di una donna...

In realtà la rividi, più di una volta. Bari è una città piccola, divisa in strati omogenei ancora più piccoli e i luoghi di ritrovo sono sempre gli stessi: via Sparano il sabato mattina, le serate al Circolo della Vela o al Tennis, i pochi cinema superstiti la domenica, il Rotary, i soliti ristoranti affollati. È facile incontrarsi.

«Ciao, come va, tutto bene?»

Un sorriso fugace, nulla di più. Poco interesse da parte mia, nessuno da parte sua.

E il resto come andava? Qualcosa andava bene, qualcosa andava male. Ma ero confuso, anche se allora non lo sapevo; così confuso da non accorgermi che ciò che andava bene in realtà andava male e ciò che andava male, andava male e basta. Quel che racconto oggi con tanta chiarezza e lucidità, allora non era né chiaro né lucido: ci sono voluti anni dall'analista per iniziare a capirlo.

La mia vita stava prendendo direzioni divergenti, senza che me ne rendessi conto. Come capita quando sei sugli sci: se apri troppo le gambe ti ritrovi a terra, e fa male. Ecco, stava accadendo anche a me. La vita familiare andava da una parte, quella professionale dall'altra. Il guaio era che mi servivo di una per fuggire dall'altra, e comunque nessuna costituiva un valido rifugio, una compensazione. Anzi, più le due vite divergevano, più si condizionavano a vicenda. Ho compreso troppo tardi quanti errori ho compiuto per reazione a qualcosa o a qualcuno, nell'uno e nell'altro campo.

La mia famiglia era ormai l'apoteosi dell'apparire e la negazione dell'essere. Una bella casa in centro dove ci eravamo trasferiti da poco, arredata con gusto, tenuta in ordine in modo maniacale da Alessandra. Tutto era al suo posto, pulito, perfetto. Una famiglia esemplare.

Talvolta m'interrogavo sulla nostra relazione, così composta e compiuta, e che allo stesso tempo stava perdendo ogni ragion d'essere. All'epoca però non arrivavo mai a questa amara considerazione. Il pensiero deviava spontaneamente. Sul passato che era stato bello, su quanto eravamo stati felici. Su nostra figlia Sveva, bene prezioso, irrinunciabile, sul cui altare sacrificare tutto me stesso. Così mi trovavo prigioniero di un incantesimo, stregato da passato e presente.

E il futuro? Non riuscivo a immaginare un futuro diverso da ciò che era stato ed era in quel momento. Paura, pigrizia, cecità? Solo abitudine. E poi tutto sembrava andar bene. Eravamo una coppia modello: sempre insieme, mai un litigio, nessun dubbio, nessuno scricchiolio. Tutto sperimentato, brevettato, rodato.

L'abitudine è il più potente narcotico dell'anima. Per abitudine tornavamo a casa, celebravamo i riti sociali del sabato e delle feste comandate, consumavamo il sesso in maniera sempre più stanca e occasionale –, *ad onera matrimonii ferenda*... Eppure eravamo stati felici, giovani, spensierati, appassionati. Perché non eravamo riusciti a mantenere l'intensità dei sentimenti?

L'abitudine, ecco cos'era intervenuta. La banale, comune, maledetta, fottutissima abitudine.

Non c'era stato alcun trauma, nessuna porta sbattuta né piatti rotti, niente litigate furibonde e rappacificazioni. Se le cose fossero andate così sarebbe stato un bene: avremmo capito che l'altro esisteva, che rappresentavamo qualcosa l'uno per l'altra e a quel punto forse ci saremmo sforzati di mantenere viva la nostra vita comune, oppure avremmo detto basta. Invece, la tranquillità, la sicurezza e l'abitudine avevano consumato tutto. Lentamente, silenziosamente, inesorabilmente. Autoconsunzione era la parola esatta. La candela era al lumicino, stava per spegnersi. L'abitudine ci rendeva ciechi. Un bel giorno ci saremmo svegliati, al buio.

Ma c'era ancora tempo, inutile preoccuparsi.

Tutto il contrario sul lavoro, sempre più impegnativo La giornata aveva assunto ritmi scanditi e frenetici. Sveglia alle cinque e mezzo, due ore tranquille per scrivere a mente fresca e poi in clinica, lezione in aula, occasionalmente esami, pomeriggio in laboratorio per i progetti di ricerca. Talvolta, con qualche collega, si faceva notte.

Ero sempre più apprezzato e richiesto, in un crescendo vorticoso nel quale finivo per accettare tutto. Ogni granello in più di lavoro era la testimonianza che valevo qualcosa, che ero qualcuno. Una spirale perversa che si autoalimentava: raggiungevo un risultato, un successo, e a quello seguiva l'autogratificazione; poi, sempre troppo in fretta, mi abituavo a quel livello d'appagamento e immediatamente sorgeva la necessità di conseguire un nuovo traguardo. Come quelli che non si stancano mai di guadagnare sempre di più, sempre di più, anche quando hanno ormai raggiunto un reddito e un capitale che non riusciranno mai a spendere e a godersi. Il bisogno di continuare ad arricchirsi senza fermarsi un attimo: legittimo, certo, ma stupido.

Per me non era questione di soldi. La vera remunerazione era la stima dei superiori, dei direttori dei progetti di ricerca, dei colleghi, dei pazienti, degli studenti, dei comitati di redazione. L'orgoglio, l'autostima, l'ambizione in dosi eccessive ottenebrano il cervello.

L'ebbrezza del successo è pericolosa quanto quella per l'alta velocità su un'auto nuova fiammante. Acceleri, acceleri, acceleri e magari non succede niente, ma può anche capitare che ti schianti.

Perché ero arrivato a quel punto? Non lo sapevo. E cosa ancor più grave, non me lo chiedevo nemmeno. Non mi accorgevo di aver superato abbondantemente i limiti di velocità. Quella corsa mi piaceva

Come se tutto ciò non bastasse, mi proposero una collaborazione con l'Università di Napoli. Ovviamente accettai e iniziai a fare il pendolare. Due o tre giorni a Napoli, il resto a Bari. Soliti mugugni di mia moglie, tristezza di mia figlia.

Mia moglie e mia figlia: impiegai molto tempo per capire che a una quasi non importava più nulla della mia vita lavorativa e all'altra importava troppo. Quanti anni erano passati dall'ultima volta in cui Alessandra mi aveva chiesto com'era andata la giornata? Non lo ricordavo più. Né lei mi parlava del suo disagio. E taceva anche Sveva, che mi guardava triste quando rientravo a casa e subito mi buttavo stremato sul divano del tinello. Avevo perso il contatto con la realtà, con le cose e le persone che contano nella giornata, una giornata che non era più mia.

Il primo campanello d'allarme suonò poco prima dell'incarico a Napoli. Iniziai a tossire improvvisamente, a lungo. O meglio, era una via di mezzo fra dei colpi di tosse e dei conati di vomito. Non venivano dai bronchi, ma dalla gola e dallo stomaco.

Maledette sigarette, pensai, un giorno o l'altro devo smettere con questa merda!

Continuai a fumare, e a drogarmi d'impegni.

Col passare dei mesi, e delle trasferte a Napoli, da episodi occasionali i conati divennero sistematici e regolari. Si manifestavano con puntualità svizzera al mattino, poco prima o poco dopo l'uscita da casa. Iniziai a preoccuparmi e a osservare il fenomeno. Non ci volle molto a capire che era stress.

Qualche goccia di EN e passa tutto, pensai. Non passò.

Una mattina di luglio, sull'autostrada, l'ansia mi prese alla gola. M'impediva di respirare, di allargare il petto. Il cuore iniziò a battere vorticosamente. Mi fermai in un autogrill e mi attaccai al flacone di EN, ormai sempre in borsa. Mi chiesi che razza di medico fossi per non essermi accorto che qualcosa di serio non andava. Ma passata quella crisi di panico, l'allarme fu relegato in un angolo del cervello, sempre più ottenebrato.

Fu per caso che un pomeriggio incontrai Libeccio, in ospedale.

Oltre che un amico, Michele Libeccio era un collega, psichiatra. Per uno strano scherzo del destino al liceo lo avevamo sempre chiamato per cognome e da allora per tutti noi era rimasto Libeccio. All'università avevamo preparato insieme alcuni esami e condiviso le notti brave a caccia di studentesse fuorisede. Poi le strade si erano separate: psichiatria lui, ginecologia io. Era un uomo grande e grosso, vagamente somigliante a Bettino Craxi, e nonostante le dimensioni aveva un aspetto pacifico e rassicurante. Non ci vedevamo spesso, ma quando capitava era sempre con molto affetto. Anche quel pomeriggio, in ospedale, ci fermammo a chiacchierare del più e del meno. Sulle prime ebbi timore a esporgli il mio problema, ma alla fine riuscii a parlargli sia dei conati, sempre più puntuali, che della crisi d'ansia sull'autostrada.

«Vediamoci stasera, mangiamo un boccone insieme e me ne parli. Devo capire meglio.»

Quella sera, in pizzeria, gli raccontai tutto. O meglio, pensavo di avergli raccontato tutto. Abituato alla sequenza sintomo/analisi/diagnosi/terapia, mi ero illuso di potermela cavare a buon mercato con qualche intruglio.

Ma con gli psichiatri è tutta un'altra storia, e me lo disse subito.

«Mi hai parlato dell'effetto, ma non mi basta per individuare la o le cause e aiutarti a rimuoverle. Vieni in studio domani alle otto. Con un po' di pazienza e di tempo ti risolvo il problema... se collabori.»

Fu così che iniziai le sedute da Libeccio.

La cosa m'incuriosiva. Non ero mai stato in analisi, né avevo mai immaginato di doverci andare; gli unici lettini da psichiatri che conoscevo erano quelli che si vedono spesso nei film. Volevo scoprire cosa sarebbe accaduto, ed ero anche piuttosto divertito dall'idea.

In realtà, lo studio di Libeccio mi deluse. Innanzitutto non c'era il lettino, solo due poltrone davanti a una scrivania ingombra di carte, scatole di medicinali, libri, fumetti di Charlie Brown, il computer portatile, una lampada alogena... Il resto della stanza era anche peggio: una libreria anch'essa in disordine, pochi quadri, tre sedie per le sedute di gruppo, una piantana, un appendiabiti. Sul soffitto penzolavano i fili di un lampadario che mancava, e che ancora oggi non è stato montato

«In realtà non dovrei prenderti come paziente. Sono troppo coinvolto, siamo amici, e questo non va bene in terapia. Ma ti conosco e so che se non ti seguo io non andrai da nessun altro, se non troppo tardi.»

All'inizio non capivo. Ero disorientato. Parlavamo di quel che capitava. Lui memorizzava e selezionava le cose, in particolare il modo in cui le dicevo. Sedevamo sulle due poltrone, uno di fronte all'altro. Non prendeva appunti, memorizzava e basta. Come facesse non lo so, ma a distanza di anni ha sempre ricordato tutto ciò che gli avevo raccontato, anche i dettagli.

Ero disorientato e anche un po' scettico. Poi i cocktail di farmaci iniziarono a funzionare. Ma erano soprattutto gli incontri con lui a procurarmi benessere. Col tempo, i risultati presero a manifestarsi spontaneamente; andare da lui diventò una cosa piacevole, una sana abitudine dopo il lavoro. Quasi meglio di un aperitivo al bar.

Sebbene lentamente, e in maniera impercettibile, sembrava che tutto stesse riprendendo il suo posto. Avevo terminato con Napoli e avevo anche avuto la forza di rifiutare il trasferimento. Il rapporto con Alessandra comunque non migliorava: scarsa collaborazione da parte sua, inutile ogni tentativo di portarla con me da Libeccio.

«I fatti miei non li racconto a nessuno», diceva. Scelta coerente, se si vuole mantenere la testa sotto la sabbia. Ma almeno le cose non peggioravano, ed era già tanto.

Quanto a mia figlia, decisi di dedicarle più tempo, soprattutto grazie alla complicità del pianoforte; le avevo insegnato a suonarlo fin da bambina e adesso eravamo in grado di divertirci a quattro mani.

Tutto sembrava stesse riprendendo lentamente il suo posto.

Poi è arrivata Lea.

4
L'aperitivo da Stoppani

Anche la terza volta che la vidi fu lei a cercarmi.

Era ottobre inoltrato, così freddo e piovoso che aveva già cancellato ogni ricordo dell'estate. Mi stavo preparando a passare qualche giorno a Parigi, dove avrei partecipato a un congresso in sostituzione di Tedeschi, convalescente dopo un'appendicectomia. Ogni tanto una botta di culo non guasta. Il problema era un altro: l'istituto sarebbe rimasto senza direttore e anche senza il suo vice. Questo genere di occasioni, come le ferie, contengono sempre il rischio di costare care, al rientro. Ma per Parigi ne valeva la pena.

Squillò il telefono.

«Il dottor Alfonsi, per favore.»

Voce dolce, erre impercettibilmente imperfetta.

«Sono io, chi parla?»

«Ciao Piergiorgio, sono Lea...»

Attimo di smarrimento, percepito anche dall'altro capo del filo.

«Ciao Lea... Che sorpresa, quasi non ti riconoscevo. Non m'aspettavo di sentirti.»

«Scusami se ti disturbo. Puoi dedicarmi due minuti?»

La maggior parte degli uomini ragiona con l'uccello e quella volta lo feci anch'io. Malgrado tutte le cose che avevo ancora da fare, cedetti immediatamente all'idea di stare al telefono con una bella donna.

«Certo che posso. Dimmi pure.»

«È per una mia paziente, che è anche una carissima amica, altrimenti non ti avrei disturbato...»

«Non mi disturbi, dimmi tutto.»

«È un caso un po' complesso, non riesce a concepire, ha tentato di tutto. Non è che potresti darle un consiglio, un suggerimento, oppure dirle, se è il caso, di mettersi l'anima in pace... Magari lei e il marito si convincono ad adottare un bambino.»

«Certo, Lea, posso farlo, non c'è problema, ma io non esercito la libera professione...»

«Lo so, ed è proprio per questo che ti chiedo una mano, a titolo d'amicizia...»

Amicizia?

«Ok», risposi subito. «Sto partendo per Parigi. Rientro domenica sera. Chiamami lunedì e stabiliamo un appuntamento.»

Le diedi il numero del mio cellulare, lei mi diede il suo.

Non l'ho mai più cancellato dalla memoria del telefono. Ancora oggi, che è finito tutto, e che tutto sta per finire, a volte scorro la rubrica e mi fermo sul suo nome. Resto lì a fissare il display che illumina «Lea», tentato di chiamarla. Ma per dirle cosa? Forse solo per ascoltare la sua voce, quella erre impercettibilmente imperfetta... Resto lì, finché il display non si spegne.

Mi chiamò il lunedì pomeriggio e ci accordammo per il giorno seguente, in clinica.

«Naturalmente la accompagno io», disse.

Bene, pensai, così ci rivediamo.

E tutto ebbe davvero inizio.

Lea accompagnò nel mio studio una giovane coppia. Lui una persona mite, lei una bella donna sui trentacinque anni, entrambi in soggezione per quell'incontro «a titolo d'amicizia» e anche timorosi a esporre il problema, quasi fosse una colpa. Ascoltai la loro storia, un vero calvario. Lessi cartelle cliniche, anamnesi, analisi, diagnosi. Vidi il peso che portavano nel cuore, e purtroppo anche l'eccesso di speranza che riponevano in me.

Era anche per questo che facevo il medico, per vedere accendersi una tenue luce di speranza negli occhi dei miei pazienti. Ma c'era un prezzo altissimo: quando la luce, purtroppo, doveva restare spenta. Sì, c'era qualche possibilità, dissi loro, ma sarebbe stato un percorso lungo e doloroso, e soprattutto non dovevano farsi illusioni. Nei loro occhi, la luce rimase accesa.

Il giorno dopo ricevetti una chiamata sul cellulare; il display diceva «Lea», e non mi colse di sorpresa.

«Ciao Piergiorgio!» disse una voce allegra.

«Ciao! Tutto bene?»

«Tutto bene. Volevo solo ringraziarti per ieri, sai poi non c'è stato il tempo e soprattutto il modo.»

«Figurati! Quando si può...»

«Mi ha colpito la tua umanità. Per loro è un vero dramma...»

«È così un po' per tutti, e poi fa parte del lavoro del medico.»

«Non di tutti i medici e non di tutti gli uomini...»

Avrebbe voluto aggiungere qualcos'altro, ma non lo fece.

«Be', come faccio a sdebitarmi?» chiese.

«Aperitivo da Stoppani?» proposi di getto, senza malizia, senza pensare alle conseguenze.

«Aggiudicato! Ci vediamo lì tra un'ora, ok?»

«Ok», risposi, e chiusi la comunicazione.

Ero disorientato.

Quando arrivai da Stoppani, Lea era già lì ad aspettarmi. Strano per una donna, pensai.

Dalla cassa, Giacomo mi salutò cordiale come sempre, ma senza nascondere la meraviglia di vedermi a metà settimana.

«Piergiorgio! Facciamo gli straordinari?»

Sapeva che ero un animale abitudinario: da anni consumavo il rito dell'aperitivo da Stoppani il sabato mattina alle dodici, massimo dodici e mezza. Da solo o con qualche occasionale compagno, da settembre a maggio, poi diventava troppo caldo, e lo «Stoppani», liscio o con seltz che fosse, troppo forte.

«No, solo una nuova amicizia da festeggiare», dissi guardando Lea. Ne ricavai un sorriso e un bacio sulla guancia.

Ci sedemmo al tavolino vicino al banco dei dolci. Giacomo servì i salatini, sempre troppo secchi ma che a me piacevano terribilmente, e il mio irrinunciabile Stoppani liscio.

«Lo hai mai assaggiato?» le chiesi. Rispose di no.

«Allora devi provarlo. È un po' tosto, ma te lo faccio allungare col seltz.»

«Vedo che sei di casa qui!» disse Lea con un sorriso. «Ci vieni spesso?»

«Da quando ero bambino, mi ci portava mio padre. Venire qui è come stare ancora un po' con lui...»

«È un orologio svizzero!» s'inserì Giacomo. «Se non lo vediamo il sabato entro l'una ci preoccupiamo!»

Era vero, era uno dei luoghi della mia infanzia, come la libreria disordinata e polverosa di Pasquale Sorrenti, Laterza, il Petruzzelli o *'ndder a la lanz*, il vecchio approdo dei pescatori dove si mangiavano polpi e frutti di mare crudi su panche e tavolacci indegni. Era l'ultimo luogo rimasto di una Bari dimenticata, e non volevo rinunciarvi. Pasquale aveva chiuso da anni, Laterza si era spostata e aveva rinnovato l'arredo, il Petruzzelli era andato in fumo. Quanto a *'ndder a la lanz*, mia figlia non riusciva nemmeno a credere che fosse realmente esistita.

Il lampadario di Murano, la boiserie in noce, il pendolo antico appeso troppo in alto, gli accessori d'argento ormai opaco, l'attestato di benemerenza rilasciato da Sua Altezza Reale non so chi, le vecchie fotografie d'epoca, tutto da Stoppani ricordava un passato ormai perduto.

«Sei un tipo strano», disse Lea per riportarmi alla realtà. Sorrideva.

Capelli lunghi, ondulati, di un ramato indefinito, che torturava di continuo. Il viso magro, gli occhi grandi segnati da qualche ruga, regalo della carnagione chiara. Una luce perenne li illuminava. Il tempo con lei trascorreva fluido, piacevolmente; me ne accorsi quel giorno, un po' stupito a dire il vero, durante quell'ora o poco più che trascorremmo insieme, e fu una sensazione definitiva. Mi raccontò di lei, della sua complicata vita da single. Era libera dunque, nessun legame, e aveva trovato un modo discreto per comunicarmelo. Io invece portavo la fede; mi chiesi se le importava. Poi il discorso scivolò sul lavoro: medico di base, ambulatorio sempre affollato, visite a domicilio ai pazienti più anziani. Li chiamava «i miei vecchietti». Si era attrezzata con un motorino, una salvezza nel traffico impossibile di Bari. Faticoso, è vero, ma le piaceva. Le restava comunque abbastanza tempo da dedicare allo svago e a un numero indefinito di amiche e amici insieme ai quali, la notte, tirava spesso fino a tardi. Amava spendere per sé, vestirsi bene, leggere. E non trascurava ambienti colti, sui quali però concentrava molta ironia.

«Sai», disse in merito al suo lavoro, «mi stanno capitando sempre più spesso casi di difficoltà di concepimento. Tutto sommato è abbastanza strano... In ogni caso è un campo nel quale mi sento inadeguata Dovrei approfondire...»

Fu proprio allora, forse, che mossi il primo passo verso il precipizio.

«A breve partirà uno stage in istituto. È per specializzandi, ma se vuoi riesco a inserirti comunque. Perché non vieni?»

«Sarebbe eccezionale! Davvero puoi inserirmi?»

Mi prese la mano nella sua. Era entusiasta.

5
L'incancellabile colore dei ricordi

Inserirla nello stage non fu difficile e a dicembre Lea iniziò a frequentare l'istituto. Mi ero chiesto, più di una volta, se stavo facendo la cosa giusta, e soprattutto perché la stessi facendo; ma ogni volta che mi ponevo la domanda la ricacciavo meccanicamente negli anfratti più nascosti del cervello. Ormai era fatta, lo stage stava per cominciare e Lea ne era felice.

Il primo giorno venne a salutarmi e a ringraziarmi ancora per l'opportunità insperata che le avevo offerto. C'incontrammo nel corridoio sul quale affacciava la mia stanza. Un po' imbranata per via del giaccone troppo ingombrante e della borsa enorme, ma sorridente.

«Oggi s'inizia», disse.

Sembrava una matricola.

«Contenta?» le chiesi.

«Contenta!»

«Ci vediamo per un caffè più tardi?» proposi.

«Ok, passo da te appena facciamo una pausa.»

In breve, quei caffè divennero una piacevole abitudine. Lea arrivava verso le dieci e mezza e mi tirava via dal laboratorio. Iniziammo con il distributore automatico di bevande al pian terreno, in uno squallido angolo dai muri scrostati. Poi decidemmo di dedicarci più tempo e ci allungammo fino al bar appena fuori dal Policlinico. Lea mi raccontava la sua giornata e mi parlava dei colleghi che frequentavano il corso, tutti bravi e simpatici, tutti più giovani di lei.

«Credo si stiano chiedendo cosa ci faccio io in mezzo a loro. Anzi, qualcuno me lo ha chiesto espressamente», mi disse durante una delle nostre prime pause caffè guardandomi con complicità.

«E tu cosa hai risposto?»

«Che la laurea me la sono presa a rate!»

Non parlavamo solo di lavoro. Esauriti gli argomenti standard iniziammo a raccontarci altro, all'inizio cose un po' banali, per esempio come avevamo passato il fine settimana, oppure se ci era piaciuto o meno un film visto di recente, o magari capitava di scambiarci una certa gioia da lettori – sai, sto leggendo un libro splendido... Poi, pian piano, ognuno saggiando prudentemente il terreno dell'altro per evitare sgradevoli invasioni di campo, entrammo anche in argomenti più intimi. Ci stavamo presentando, ci stavamo studiando, ma in maniera innocente, senza secondi fini. Non credo avessimo chiare le motivazioni di quel gioco delle parti. Eravamo appagati dallo star bene insieme.

Il corso si teneva tre volte alla settimana, due di mattina e una di pomeriggio. Ovviamente, decidemmo di sfruttare anche il pomeriggio. In realtà fu Lea ad avere l'idea; un giorno, verso l'una e mezza, bussò alla porta della mia stanza. Non mi aspettavo di vederla ma ne fui felice.

«Mangiamo un boccone insieme oggi?» mi propose. «Ho giusto il tempo di un panino prima di andare in aula.»

L'idea mi piacque. Più tardi, quando la riaccompagnai in istituto, le proposi di ripetere la settimana successiva. Lea mi concesse il bis.

Fu come riprendere a fumare: inizi con una sigaretta ogni tanto, convinto di avere la situazione sotto controllo, poi passi a una al giorno, dopo cena, poi due e così via, finché ti ritrovi a far fuori un pacchetto. Inavvertitamente.

E infatti io non mi stavo accorgendo di nulla. Fu la mia cara e sempre saggia amica Chriss che suonò il campanello d'allarme.

«Devo iniziare a preoccuparmi?» mi chiese un giorno indicando Lea che mi aveva appena lasciato. Sorrideva, ma parlava sul serio. Scossi la testa e sorrisi anch'io, ma era solo stupido orgoglio maschile.

Natale arrivò giusto in tempo per farmi accantonare (stavo per dire cancellare, ma sarebbe stata una bugia) quelle strane, inaspettate e sempre più incontrollate emozioni nei confronti di Lea.

Già, il Natale. Nella vita non esiste più granitica certezza del Natale coi suoi annessi e connessi. Serve a rimettere ordine dentro l'anima, a restituirci la serenità perduta, a farci sentire più buoni con tutti, anche con la propria moglie. Il Natale ha i suoi riti precisi, le cerimonie, i ritmi cadenzati, tutto concorre a farti recitare un certo ruolo – un ruolo che magari credevi smarrito – nella situation comedy della tua vita. Serve a ridarti la tranquillità che qualcuno ti aveva scippato, tu stesso forse. Ti dà l'illusione di essere felice. L'illusione dei regali, delle abbuffate in famiglia, del buonismo a iosa, degli auguri sinceri per tutti. Dura pochi giorni; quando finisce, ti svegli di nuovo depresso.

Anche quell'anno andò così. Io e Alessandra insieme per le vie del centro traboccanti di gente, a cercare qualcosa per Sveva. Da quanto tempo non uscivamo, io e lei, a passeggiare senza una meta? Solo l'illusione del Natale poteva ancora indurci a farlo.

Poi uscivamo io e Sveva per il regalo ad Alessandra.

«Cosa le compriamo papà? Ormai la mamma ha tutto!»

Ogni anno la stessa tragedia.

«Non so, vedremo...», rispondevo regolarmente, ma idee zero.

Alla fine qualcosa si trovava sempre; magari inutile, ma almeno originale. Poi era la volta di Sveva e Alessandra insieme per comprarmi l'ennesimo maglione – però di cachemire, accidenti che novità! – e ogni volta scartavo il pacco pronto a esibirmi in un immorale teatrino di stupore e piacere... Questo dettava il copione e non si doveva scantonare.

E così anche sul lavoro: gli auguri ai colleghi in facoltà, il solito pistolotto buonista di Marco Tedeschi, una bottiglia stappata in fretta per accompagnare il panettone e poi liberi tutti, chi se ne andava subito a casa a preparare il cenone, chi ancora in giro per le ultime compere e gli ultimi regali.

Quanto a noi, il palinsesto prevedeva da anni la cena della vigilia a casa di Roberto e il pranzo di Natale a casa nostra, o viceversa, a seconda dei casi. In ogni caso le mangiate andavano avanti per tre giorni di fila, inaugurate da frutti di mare crudi accompagnati da salmone affumicato, che non c'entra niente col nostro Natale ma fa molto chic, e poi ancora pesce, pesce, pesce, fino a morirne.

Il ricordo più bello del Natale di quando ero bambino non è legato ai regali che ricevevo, ma al mercato del pesce in piazza Ferrarese, la notte del 23, insieme a mio padre. L'odore incancellabile in bilico tra le alghe e la sporcizia; le casse scaricate di continuo e ricoperte di ghiaccio; le urla in dialetto stretto, incomprensibili per un bambino di buona famiglia com'ero io; la luce delle lampade, accecante nel cuore della notte. E poi la gente, tanta, felice di partecipare a quell'orgia alimentare che tirava avanti fino al mattino. Chissà se è rimasto ancora così... Puntualmente m'imbrattavo il cappotto con l'acqua che colava dalle bancarelle, oppure finivo con tutte le scarpe dentro qualche pozzanghera. Mio padre non mi diceva nulla; in fondo era lui a volermi portare con sé, ogni anno. Certo, sarebbe stato più semplice andare il giorno dopo alla pescheria sotto casa. Ma sarebbe stato diverso, il pesce della Vigilia non avrebbe avuto lo stesso sapore. E oggi i miei ricordi non avrebbero lo stesso, incancellabile, colore. Allora non lo capivo, ma mio padre mi stava insegnando la differenza tra la prosa e la poesia.

Il Natale è un inganno in grande stile. Sai che è così, eppure lo accetti lo stesso. Anzi, ti piace, al punto che lo aspetti con ansia. Fu così anche quell'anno. Ridusse il senso di disorientamento. Mi ci tuffai dentro; in fondo era una recita ben costruita e io avevo la parte del protagonista. Io, Alessandra, Sveva, auguri, regali, albero e presepe, cenone e spumante, mercante in fiera coi bambini, *chemin de fer* con gli amici, e al mattino cornetti caldi appena sfornati. Tutto così certo, insostituibile. Sentieri sperimentati e affidabili, orizzonti noti e rassicuranti, nessun rischio di smarrirsi. Momenti che per me erano autentici valori. Almeno così credevo.

Non vidi né sentii Lea in quei giorni, né in quelli successivi. Provai a chiamarla più volte la sera della vigilia, ma il suo telefono squillò ripetutamente a vuoto Poi, a tarda notte, ricevetti un sms.

«Caro Pigi – era la prima volta che mi chiamava così –, sono fuori Bari. Ci sentiamo presto. Buon Natale.»

Cazzo! Avrebbe potuto sprecare una telefonata! Le risposi solo dopo un po', infastidito.

«Auguri anche a te e... divertiti.»

Era chiaro che non aveva interesse per me. Meglio così. Meglio rituffarsi nel ventre caldo e rassicurante del Natale.

6
La Forcatella

A fine febbraio terminò lo stage e io persi le pause caffè con Lea, i pranzi frugali assieme, il tempo trascorso a studiare casi e cartelle cliniche o semplicemente a sorriderci. Scoprii che tutto ciò mi mancava. Dovetti ammettere con me stesso che aspettavo con ansia (forse dire con ansia è eccessivo, ma comunque aspettavo) il volto di Lea che si affacciava alla mia porta: «Sei pronto?» diceva, e mi strappava al dovere per regalarmi qualche minuto piacevole e ancora innocente. Stavo bene quando ero con lei. Esprimeva un senso di levità che io non possedevo e le invidiavo, una nota di libertà che avevo perso non so più da quanto tempo, un respiro d'indipendenza che desideravo come non mai.

Accidenti! Cado sempre nello stesso errore: continuo a condire la mia vita con troppo idealismo e melenso romanticismo. Forse a condizionarmi erano solo gli ormoni, e quello che desideravo erano semplicemente due tette ben tornite e un bel fondoschiena. Cinico? Non lo so. La verità, in fondo, stava nel mezzo, ma io come sempre cercavo di evitarla. Ogni volta che affioravano quei pensieri, quei desideri, li sopprimevo. E mi ritrovavo a chiedermi se dovevo continuare a coltivare quella cosa, qualunque cosa diventasse, o mollare.

Dubbi all'attacco: «Forse è un film che mi sto vedendo tutto da solo, lei non ha interesse per me, altrimenti lo avrebbe mostrato, sarebbe stata più esplicita. In fondo le donne, quando vogliono qualcosa, alla fine se la prendono... Sono stato io a scoraggiarla, o a non incoraggiarla abbastanza? Tutto quel parlare di Sveva, del mio attaccamento a lei e del suo a me, dei compiti insieme, del pianoforte; le ho raccontato anche del Natale in famiglia, il pranzo, il rito dei regali... E non le ho nascosto i problemi con Alessandra, mia moglie... Già, una moglie. Un vero estintore usato su una debole fiammella. E poi, diciamo la verità, io sono uno tutto d'un pezzo: sposato, inserito, solide amicizie, sane abitudini. Che palle! Il fascino è un'altra cosa. No, non potrà esserci nulla tra di noi...»

Però mi mancava...

«E allora provaci, deficiente!» mi dicevo. «Al massimo ti dice di no! Lo hai già fatto e ti è andata bene!»

Vero, ma stavolta era diverso, mi sembrava di entrare in un campo minato. Pericolo! Pericolo! Pericolo!

Niente da fare! Dio creò l'uomo e lo dotò di un cervello e di un pene, ma non di sangue sufficiente a farli funzionare contemporaneamente. Presi il cellulare e la chiamai.

«Come stai?» rispose lei immediatamente, senza darmi nemmeno il tempo di dirle ciao.

«Bene, ma il caffè l'ho preso da solo...»

«Anch'io...»

Pausa.

«Senti, oggi ho un po' più di tempo a pranzo. Ti andrebbe di fare una fuga alla Forcatella ad assaggiare i primi ricci della stagione? La giornata è splendida...»

Per fortuna non mi diede il tempo di terminare, ero imbarazzato, non sapevo cos'altro aggiungere.

«Certo che sei un medico strano! Fumi, bevi, mangi i frutti di mare, insomma ti piace vivere pericolosamente! Sono convinta che a tavola te ne fotti del colesterolo e d'estate prendi il sole senza la crema protettiva!»

Ma come faceva a saperlo?

«Però è un invito al quale non si può rinunciare», aggiunse. «Passo a prenderti all'una. Ma alle tre devo essere in studio. A dopo.»

Ero disorientato: prima sfotte e poi accetta l'invito? Aveva accettato per me o per i ricci? Misteri eleusini... M'illusi che avesse accettato per me.

Fu puntuale come sempre, un sorriso e poi la corsa in macchina. Avevamo poco tempo e volevamo godercelo tutto.

«Hai avuto una bella idea! E poi questa giornata splendida, l'odore della primavera...»

Lea era così, piena di entusiasmo anche per le piccole cose. Sapeva dosare i piaceri della giornata, e vivere. Io avevo perso da tempo quella capacità.

La Forcatella è un posto d'altri tempi. Per questo mi piaceva andarci. Da ragazzo passavo la giornata al mare a Capitolo e poi, con gli amici, e con le poche lire che avevamo in tasca, si finiva lì ad abbuffarsi di ricci pane e provolone.

Era rimasta come allora: una vecchia costruzione cadente, quattro tavolacci affacciati sugli scogli, tovaglie di carta, bicchieri infrangibili (ormai introvabili), pane fresco, vino scadente e il vecchio bancone dietro il quale Nanuccio non finiva mai di aprire ricci.

Già prima di arrivare fummo investiti dall'odore salmastro del mare spumoso. Soffiava un maestralaccio freddo dal quale dovetti proteggermi col bavero del giaccone, il sole di fine inverno non scaldava abbastanza. A Lea il vento scompigliava i capelli in ogni direzione. Ho quest'indelebile ricordo nella mente: il vento, i suoi capelli, Lea che parla di non so cosa, il fragore e il profumo del mio mare.

Ci sedemmo a un tavolino traballante protetto da uno scalcinato muro bianco. Nemmeno le tovaglie di carta quel giorno troppo vento. E soltanto altri due avventori.

Non ricordo di cosa parlammo, ma fra noi ci fu molta complicità. Iniziò lei. Appena ci portarono i ricci aperti ne prese uno. lo svuotò con la mollica del pane e mi poggiò il boccone sulla bocca. Lo accettai sorpreso. Tenera... Mi sono sempre piaciute le piccole attenzioni.

Ricambiai allo stesso modo. Sorriso.

Quell'ora passò troppo in fretta. S'era fatto tardi e dovemmo fuggire, ma con la promessa di ritornare con più calma. Una promessa che non abbiamo mantenuto.

« Fra due settimane vado a Roma per un corso d'aggiornamento », disse quando eravamo quasi arrivati.

« Su cosa? »

Ero molto, molto interessato...

« Il Medico di Medicina Generale e la Fisiopatologia della Menopausa. »

«Davvero partecipi?» le chiesi sorridendo sornione.
«Certo! M'interessa, è a Roma, e danno anche un bel punteggio!»
«Vuol dire che mi avrai come docente...» Sorpresa!
«Davvero? Non ci credo!» Stupita, ma contenta.
«Ti assicuro di sì.»
Intanto, eravamo arrivati.
«Grazie per la compagnia», le dissi, «ci vediamo a Roma.»
Sguardo intrigante. Un bacio sulla guancia e via. Mi sono sempre piaciute le uscite di scena spettacolari.

I giorni seguenti trascorsero rapidamente, come capita quando aspetti qualcosa di gradevole. E come sempre, Alessandra si lamentò di quella mia ennesima assenza.
«Ma questi congressi non finiscono mai? Non ti lasciano mai in pace! E noi restiamo come al solito da sole!»
Mugugni, mugugni, mugugni. Così negoziai un fine settimana ad Amalfi insieme a loro. Le avrei raggiunte il venerdì sera in treno, rientrando da Roma, e ci saremmo fermati in Costiera fino a domenica. Affare fatto. Armistizio siglato.
Qualche giorno prima di partire mi chiesi se chiamare Lea e prendere accordi per il viaggio o darci un appuntamento. Ma non lo feci. Aspetta che chiami lei, mi dissi. Non chiamò. Conferma che non aveva interesse per me. Feci finta di rassegnarmi.

Giovedì mattina, primo aereo per Roma.
Ho sempre amato alzarmi presto al mattino (anche se da qualche anno, con tutti gli intrugli che mi dà

Libeccio, faccio una fatica del diavolo a schiodarmi dal letto). Silenzio assoluto in casa, fuori ancora buio, se non le avvisaglie dell'aurora. Primo caffè da solo, prima sigaretta in santa pace. E mentre ti radi, in bagno, i pensieri frullano liberi per la testa, residui impazziti dei sogni notturni. Ti guardi allo specchio, solo con te stesso. Ti vedi.

Cosa vedevo io? Un bell'uomo no, ma non ero da buttar via. Quarantaquattro anni, settantatré chili per un metro e settantacinque, fisico asciutto, prime rughe, naso troppo invadente, bocca simpatica, occhi profondi, capelli corti, brizzolati. Il grigio non mi spaventava più: all'inizio era stata una tragedia, poi mi ci ero abituato – e mi ero anche convinto che invecchiare un po' tutto sommato non era così male. Un buon medico, un buon padre, un buon marito. Affermato, apprezzato, tanti amici, soldi quanto basta. E poi? E poi... Cos'altro c'era che non si vedeva? Perché mi tormentavo con poesie piene di solitudine? Perché non riuscivo più a condividere la giornata se non con me stesso? Perché non amavo più mia moglie, consolandomi con l'alibi che in fondo capita più o meno a tutti dopo un po' di anni? Perché nella testa mille pensieri e il cervello che non si fermava mai un momento? Sogni, idee, fantasie, ricordi, nostalgie. Che futuro avevo davanti? Aveva ragione Libeccio: avevo imboccato un percorso pericoloso, stavo alimentando una sorta di regressione dalla socialità. Vivevo sempre più solo, sempre più con me stesso, e i piaceri e i dolori che man mano si affacciavano col trascorrere delle ore, dei giorni, delle settimane, erano miei, soltanto miei. Perché? Quale direzione aveva preso la mia vita? Cosa sarei diventato? Un vecchio porco? Un asociale? Meglio un vecchio porco.

Chiusi gli occhi per non guardarmi più e lasciai scorrere lenta la lama del rasoio, al buio. Freddo sulla gola, brivido, eccitazione erotica.

Attraversai la città semideserta. In aeroporto mi guardai intorno sperando di incontrare Lea, niente da fare. Delusione. E se non venisse più? No, mi avrebbe avvisato. Speranza.

In aereo ebbi la solita botta di sonno, mi svegliò la scossa dell'atterraggio. Telefonini riattivati, finger ghiacciato, gracchiare degli altoparlanti, folla di gente in ritardo, scale mobili, porte scorrevoli di uscita – finalmente una sigaretta! – corsa ai taxi, coda. Ero arrivato a Roma.

Ecco, credo sia iniziata lì, in quei due giorni di un prosaico corso di aggiornamento sulla Fisiopatologia della Menopausa. La prima volta in cui siamo stati insieme e da soli. Roma, Lea, io. La sua ironia, la mia malinconia, nessun altro attorno.

«Ciao Emilio!»

Emilio Genchi. Lo salutai con l'affetto che meritava. Eravamo amici da anni. Simpaticissimo allora e ancora oggi. Basso, carnagione olivastra, capelli nerissimi, sfegatato per le moto, ne aveva sette di cui quattro d'epoca – l'ultima acquistata era comunque sempre la migliore, il top, il non plus ultra. Da tempo aveva avviato un'azienda che organizzava congressi, incontri e happening di vario genere. Gli era andata bene, anche grazie a una legge cretina che impone a medici insegnanti e altri professionisti periodici corsi di aggiornamento e congressi la cui frequenza dà diritto a un punteggio. Costringere qualcuno a migliorare per forza, che follia!

«Esimio professore! Ella non si smentisce mai! Sempre all'ultimo minuto...»

Era vero, ma in ogni caso puntuale. Ci abbracciammo.

«Quanti sono i partecipanti?» chiesi. Campo minato, occorreva discrezione.

«Duecentocinquanta, una bella infornata!» rispose

«Hai la lista? Magari c'è qualcuno che conosco...» buttai lì. Indegna messinscena.

Emilio mi diede l'elenco. Feci finta di scorrerlo con distacco, ma cercavo solo un nome. Eccola! Sollievo.

La mia lezione era programmata all'inizio della mattinata, più un'appendice conclusiva il pomeriggio del giorno dopo, prima delle conclusioni.

Mi ero preparato con la solita cura. Per qualche minuto aguzzai gli occhi sull'uditorio in cerca del suo volto, ma non ebbi fortuna. Poi lasciai perdere e mi concentrai sulle cose da dire, sul come esporle, sulle slide in proiezione. Molte domande, risposte brevi. Prima delle dodici avevo finito. Approfittai della pausa per andare a fumare una sigaretta.

Come al solito, Lea mi colse di sorpresa.

«Eccoti finalmente!»

«Ciao! Allora ci sei! Non ti ho più vista né sentita, temevo di non trovarti.»

Troppo esplicito? Lea mi salutò con un bacio sulla guancia.

«Ma no, se non venivo ti avvisavo! In realtà sono qui da due giorni. Ne ho approfittato per incontrare dei vecchi amici e godermi una breve vacanza!»

Botta di gelosia.

«Sono contenta di vederti...» aggiunse dopo una breve pausa.

«Anch'io...»

«Pranziamo insieme?»

«Certo!»

I lavori stavano ricominciando. Tornammo dentro e memorizzai il suo posto.

Il pranzo fu una delusione. Ci ritrovammo insieme ad altri colleghi dai quali non ero riuscito a sganciarmi e finimmo per parlare di lavoro. Noia. Lea rimase in silenzio quasi tutto il tempo, forse anche lei si aspettava altro. Pazienza.

La delusione mi aveva maldisposto. Dividevo lo sguardo fra le facce dei miei colleghi in cattedra e la sala semicircolare di fronte a me, dall'arredo beige già logoro, che trasudava malcelato interesse. Alle quattro ne avevo le scatole piene, non sarei mai arrivato integro fino alla fine. Mi alzai e con discrezione mi avvicinai al posto di Lea. Fui fortunato: la poltroncina di fianco era libera, mi sedetti.

«Ti va una fuga?» le chiesi.

«Non posso allontanarmi adesso! Non mi riconoscono il punteggio...»

«A questo ci penso io. Al Chiostro del Bramante c'è una mostra su Gustav Klimt. Mi tieni compagnia?»

Accennò appena un sì con la testa e mi seguì.

«Mi registri la sua presenza per oggi pomeriggio?» chiesi a Emilio uscendo. Mi rispose strizzando l'occhio e sorridendo sornione.

Il taxi ci scaricò dopo pochi minuti proprio all'ingresso del Chiostro. È un luogo delizioso, fra i meno conosciuti di Roma. Lea non c'era mai stata.

«Ti piace Klimt?» le chiesi.

«Conosco i suoi quadri più famosi... Sai, quelli che trovi sui poster o sulle copertine dei quaderni. Lo trovo seducente, ma non ne so molto.»

«Allora oggi avrai un cicerone tutto per te!»

Superammo la biglietteria ed entrammo.

7
Se mi va...

La mostra mi deluse subito. Era incentrata sulla prima produzione di Klimt. Avrei dovuto immaginarlo già dal titolo: *Il giovane Gustav e l'ultimo Klimt*. Il desiderio di vedere dal vivo alcune opere di uno dei pittori che amavo di più mi aveva creato un'attesa totalmente infondata. In verità, l'esposizione era ben fatta, molto curata, ricca di materiale fotografico e illustrativo, totem, display... Ma fu come quando vai al cinema pensando di vedere una commedia e invece ti becchi un film strappalacrime, anche bello magari, ma comunque non quello che volevi. Lea lo percepì subito.

«Cosa c'è che non va?»

Glielo spiegai.

«Non ti arrabbiare... Vediamo la mostra, poi decidi se ne valeva la pena.»

Mi prese sottobraccio e mi strinse a sé. «Dai, parlami di questo Klimt!»

La guardavo, lei mi sorrideva, e con quel sorriso mi consolava. Era bello avere di nuovo accanto una donna che si preoccupava per me.

«Viennese, fine Ottocento, famiglia povera. Il padre orafo deve avergli trasfuso nei cromosomi l'amore per l'oro, i materiali preziosi, le fantasie dei colori, la costruzione delle forme attorno alla persona. È stato il genio dell'Art Nouveau, figlio primogenito del Decadentismo. Morì improvvisamente, nel 1918, a cinquantotto anni.»

«Conosco alcuni suoi quadri», disse Lea, «sono molto sensuali...»

«È vero, ma è una sensualità molto raffinata e cerebrale... D'altra parte l'eros era il cuore delle riflessioni d'intellettuali e artisti nella Vienna di Freud.»

«E lui che rapporto aveva con l'erotismo, quello fisico intendo?»

Inguaribile concretezza femminile.

«Bella domanda! Secondo me ne era ossessionato. Non si è mai sposato, ma pare si scopasse tutte le sue modelle... Quando morì vennero fuori ben quattordici figli illegittimi.»

Lea rideva.

Attraversammo in silenzio la seconda sala, per fortuna semideserta. Numerosi studi a carboncino e un paio di pastelli della sua prima produzione.

«Non è questo il Klimt che volevo vedere.»

«È vero. Sono belli, ma non emozionano.»

Anche Lea sembrava delusa.

«Come tutti i grandi, anche lui ha avuto un'evoluzione. L'arte austriaca era troppo provinciale e legata al passato. Così, in poco tempo, quando era già famoso e ricco, rivoluzionò il suo stile e da pilastro della tradizione divenne il leader dell'avanguardia. Questo è il genio!»

L'ultima sala fu la più bella. Raccoglieva gli originali di molti studi e due totem con le riproduzioni di *Danae* e *Der Kuss*.

«Sono i suoi quadri più famosi», dissi.

Lea si fermò a osservare la Danae. Io alle sue spalle. Silenzio.

«Perché Danae?» chiese.

«Mitologia greca. Era figlia di Acrisio, re di Argo. Un oracolo gli predisse che sarebbe morto per mano di suo nipote. Così segregò Danae in una camera di bronzo. Ma Zeus, innamorato della ragazza, entrò nella camera sotto forma di pioggia d'oro e la possedette. Da quella unione nacque Perseo.»

«E la predizione si avverò?»

«Sì. Perseo uccise suo nonno, anche se in modo involontario.»

Le poggiai spontaneamente il braccio sulla spalla. Fu la prima volta che la strinsi a me.

«La Danae di Klimt dorme» continuai. «Dorme mentre il fiume d'oro la penetra. È la dimensione onirica dell'eros, erotismo inconscio. Lei e la sua sessualità, l'uomo non c'entra...»

«Bellissima... dolce... eccitante...»

In tre aggettivi aveva riassunto fiumi di parole inutili versati su Danae.

«Che si fa?» chiese appena usciti dal Chiostro. Sorrideva, aveva voglia di vivere.

«Vieni», le dissi prendendola sottobraccio, «in questa zona è bello girovagare.»

La città era come al solito invasa dai turisti. Evitai piazza Navona, inondata da ogni tipo di fauna locale e internazionale.

«Conosci bene Roma?» mi chiese.

«Abbastanza. Ci ho vissuto due anni... Sono stato bene.»

Svoltammo per via del Governo Vecchio, poco più avanti incrociammo Pasquino, poi via Leutari e subito dopo il caos di corso Vittorio.

« Vieni », le dissi attraversando il corso, « devo salutare un amico... »

Lea corrugò la fronte, come infastidita da quell'inaspettata intromissione. Due passi e sbucammo in Campo de' Fiori La piazza era ancora invasa dalle macchine della nettezza urbana che pulivano i resti del mercato del mattino. Il sole ormai era scomparso. Qualche turista distratto o smarrito nel labirinto di una cartina. Una colorata bancarella di fiori, un bar, un pizzicagnolo.

Buio nel suo cappuccio calato sul volto severo Giordano Bruno mi guardava dall'alto.

Mi avvicinai alla bancarella e comprai un mazzo di fiori. Lea mi osservava senza capire.

« Perdonami », le dissi sorridendo, « non sono per te... »

Mi avvicinai al basamento della statua. Due turisti tedeschi, sdraiati, chiacchieravano in compagnia della loro birra; si scostarono per farmi passare, incuriositi. Mi arrampicai e deposi quel mazzo di fiori di prato. Lea mi guardava, e non capiva.

« Noi siamo uomini di scienza Lea », le dissi indicando la statua, « e gli dobbiamo molto, forse tutto. »

« Perché? »

« Ai suoi tempi era considerato un mago, una specie di stregone. In realtà è stato l'uomo che per primo ha immaginato l'universo come infinito, popolato di milioni di mondi possibili. Pensa che intuizione, in un tempo in cui il cielo era delimitato da sfere e popolato da serafini e cherubini. È la capacità dello scienziato d'immaginare l'inimmaginabile, di intuire ciò che c'è oltre... E ce l'ha insegnato lui.»

«Per questo lo hanno fatto fuori?»

«Per questo e molto altro. Il suo pensiero era rivoluzionario per l'epoca in cui ha vissuto, e lui troppo orgoglioso per rinnegarlo. Morì sul rogo, proprio in questa piazza. La massoneria ne ha fatto un martire, la Chiesa ha beatificato il suo carnefice. Per Giordano Bruno non è rimasto che l'esilio dalla cultura italiana.»

Qualche attimo di silenzio.

«Certo che sei un tipo strano tu...» disse infine, e io non capii se nel suo sguardo c'era ammirazione o noia.

S'era fatto tardi ed eravamo stanchi. Decidemmo di tornare ai nostri alberghi.

«Io sono a cena con Emilio Genchi e altri docenti del corso. Mi tieni compagnia?»

«Non ho molta voglia di cenare», disse. «Vediamo, magari ti chiamo più tardi, se mi va...»

Scese dal taxi e scomparve in albergo. Delusione.

Sotto la doccia ripensai a quel pomeriggio. Che voleva dire con quel *se mi va...*? Non erano state piacevoli quelle due ore insieme? «Se mi va...» Forse avevo esagerato, troppa cultura! L'autocompiacimento fa brutti scherzi. Ma io volevo solo vedere una mostra! Bugiardo, volevi stare con lei! Coglione, non si strega una donna con Giordano Bruno... Piergiorgio, ma che stai combinando? Non fare il fesso! No, è troppo tardi. E poi mi piace, mi eccita, anche se non è bella. Mi accarezzai il pene. Che stronzo che sei! Già, in fin dei conti sei sempre e solo un uomo, sulla buona strada del vecchio porco... Questo è un film che ti stai vedendo tutto da solo! Vedrai, ti manda in bianco... Ma tu non vuoi solo scopare, tu vuoi starle vicino, ti dà benessere, gioia di vivere, anche con un semplice sorriso.

La verità era che quel «se mi va...» mi bruciava. Occhi chiari, capelli lunghi, efelidi. Come Danae: dolce, sensuale, eccitante...

L'acqua tiepida mi scorreva sulla pelle, mi restituiva vigore e benessere. Mi rilassai.

Se chiama bene... Se no ciccia.

8
La storia di Margot

Non chiamò. La serata andò come doveva andare. Eravamo sparpagliati in vari alberghi; un giro di sms ci radunò in centro. Trovammo posto in un ristorantino vicino al Pantheon. Soliti convenevoli, frasi fatte sul tempo mite e sui miliardi di turisti in giro per Roma – « ... anni fa non era mica così... » Poi le ordinazioni: carciofi alla giudia, cacio e pepe per tutti, vino rosso. Arrivò anche il turno dei problemi di lavoro negli ospedali, interrotto dall'immancabile commento sul culo di una bionda che stava uscendo dal ristorante, poi l'ultima moto di Emilio e così via. Quante cazzate.

La verità era che Lea non aveva chiamato.

« Se mi va... » aveva detto. Evidentemente non le andava.

Non pensarci!

Cercai di distrarmi con i problemi del Servizio Sanitario Nazionale. C'ero quasi riuscito, quando sentii la vibrazione del cellulare.

« Lea », diceva il display. Risposi immediatamente.

« Pigi perdonami! »

Non mi diede il tempo di dire nulla.

«Mi sono addormentata, dopo la doccia mi sono addormentata...»

Era una scusa? No, sembrava sincera.

«Non ti preoccupare, evidentemente eri stanca, e comunque non ti sei persa niente», dissi senza convinzione.

«Mi dispiace...»

«Be', allora paga pegno!» Per una volta, tempismo perfetto. «Ce la fai tra mezzora da Giolitti? Ci prendiamo qualcosa...»

Silenzio dall'altra parte. Dubbio amletico, urgeva una verifica.

«Ti va?» aggiunsi con un pizzico d'ansia.

«Mi va...» rispose. Fine della comunicazione. Sollievo.

Cosa voleva da me quella donna? E cosa volevo io da lei?

Arrivammo insieme, ma da Giolitti non si riusciva nemmeno a entrare. Coda alla cassa, calca al bancone e tavolini tutti occupati. Roma era diventata una città impossibile. Come una puttana molto richiesta, dovevi rassegnarti a dividerla con troppa gente e solo per incontri frettolosi, insipidi, che ti lasciavano più solo di prima. Rinunciammo subito.

«La folla ti urta, vero?» mi chiese Lea.

«Già. In fondo io sono un solitario. E poi così Roma non la sento più mia. È come se mi stessero rubando qualcosa...»

«Quanto tempo sei stato qui?»

«Poco più di due anni, ho fatto la specializzazione. Ci sono stato bene...»

«Dove abitavi?»

Perché le donne pensano subito alla casa?

«In un appartamento bellissimo in Prati. Tutti i colleghi me lo invidiavano. Era di mia zia. Non lo utilizzava mai se non le poche volte che veniva a Roma. Un arredamento dannunziano: quadri, tappeti pregiati, mobili d'epoca, persino una spinetta del Settecento. Lo trasformammo presto in un puttanaio... Ogni sera si faceva baldoria, la succursale della Casa del Buon Gesù.»

Ricordi di un'altra vita, quando avevo per me, solo per me, tutte le speranze e le paure dei vent'anni. Sogni, illusioni, ambizioni, ingenuità. E tempo, tanto tempo davanti a me. Oggi ho perso tutto.

«L'unica tragedia era che al piano di sotto abitava il professor Papi... Lo storico, sai... Ci abbiamo studiato al liceo... Ti ricordi?»

«Certo! Il mio testo di Storia.»

«Appunto, proprio lui. Aveva novant'anni e voleva vivere, o morire, in pace. Oggi mi dispiace, ma non glielo abbiamo permesso, pover'uomo. Ogni mattina si lamentava con la portinaia per il casino che facevamo la notte. Una volta mi lasciò nella cassetta una lettera, molto compita e formale. La conservo ancora.»

Camminavamo uno di fianco all'altra, Lea guardava il mio profilo, talvolta sorrideva, ma d'un sorriso triste.

«C'è molto rimpianto nelle tue parole...» disse.

«Sono stato felice. E poi, come si fa a non rimpiangere i vent'anni.»

«Avevi una donna?»

«Sì, avevo una donna. Margherita. Ma per me era e resterà sempre Margot...»

Iniziai a vagabondare fra i ricordi di un passato ormai troppo lontano.

«Era più giovane di me. L'avevo conosciuta anni prima al mare, a Palese. Un amore estivo, che però non avevo dimenticato. Quando mi trasferii qui la chiamai, ci rivedemmo, e non ci lasciammo più... In breve, diventò la sacerdotessa del nostro gruppo, la Regina Margot. Esprimeva una gioia di vivere che non ho più ritrovato in nessun'altra donna... E sapeva amare, fisicamente ed emotivamente.»

«Com'è finita?»

«Con un lungo bacio e un malinconico addio. Io dovevo restare a Bari, lei non voleva lasciare Roma. È stato meraviglioso, Lea. Un amore perfetto, al quale non abbiamo dato il tempo di consumarsi.»

Lungo silenzio.

«Racconta...» disse Lea.

«Troppo lungo, non mi va... Acqua passata.»

«Mi piace ascoltare la tua voce...»

Lea amava i romanzi d'amore.

«Avevo finito a Roma, dovevo rientrare. Con Margot ne avevamo parlato, del nostro domani, intendo. Sai, quelle cose che dici e non dici... Dopo due anni in cui non avevamo mai pensato al nostro futuro, su di noi era calata proprio l'incertezza del futuro. Era fine agosto, andammo a Rosa Marina. Restammo lì tutto il giorno, poi la sera finimmo sulla spiaggia con il falò... Facemmo l'amore, nella notte, con forza, come se quella fosse la prima volta. Invece fu l'ultima. Poi volle andar via, subito. Mi disse che era stanca. Per strada si addormentò. Era dolce vederla rannicchiata sul sedile, al mio fianco. Sorrideva appagata dalla gioia dell'amore, della generosità con cui si era data. Si destò alle porte di Bari. Voglio vedere l'aurora, disse piano. L'accontentai, anche se ero stanchissimo. Andammo sulla Muraglia. Era ancora buio, e nell'attesa mi addormentai io. Margot mi svegliò con un bacio, aprii gli occhi, il sole stava sorgendo dal mare. Questa sera torno a Roma, disse, non ci vedremo più... Non so perché, ma me lo aspettavo. Sciorinò il rosario delle motivazioni più trite: dovrei trasferirmi qui, non me la sento, tu hai la tua strada, gli amori a distanza non funzionano, cazzate simili. Inutili tutte le mie obiezioni. Alla fine, Margot tirò fuori la verità. "Abbiamo trascorso due anni meravigliosi insieme, ma tutta la vita no, non me la sento. L'amore la passione il desiderio sono cose che non vanno d'accordo con la solitudine, e io la solitudine te l'ho letta negli occhi fin dal primo giorno: tu non appartieni a nessuno..." Questo mi disse. E quando ci salutammo, alla stazione, aggiunse: "Il tempo al tuo fianco non è passato inutilmente". Un lungo bacio, e non l'ho mai più rivista. Non doveva finire così. Non me lo sono mai perdonato.»

Lea era rimasta in silenzio per tutto il mio racconto; guardava per terra, misurava i suoi passi, uno dopo l'altro. Urgeva sdrammatizzare.

«Pessimo come biglietto da visita... a una donna con cui si sta cercando di flirtare...»

Lea sorrise.

«Adesso tocca a te», la esortai. E lei aprì il sipario della sua vita, che fino a quel momento aveva tenuto gelosamente serrato.

«Ho vissuto otto anni con una persona. Era un uomo dolce, mi ha reso felice. Forse con lui sarei stata una buona moglie e una brava madre.»

Malinconia nelle parole, rimpianto.
«E che è successo?»
«Più o meno la stessa cosa. Milano, trasferimento per lavoro... Non me la sono sentita di seguirlo, papà da assistere, lo studio appena avviato... Una di quelle situazioni in cui qualunque scelta fai finisce che sbagli.»
Pausa, tristezza.
«Rimpianti?»
«Come non averli quando scopri di aver avuto la felicità a portata di mano e di essertela lasciata sfuggire, sapendo che non ti concederà il bis.»
«Quanto tempo fa è stato?»
«È finita sei anni fa.»
«Non hai trovato più nessuno?»
«Solo stronzi.» Lo disse col fiele sulle labbra. «E ho deciso di vivere così, da single, liberamente, a modo mio. Nessun obbligo, nessun impegno, nessun rimorso, nessun altro rimpianto. I figli di puttana capitano lo stesso, ma sono in bilancio. Brutto biglietto da visita anche questo...»
Silenzio.
«Non ti senti mai sola?»
«Certo. Ma basta stonarsi un po' e ti passa. È il prezzo da pagare.» Dolore sulle labbra. «E poi anche tu ti senti solo... O sbaglio?»
Cazzotto allo stomaco. No amore mio, non ti sbagliavi. Era per quello che mi stavo innamorando di te, ma ancora non lo avevo capito. Non ebbi la forza di risponderle.

«Ci siamo persi?» chiese preoccupata.
Avevamo passeggiato senza meta e senza badare al

percorso, ma alla fine eravamo sempre lì. Pochi passi e sbucammo alle spalle della Galleria Colonna. Architettura umbertina, stuprata in struttura commerciale. Roba buona per i giapponesi, ma almeno era al chiuso, e il bar ancora aperto.

«Ti va di bere?» mi chiese.

«Domanda retorica alla quale non risponderò mai di no. Soprattutto a quest'ora della notte!»

Ci sedemmo a un tavolino. Atmosfera gradevole: non faceva freddo, molta luce, un cameriere gentile, un pianista che intratteneva clienti distratti, Bacardi Riserva per me, Margarita per Lea. Restammo lì a lungo, ripetemmo più volte le ordinazioni e fu Lea a raccontarmi di sé, dei suoi anni all'università. Parlava e intanto si torturava le ciocche dei capelli.

Viveva in un appartamento vicino alla facoltà, con tre colleghe. Erano stati gli anni della prima vera libertà, della spensieratezza senza più l'innocenza.

«Studiavamo sodo ed eravamo tutte in gamba, ma ce la siamo anche spassata. Feste e uscite la sera, qualcuna pensava al principe azzurro, qualcun'altra preferiva la battuta di caccia al maschio.»

«Tu cosa preferivi?»

«La battuta di caccia...»

«Vi andava bene?»

«Scherzi? Quattro donne, giovani, sole! Qualcuno abboccava sempre!»

«Avete fatto cose porche?»

«Abbiamo fatto cose porche...» ripeté con un sorriso intrigante.

D'improvviso calò il silenzio. Avevamo esaurito gli argomenti di conversazione? No, solo il tempo necessario per mettere via i ricordi.

«Piacevole la musica... Un bravo pianista», disse Lea.

«Robetta da piano bar...»

In realtà non lo pensavo, era solo la prima cosa che mi era venuta in mente. Bocca e cervello non ben collegati.

«Sei odioso quando fai così!» Era arrabbiata, seriamente. «E non credo che sapresti fare di meglio!»

È vero, a volte sono proprio insopportabile! Ma mi aveva sfidato. Mi alzai e andai dal pianista.

«Ti posso fare un po' di concorrenza?» gli chiesi indicando il pianoforte.

Lui capì subito.

«Roba di donne?»

«Roba di donne», confermai.

Mi lasciò lo sgabello. Lea, sorpresa e incuriosita, si avvicinò. In una mano il suo bicchiere, nell'altra il mio. Dolce.

«Non dirmi che sai anche suonare...»

Iniziai ad arpeggiare. Kawai a mezza coda. Suono troppo cristallino per i miei gusti.

«Due anni di lezioni a casa e otto di conservatorio. All'inizio è stata una tortura. Ma se oggi non avessi il pianoforte sarei un uomo morto.»

Attaccai a suonare, e Lea capì che era un'altra storia.

Bravo Piergiorgio, così si fa! Così si affascinano le donne!

Forza magnetica delle note, malinconia struggente, emozione vibrante. Suonai per qualche minuto, poi tolsi le mani dalla tastiera.

«Non ho parole... Cos'era?»

«*J'entends siffler le train*, una vecchia canzone francese. Questo è l'arrangiamento per pianoforte fatto per Battiato, un gioiellino.»

«Vero...»

«Ti va qualcosa di più allegro?»

Disse sì con un sorriso.

«Vediamo se ricordi questo swing.»

Attaccai *El portava i scarp del tennis*, di Enzo Jannacci. Per fortuna non c'erano romani in giro. Attorno a noi fu subito allegria. Aria inondata da un ritmo serrato che richiamava tempi andati, spensierati. Lea sembrava una bambina, dondolava la testa, cercava di seguire il ritmo col piede. Quando finii rise felice e applaudì. Restituii il mezzacoda al legittimo proprietario, che mi strizzò l'occhio. Ricambiai.

«Ma come sei bravo...» iniziò a sfottermi Lea, «ma quante cose sai fare! Vediamo: medicina, pittura, musica... C'è altro?»

«C'è altro...» risposi.

«Stronzo!»

Ma lo disse dandomi un bacio sulla guancia, lentamente.

Uscimmo su via del Corso. Aria frizzante della notte. Pochi superstiti per strada, finalmente Roma ricominciava a essere mia. Ma era mezzanotte e quella favola era durata fin troppo, la carrozza stava per trasformarsi inesorabilmente in zucca.

«Andiamo a nanna, domani si lavora...» disse.

Era una sentenza di condanna inappellabile. Beccammo un taxi.

«A che ora hai il volo domani?» mi chiese Lea.

«No, non torno a Bari... Mia moglie e Sveva mi aspettano ad Amalfi. Passiamo lì il fine settimana. Vado in treno fino a Napoli, poi troverò un modo per arrivare in Costiera.»

Già, una moglie e una figlia. Un bel gavettone di acqua gelida.

«Carino...» commentò Lea. Poi silenzio fino al suo albergo.

«Dolce notte, Pigi», disse lasciandomi.

Fine della gara.

9
Ne bis in idem...

Il venerdì scivolò anonimo, assenti emozioni e dolcezza del giorno prima.

Mi svegliai tardi e arrivai trafelato alla sede del corso, fuori orario per fare colazione con Lea, peccato. Pensai di recuperare con il coffee break di metà mattina, ma anche quello andò storto: fui trascinato mio malgrado al bar dagli altri docenti. Lea era lì, e fu piuttosto fredda. In compagnia di colleghi anche lei; attribuii a questo il suo apparente distacco.

«Dormito bene?» le chiesi. Ma com'è che quando servono non ti vengono mai domande meno cretine?

«Dormito bene.»

«Un boccone insieme dopo?»

«Sì, direi di sì.»

La persi subito fra la calca. Tutto rimandato. Dovevo recuperare i fili spezzati della notte precedente. Lo volevo realmente? Sì! Ma forse era meglio di no. O sì? E Lea? Cosa pensava Lea? Ero disorientato.

Il pranzo insieme, più tardi, non migliorò la situazione. Anzi, l'enigmatico atteggiamento di Lea servì solo a moltiplicare i dubbi.

«Bella serata ieri...» buttai lì.

Neuroni completamente inariditi, un'idea originale manco per sbaglio.
«Bella, sì, direi di sì...»
Ancora quell'espressione! Ma che diavolo voleva dire?
La verità era che eravamo turbati, tutti e due. La sera prima eravamo stati bene insieme. Avremmo voluto che continuasse; avevamo desiderato entrambi una conclusione diversa. Gli ormoni reclamano sempre il loro prezzo, e noi non avevamo avuto il coraggio di pagarlo.
Le emozioni castrate non diventano impotenti, producono mostri. Micce innescate che prima o poi raggiungono l'esplosivo. Chissà, se quella notte ci fossimo fatti una bella scopata, forse tutto sarebbe finito lì. Avrebbe potuto finire lì. Invece no, e io sono qui a raccontare...
Fu Lea, come al solito, a sorprendermi.
«Dai, prendiamo il taxi insieme», mi disse alla conclusione del corso di aggiornamento. «Ti accompagno alla stazione e poi proseguo per l'aeroporto. Così ci salutiamo con calma.»
Non ci speravo. Ma se nacque una speranza, fu comunque subito delusa.
Guardavo Roma correr via oltre i finestrini di un anonimo taxi. Guardavo i viali e le strade, la gente assiepata dietro le vetrine, i turisti col naso all'insù, il traffico immobile, i palazzi anneriti dall'incuria e dallo smog, il tempo incattivito sulla bellezza di quelle strade, piazze, vicoli la cui perennità era ormai solo un optional per turisti. Non potevo far nulla, se non deglutire con amarezza e attendere la fine di quell'avventura non vissuta. Guardavo, guardavo, guardavo,

e non avevo il coraggio di parlare. Lea era lì, accanto a me, distante, silenziosa.

Poi mi prese la mano, poggiata sul sedile posteriore di un anonimo taxi diretto alla stazione Termini. E mi sorrise. Era un sorriso triste, imperfetto, l'ineluttabilità della parola fine su un inganno, un'illusione. Non è la ragione che ci differenzia dagli animali, ma la capacità d'illuderci.

Eravamo arrivati. Recuperai la mia valigia. Lea scese con me per salutarmi.

«Prima di partire avevo immaginato questi giorni in maniera diversa... Peccato che non possano continuare», disse, e la sua voce era distante.

«Io non avevo immaginato nulla. Comunque è vero, peccato che non possano continuare.»

Meglio finirla lì.

«Grazie per la compagnia...» aggiunsi.

«Buon viaggio...» disse lei dandomi un bacio sulla guancia.

La stazione Termini è il luogo ideale per chi ha voglia di stare solo. Io ne avevo tanta e tutto il tempo per soddisfarla. Le persone si muovevano meccanicamente sotto le pensiline, robot muniti di bagaglio e adeguata dose di fretta, indispensabile per ignorare il mondo circostante che si trascinava altrettanto velocemente, con le stesse motivazioni, solo con mete diverse. Ignorare gli altri è un'arte nella quale ci siamo specializzati, tutti. Una stazione è l'atelier migliore nel quale coltivarla.

Il mio treno era già sul binario, ma rimasi ancora un po' seduto su una panchina a fumare e a pensare. Alle inaspettate emozioni che mi avevano preso, all'illusione che ci aveva ingannato, a una finestra che si era improvvisamente aperta sulla mia vita e che sapevo di dover chiudere immediatamente: troppa corrente, rischiavo una bronchite.

Pensavo a quella strana donna che si era intrufolata nella mia giornata pacifica e che mi aveva regalato emozioni inaspettate, nuove. All'effetto di averla vicino, e non averla più. O era solo un desiderio inappagato?

Ho sempre dei pezzi di carta in tasca, sono la mia salvezza. Scrissi di getto, poi cancellai e riscrissi. Infine piegai con cura il foglio e lo riposi in tasca. Poesie... Brutto segno.

L'ennesimo avviso gracchiato dall'altoparlante. Chiamavano il mio treno e i genitori di una bambina che si era smarrita. Salii in carrozza, poco dopo si mosse. Quella sensazione di distacco allontanò l'ansia. Tutto sommato, Roma è un bel posto per illudersi. Era la seconda volta che capitava. Grave errore, *ne bis in idem...*

Durante il tragitto non mancai l'appuntamento con la solita botta di sonno, o meglio di dormiveglia, che mi assale sempre quando viaggio in treno. Ero esausto, fisicamente. Smarrito, emotivamente. Meglio andare a nascondersi.

Mi svegliai poco prima di arrivare a Napoli. Giusto in tempo per vedere la litania notturna degli interminabili e squallidi quartieri periferici.

La stazione di piazza Garibaldi, un altro luogo ideale per stare soli. Ma non ne avevo più voglia. Desideravo arrivare prima possibile ad Amalfi, ritrovare la mia famiglia e quelle certezze che temevo smarrite per strada. L'idea di andare alla fermata, attendere il pullman, prendere il pullman, sopportare le duemila fermate facoltative del pullman, mi sconvolgeva. Volevo far presto, ero stanco, non ce la facevo più.

«Quanto ci vuole per arrivare ad Amalfi?» chiesi al primo tassista libero.

«Con questo traffico almeno un'ora, dotto'.»

«Volevo sapere, quanto ci vuole di soldi.»

«Non c'è problema, dotto', ci mettiamo d'accuordo.»

E infatti ci mettemmo d'accuordo, non ci volle molto.

Gli dissi di fare in fretta, più in fretta che poteva.

Fui fortunato, trovai una brava persona. Napoletano verace, e dunque non poteva che essere loquace; ci pensò lui a distrarmi lungo il tragitto.

Iniziò coi problemi del Napoli, «Eh, quando ci stava Maradona...», poi mi disse che era un pezzo che non gli capitava di andare ad Amalfi, almeno sei o sette anni, l'ultima volta per un battesimo, «m'pare, nun m'recuordo...» Parlava e si girava in continuazione, come se non si fosse mai abituato ad avere l'interlocutore alle spalle. «Dotto', mi creda, il tassista è nu lavoro 'e merda. Una volta mi sono pure preso una coltellata int'a mano...» Mi raccontò che erano stati due marinai americani di colore, ubriachi, «si futtettero l'incasso della jurnata!» Lui andò a fare la denuncia; qualche giorno dopo lo chiamarono e gli chiesero se era in grado di riconoscere i rapinatori nella fila di persone che poteva vedere oltre un vetro. «Proprio come nei film, dotto', solo che quelli erano tutti nire nire, m'parevano tutti uguali...»

Sì, sono un uomo fortunato, anche nelle piccole circostanze. Il tassista mi fece ridere e mi rasserenò. Sbagliò strada un paio di volte, ma alla fine arrivammo a destinazione. Impeccabilmente ossequioso, scaricò il bagaglio e mi diede un suo biglietto: «Se venite di nuovo a Napoli, a disposizione...»

Infilai la mano in tasca, presi i soldi che avevamo pattuito e lo pagai. Nel palmo rimase un foglio di carta piegato. Respirai profondamente, assaporando l'aria salmastra, l'odore che saliva dalla scogliera. Quel foglio mi bruciava. Lo aprii sotto la luce dei lampioni, era la mia poesia. La rilessi ancora una volta. E ripensai a Lea che già mi mancava.

In lontananza sentii la voce inconfondibile di Alessandra che mi chiamava. Capelli neri, corti, foulard sulle spalle, gonna sempre troppo lunga, tacchi bassi, un fisico che il tempo non aveva offeso, qualche ruga di troppo ma discreta, l'immancabile girocollo di perle. Con lei Sveva, quindici anni, non più una bambina, non ancora una donna. Ma sempre e comunque la mia vita.

Le vidi arrivare allegre e salutarmi da lontano, come accadeva un tempo, quando eravamo ancora ingenui o semplicemente illusi. Mi soffermai su quell'immagine inattesa.

Accesi una sigaretta, accartocciai il foglio della poesia e lo gettai nelle acque calme del Tirreno.

10
Sei un uomo dolce...

Non poteva finire lì. I buoni propositi sono fatti per essere accantonati e io lo feci molto prima del previsto.

Come diceva sempre mio padre: «Se lo spirito è forte e la carne è debole, perché in me vince sempre la carne?»

Avevo paura a chiamarla. Non c'eravamo lasciati bene. Mi bruciava lo stridente epilogo di una serata incantevole, e poi, il giorno dopo, tutto così freddo. Lea distaccata, io percepibilmente rientrato nei ranghi.

Chiamarla? Rischiavo un no, oppure, peggio ancora, un glaciale imbarazzo, per lei e per me. Optai per un sms. Che bella invenzione! Spari e non senti né vedi il botto quando il colpo arriva. Al massimo chi lo riceve reagisce con un vaffanculo – opzioni, elimina messaggio, ok, fine.

Io: «È molto pieno il tuo carnet queste sere?»

Lea: «Desolatamente vuoto...»

Io: «Ti va di uscire?»

Lea: «Mi va...»

Io: «Domani?»

Lea: «Ok».

Se Abelardo avesse avuto il cellulare, cosa avrebbe scritto alla sua Eloisa?

Lea era già per strada ad aspettarmi. Accostai al marciapiede, lei entrò subito in macchina.

«Dove vuoi andare?» le chiesi.

«No, decidi tu...»

«Be, non conosco i tuoi gusti, non vorrei toppare...»

«Mi va bene tutto, scegli tu...» insistette, ma subito dopo percepì il mio disorientamento e aggiunse: «Sono fatta così. Passo la giornata a decidere e a risolvere i problemi degli altri, ma sono pigra e la sera non voglio più pensare».

«Dimmi almeno questo: Bari Vecchia o fuori città?»

«Andiamo fuori.»

Ingranai la marcia e imboccai il lungomare verso Sud.

«Ti va Conversano?»

Lea accennò un sì con la testa.

«Allora ti porto in un posto speciale...» La vidi aggrottare la fronte. «È una sorpresa», aggiunsi.

Armeggiai col cellulare e cercai il nome, chissà se ce lo avevo ancora nella memoria. C'era.

«Osteria dei Vecchi Ricordi», rispose una voce per nulla invitante.

«Ciao Tommaso, sono il dottore Piergiorgio... Come stai?»

«Dottore!» Sorpresa dall'altro capo. «Tu come stai! Da quanto tempo! Ti sei scordato degli amici?»

«Come faccio a scordarmi di te?» lo consolai. Se lo meritava.

«Senti, sto venendo a Conversano, c'è posto?»

«Dottore, c'è tutto il posto che vuoi, e anche se non c'era, per te qualcuno lo cacciavo!»

Arrivammo in un battibaleno. Conversano ci accolse ospitale come sempre. Sulla piazza di fronte al Castello ancora poca gente, d'estate è diverso. Il maschio e le vecchie mura torreggiavano più alte del reale.

La presi sottobraccio, ma percepii del disagio in lei. Strano.

«Dove stiamo andando?» mi chiese.

«Da un vecchio amico, Tommaso... È qui a due passi.»

Le indicai la facciata della Cattedrale.

«Bella, vero?»

Lea annuì.

«L'interno lo è ancora di più, peccato che sia chiusa...»

Ci inoltrammo lungo i vicoli del borgo. Osteria dei Vecchi Ricordi, diceva l'insegna. Una porta in legno con vetri schermati all'interno da tendine a quadri che sembravano tovaglie. Dentro era tutto immutato e non poteva essere diversamente. Un ambiente piccolo, sei o sette tavoli massicci, panche e sedie in paglia, tovaglie a quadretti rossi, brocche e bicchieri di creta. Dietro un bancone s'intravedeva l'accesso alla cucina. Pochi avventori.

I «vecchi ricordi» erano un mare di oggetti d'epoca appesi alle pareti o distribuiti su vari ripiani alla rinfusa: radio anni Trenta, giradischi anni Sessanta, la macchina da cucire della nonna, un ferro da stiro a carbone, attrezzi agricoli d'altri tempi, brocche, lumi a petrolio e bugie, una sterminata collezione di 33 giri, paccottiglia varia e non so più cos'altro.

Quel che restava libero delle pareti intonacate di bianco era interamente ricoperto di scritte con pennarelli di vario colore. Dediche di clienti « speciali ». Lea si guardò intorno un po' smarrita, ma non ebbi il tempo di spiegarle nulla, mi accolsero subito il sorriso e la voce di Diana.

« Dottore! Da quanto tempo non vieni! Come stai? Mi ha detto Tommaso che stavi arrivando... Era ora! »

Mi abbracciò e ci scambiammo due baci sulle guance. Era davvero una bella ragazza, alta, bionda, occhi chiari. Una vera figlia del sud: tutto in lei indicava il sangue normanno!

Quella perfezione era purtroppo tradita da una marcata cadenza dialettale. Ma era così dolce che le si poteva perdonare tutto.

« È vero », le dissi vergognandomi un po', « è passato molto tempo... Come stai? »

« Bene, sempre la solita vita... »

« Quando ti sposi? »

Sapevo che era un tasto dolente, in passato ci scherzavamo per sdrammatizzare.

« E quando mai... Per finire la casa ci vogliono ancora un sacco di soldi. »

« Il fidanzato è sempre lo stesso? »

« Sempre Antonio! »

« Be', se lo lasci avvisami... La voglia di farti la corte non mi è passata! »

Ridemmo insieme, e in quell'istante dalla cucina sbucò Tommaso, asciugandosi le mani con uno strofinaccio. Ancora più magro di come l'avevo lasciato, capelli grigi, malmesso come sempre. Anche lui fu molto caloroso e mi abbracciò. Poi, come al solito, si lamentò degli affari che andavano male.

«Sono i giovani quelli che spendono la sera, ma si fanno un panino e altra munnezza! Questo non è posto per loro... Ho provato a chiedere al Comune l'autorizzazione per aprire la terrazza, d'estate... Mo' vediamo che succede...» Tommaso diceva sempre le stesse cose.

Solo allora mi ricordai di Lea; se ne stava alle mie spalle, a seguire da estranea quella sceneggiata. La presentai ai miei amici; la salutarono lui con deferenza, lei con sospetto.

«Tommaso, stasera sono nelle tue mani. Fammi sognare come una volta...»

«Non ti preoccupare, dottore, so già cosa portarti!»

Ci sedemmo al mio solito tavolo.

«Mi spieghi cosa succede?» disse Lea quasi seccata.

Le sorrisi.

«Per alcuni anni ho lavorato qui, all'Ospedale di Conversano. Facevo il pendolare, ma non era un problema. Per mangiare, invece, mi arrangiavo come potevo, e questo era un grosso problema. Un giorno un collega indigeno, sapendo che avevo «il gusto fino», mi portò qui da Tommaso. Da allora non l'ho più abbandonato. A pranzo venivo tutti i giorni. E quando avevo i turni di sera o di notte, anche. Il lunedì erano chiusi per turno, ma io pranzavo con loro. Ero diventato uno di famiglia. Sono brave persone, è stato facile volergli bene... Sono zio e nipote. Lei serve ai tavoli, lui sta in cucina.»

«Si mangia bene?»

«Tommaso non è un ristoratore. È uno a cui piace cucinare. Non c'è menu, ogni giorno è una sorpresa, dipende da cosa trova al mercato e da come gli gira.»

«E tu?» chiese curiosa.

«Sono diventato la sua gioia, gli davo tanta soddisfazione!»

«Carina questa storia!»

Poi, indicando le pareti, mi chiese: «E tutte queste scritte sui muri cosa sono, dediche?»

«Hanno una convenzione con Telenorba. Spesso vengono a pranzare gli artisti che registrano le trasmissioni. Qualcuno ha iniziato con l'autografo sul muro, poi sono arrivate anche le dediche per i suoi manicaretti, e quello che vedi è il risultato.»

Lea cercava di decifrare le firme. Gliene indicai qualcuna: Giorgia, Luca Barbarossa, Giorgio Albertazzi, Marina Rei. E infine non potetti resistere – non è vero che la vanità è donna!

«Vedi, ci sono anch'io...»

Le indicai un graffito su una colonna: *A Tommaso e Diana, maestri di amicizia e di cucina, grazie e... arrivederci PGA*.

«Sei uno sbruffone! Che c'entri tu con gli artisti? Sei solo un medico!»

Lea era fatta così, alternava dolcezza e sferzate. Lo avrei scoperto un po' alla volta, peraltro senza mai riuscire ad abituarmi. Esprimeva un fascino vibrante di forza ma anche d'insicurezza, frutto insieme aspro e dolce della sua voglia di vita. L'alternanza dei suoi stati d'animo mi disorientava: tristezza e allegria, fermezza e timore, dolcezza e cinismo. Era difficile sapere come prenderla, capire come avrebbe reagito.

«Quando andai via vollero a tutti i costi che scrivessi anch'io qualcosa», mi giustificai quasi.

Pausa. Poi, come al solito, non seppi stare zitto.

«In fondo sono anch'io un artista, ci sono pur sempre le mie poesie...»

Beccati questa!

«Quali poesie?» esclamò Lea sorpresa.

Ora voleva sapere, non potevo più tirarmi indietro. Bella cazzata, dissi a me stesso, ma come ti è venuta?

Solo oggi comprendo perché a Lea, e solo a Lea, ho svelato quel mio geloso segreto. C'è sempre una ragione, anche se sul momento non si vede. Allora non la vedevo.

Non sapevo cosa risponderle. Dissi solo la verità.

«Le mie poesie sono tristi e adesso non ho voglia di parlarne. Dopo, forse...»

Percepì dolore nelle mie parole, e tacque. Mi accarezzò la mano.

Brutta piega, non era così che doveva andare. Per fortuna arrivò Tommaso a toglierci dall'imbarazzo.

«Zuppa di cereali, farro e grano, profumata col coriandolo!» disse orgoglioso servendoci i piatti di persona. «Qui c'è l'olio santo, e il vino è il primitivo dell'amico mio di Gioia. Buona mangiata!»

Sembrava una condanna, fu un viatico di delizie.

«E dopo?» gli chiesi.

«Sta già penzato... Braciolette di cavallino al sugo per la signora, gnomarelli di trippa per te, dottore... l'amore tuo!»

«Il giorno prima di morire verrò da te, Tommaso!»

Con poco, lo resi felice.

«Ma qui è una cosa a farsi male...» disse Lea.

«Proprio così, una cosa a farsi male, ma ne vale la pena!»

Lea era felice, rideva.

Io lo pensavo, ma fu Lea che a un certo punto, guardandomi, lo disse per prima.

«Trascorriamo bene il tempo insieme...»

«È vero...»

Silenzio.

«Pensi che saremmo una coppia ben assortita?» le chiesi.

«Forse volevi dire *saremmo stati*...»

Pausa.

«Io sono single, ma tu...»

Ecco, si era già tirata indietro. Ora, Piergiorgio, non perdere la battuta!

«No, Lea, volevo dire esattamente ciò che ho detto...»

Bravo! Così si fa!

Imbarazzo. Lea mi versò da bere. Stava pensando come uscirne.

«Be', allora dovremmo fare qualche test per verificare la nostra affinità...» disse buttandola sullo scherzo.

Mi era sfuggita. Mi aveva fregato. Meglio assecondarla.

«Tipo?» chiesi incuriosito.

«Tipo: Beatles o Rolling Stones?»

«Beatles ovviamente...» risposi di getto.

«Rolling Stones!» ribatté. Gioco divertente.

«Mojito o Margarita?» insisté.

«Mojito...»

«Sbagliato, Margarita.»

E due.

«MS o Marlboro?»

«Da sempre MS, pacchetto morbido.»

«Sbagliato, Marlboro.»

E tre.

«Carne al sangue o ben cotta?»

«Praticamente cruda.»

«Sbagliato, ben cotta.»

Non ne stavo azzeccando una!

«Barca a vela o a motore?»

«Mi rifiuto di rispondere! Per un uomo di mare questa domanda è un insulto!»

«Lo so, ma io preferisco quelle a motore, sono più comode!»

Lo stava facendo apposta.

«Come vedi, non potrebbe funzionare...» rincarò la dose. Ricominciava a sfottere, aveva ripreso il controllo della situazione.

«Fesserie. E poi ci sono metodi più rigorosi...»

«Per esempio?»

«L'età! Mio padre, che in fatto di donne era uno scienziato, aveva una regola matematica per determinare la giusta età dell'amante...»

Mi morsi le labbra: la consideravo solo una possibile amante? Non se n'accorse, troppo incuriosita.

«E sarebbe?»

«La metà dei propri anni più dieci. È una regola perfetta, scientifica. Determina la giusta differenza d'età per mantenere viva l'attrazione fisica e quella emotiva.»

Dovevo spiegare meglio.

«Se hai quarant'anni, la tua donna deve averne trenta. Se ne hai venti non puoi che avere una tua coetanea. A sessant'anni deve aver superato i quaranta, più giovane ti sfibra a letto, più vecchia ti sfibra il cervello...»

«Bella, ma terribilmente maschilista», commentò scettica. «E poi ti costringe a cambiare compagna almeno ogni dieci anni.»

«Vero, ma solo in un mondo di preti come il nostro ti possono spacciare favole tipo *un amore è per sempre.*»

Troppo esplicito? Cinico? Vediamo che succede.

«Tu quanti anni hai?» mi chiese.

«Quarantacinque, quasi... E tu?»

«Quaranta...» Un rapido calcolo e poi aggiunse: «CVD, come volevasi dimostrare: non potrebbe funzionare, sono troppo vecchia per te, hai bisogno di carne più fresca!»

«Stupida...»

Lea mi sorrise in modo intrigante. Luce ammiccante negli occhi chiari. Era un invito?

«In che giorno sei nata?»

«29 dicembre...»

«Dio mio, no! Un altro Capricorno no! Questo sì che è un problema serio!»

Ignobile sceneggiata, ma raggiunse l'effetto sperato.

«Perché? Cosa c'è che non va nel Capricorno?» domandò curiosa.

«È che sono circondato da donne Capricorno...» dissi fingendo di essere sconsolato. «Mia madre, mia moglie, mia figlia, mia cognata, mia suocera, anche la mia segretaria... Non ce la faccio più! Tutte brave, ma troppo precise, rigorose, pignole, puntigliose, e poi non te ne perdonano una, non dimenticano, mai.»

«Delle scassacazzo, insomma», concluse Lea.

«Tutte! Salvo mia suocera, che è una santa donna. Per me non è un Capricorno. Devono aver sbagliato a registrarla all'anagrafe quando è nata.» Mi stavo divertendo, rincarai la dose. «No, assolutamente, fra noi due non potrà esserci nulla...»

Lea rideva.

«E tu di che segno sei?» chiese.

«Ariete, 12 aprile... Un bel segno, forte, il fuoco... Eccezionale nel prendere craniate e farsi un male del diavolo!»

«Ma dai! Non dirmi che proprio tu credi all'oroscopo.»

«No, ma mi diverte.»

«E lo leggi?»

«Una volta l'anno, e solo a posteriori», risposi.

«In che senso?»

«Il 31 dicembre compro una di quelle ridicole riviste di astrologia dove c'è l'oroscopo per l'anno nuovo. Ma non la leggo. La conservo fino al 31 dicembre successivo e solo allora verifico se ci hanno azzeccato oppure no...»

«E ci azzeccano?»

«A volte sì, a volte no... Ma a quel punto non ha più importanza, ormai è andata.»

«Tu non ci stai con la testa!» concluse lapidaria. Sana concretezza del Capricorno, donna.

Il primitivo di Gioia stava facendo il suo dovere e alternava ebbrezza e torpore. Tutto iniziava ad apparire distante, come in un sogno. Voci, luci, volti, il sorriso di Lea, il passato che ritornava, il vecchio 33 giri di Barry White, tutto mescolato, vago, ovattato, impalpabile, intangibile.

Tommaso ci dette la mazzata finale: piatto di formaggi stagionati accompagnati da marmellata di fichi al peperoncino e di cipolle rosse.

«Sto scoppiando...» disse Lea, «avrò preso due chili.»

«Le cose belle della vita o sono immorali o sono illegali o fanno ingrassare...»

«Carina! Di chi è?»

«Oscar Wilde o Wodehouse, non lo so, ma è una verità assoluta!»

Lunga pausa. Bevuta d'ammazzatutto.

«Andiamo?» le chiesi infine.

Lea fece sì con la testa. Mi alzai ed entrai in cucina da Tommaso.

«Cosa ti devo?»

«Vedi che te ne vai, dottore!» rispose offeso. «Torni qua dopo anni, con una bella donna, e vuoi pure pagare! Vattinn', ma se ti ripresenti di nuovo fra tre anni non ti faccio manco entrare...»

Ci abbracciammo con la promessa di rivederci presto. Anche quella promessa non l'ho mantenuta.

«È bello avere gente che ti vuole bene...» disse Lea una volta fuori.

«Sì, è bello...»

Accesi una sigaretta e tirai a pieni polmoni.

Mancava solo una cosa: l'amore di una donna.

«Vuoi rientrare o ci andiamo a stonare a Polignano?» le chiesi.

«Stonare a Polignano...»

Pochi minuti per arrivare. Silenzio in auto. Fra me e Lea solo la voce di Aretha Franklin.

A fine marzo, e a quell'ora, Polignano a Mare era semideserta. Attraversammo l'arco di accesso alla città vecchia e ci incamminammo alla ricerca di un rifugio. Non fummo fortunati, era quasi tutto chiuso. Solo il Bar Mimmo, come sempre, aveva l'insegna accesa.

L'arredo era stato ammodernato anni prima dai figli di Mimmo. Tutto più luccicante e freddo, la vecchia Carpigiani, le cui delizie avevano soddisfatto le voglie innocenti di migliaia di bambini, era stata rimossa dal bancone perché contraria a non so quale direttiva dell'Unione Europea.

Il fascino di quel momento, però, rimase immutato. Gin Tonic per Lea, Bacardi Riserva per me. Consumammo poggiati al bancone luccicante e poi attaccammo il bis.

Dietro la cassa c'erano alcune fotografie, ormai logore e sbiadite, di Domenico Modugno. Una, quella più grande, malamente incorniciata, spiccava in bella vista accanto alla licenza di commercio. Riportava tanto di dedica, *Da Mimmo a Mimmo...* più qualcos'altro d'indecifrabile. Sotto, la firma di un indimenticabile sognatore. Notte di luna calante.

Vicoli deserti, vecchie corti bianche e panni stesi. Qualche icona della Madonna con annesso cero e fiori di plastica, un portale scolpito nella pietra tenera, una piazza orribilmente deturpata dalla criminale solerzia di un sindaco imbecille, troppi portoni e finestre in anticorodal. Non si può avere tutto dalla vita.

« Non venivo qua da anni... » disse.

« Anch'io, d'inverno non ci pensi e d'estate c'è troppa confusione. »

Fu Lea a prendermi la mano. Non me lo aspettavo. Era bello, la lasciai fare.

« Allora... com'è la storia delle poesie? » mi chiese.

Non c'è nulla da fare... le donne Capricorno non dimenticano e non perdonano. Mai.

«Ogni tanto scrivo qualcosa, ma solo per me... Finiscono tutte chiuse a chiave in un cassetto.»

«Non le hai mai fatte leggere a nessuno?»

«A nessuno...»

«Perché?»

«Vergogna, pudore, gelosia... Dei propri sentimenti intendo. Sono momenti troppo intimi. Non so, forse per reazione a mio padre.»

«Che c'entra tuo padre?»

«Scriveva poesie, solo che per lui era un vanto, un motivo di gloria. Ha pubblicato alcuni libri, tutti a sue spese naturalmente, la poesia non è merce vendibile. Ha anche avuto diversi riconoscimenti.»

Soffrivo a raccontare, ma continuai.

«Gli piaceva sciorinare i suoi versi, vivere il ruolo del poeta. Ogni occasione era buona per comporre endecasillabi e tutti erano contenti e ammirati della sua creatività... Solo io mi vergognavo di quella sua esuberanza. E poi non mi sono mai piaciute. Le amo molto e lui mi manca, ma non mi sono mai piaciute...» E adesso dammi un po' di tregua amore mio, ti prego.

Respirai l'aria salmastra del mare di notte. Qualche attimo di silenzio, poi fine dell'armistizio.

«Le tue di che parlano?»

«Amore, solitudine...» Lea, perché mi tormenti? Non capisci che sono a disagio?

«Quando le scrivi?»

«Quando capita... A volte vengono, a volte no, io aspetto...»

«E a me le faresti leggere?»

Me l'ero proprio cercata.

Aver svelato quel geloso segreto era già tanto, non potevo andare oltre.

«No Léontine, non chiedermi questo, ti prego...»
Fine dell'argomento. Solo la sofferenza restava.

Arrivammo su una piccola balconata affacciata sul mare. Muro in pietra bianca, luce dei lampioni, persiane verdi serrate, ululato del maestrale unito al frangersi delle onde sugli scogli. Lea si affacciò da una balaustra di ferro corrosa dalla salsedine, tenuta insieme da strati e strati di vernice verde e antiruggine. Ero dietro di lei, posi le mani sulle sue spalle. Sotto di noi la scogliera a strapiombo, il mare nero spezzato dalla spuma bianca. Vento, freddo.

Vento di maestrale
Vento incessante d'inverno
In questo mare
Violento e cupo
Si rispecchia l'anima
E s'infrange su scogli
Aguzzi
La speranza del naufragio.

Poi ci prese la vertigine di quell'altezza, della morte ipnotica nelle onde, del vuoto, e il desiderio di saltare, di volare. Solo il rumore sommesso del nostro respiro. Le scostai i capelli e le baciai il collo.

Lea s'irrigidì di colpo.

«No, Piero... aspetta, non correre... Non rovinare tutto... Sarebbe troppo complicato... difficile... aspetta...»

Le parole si persero sulle labbra. Ricordo solo il volto chino, triste.

Ripercorremmo i vicoli, ma non li riconobbi, avevano un altro colore. Lea continuava a tenermi per mano, capiva la mia delusione e non aveva altro modo per consolarmi. Non ricordo cosa accadde sulla strada del ritorno, cosa dicemmo, se ci dicemmo qualcosa. Aretha Franklin cantava inutilmente. Era l'una, l'inizio di un nuovo giorno, quello andato non contava più.

Arrivammo presto sotto casa di Lea. Non spensi il motore.

«Pigi...»

Pausa, tristezza.

«Ho passato una bella serata...» disse, poi si fermò di nuovo, come se il seguito della frase ce lo avesse in testa ma non riuscisse a dirlo.

«Anch'io, Lea...»

Silenzio, delusione, imbarazzo.

«Senti, se prometto di non zomparti addosso, ti va di rivederci ancora?»

Lea sorrise e fece sì con la testa. C'era luce nei suoi occhi.

«Sei un uomo dolce...» disse piano.

Un bacio sulle labbra, e andò via.

11
... la verità è che t'invidio!

Accesi una sigaretta e ripartii. Iniziai a sentire freddo, quello vero, quello con i brividi. Inutile tentare di difendersi quando ti viene da dentro. Sotto casa girovagai un po' in cerca di un parcheggio; me la presi comoda, non mi andava di rientrare. Speravo che Lea chiamasse, che mi mandasse un messaggio. Inutilmente.

Trovai un buco vicino al Cellar Club, che aveva riaperto da pochi mesi. Quanto tempo avevo trascorso in quella discoteca! Rimasi lì a osservare i ragazzi che ne uscivano, inebriati di musica e felici. No, non tutti felici. Una ragazza, poco più di una bambina, piangeva; la vidi allontanarsi con passo veloce, agitando la borsetta nera. Dietro di lei un ragazzo la chiamò più volte, ma ogni volta lei accelerava, finché si mise a correre. Allora lui si fermò, pochi istanti, poi tornò indietro scrollando le spalle. Cos'era successo? L'aveva lasciata? L'aveva tradita? Le aveva detto di no? C'è un'età per essere felici? C'è un'età per innamorarsi? C'è un'età per rassegnarsi? E tu, piccola, dove vai? Non correre, non fuggire, non piangere, hai l'eternità davanti a te... Io no, non più ormai.

Ero sotto il portone di casa. L'ultima sigaretta? L'ultima, sì, tanto Lea non chiama.

La prima boccata e il conato furono la stessa cosa. Partì come al solito dalla gola, maledetto nervo vago! Un pugno allo stomaco e poi fuori. Mi piegai, gettai via tanta aria dalla gola, gli addominali scoppiarono. Era più forte del solito.

Del solito un corno! Da quanto tempo non mi venivano quegli attacchi? Perché erano tornati?

Hai la coscienza sporca, Piergiorgio! Stai tradendo tua moglie e questa volta non è una scopata occasionale. Stai tradendo tua figlia!

Maledetto senso del dovere... La tua coscienza è lì, separata da te, ti guarda, non perdona.

Fesserie, soltanto troppo vino stasera, e troppe sigarette.

Aspettai qualche minuto. Quando fui sicuro che tutto era passato entrai nel portone.

Speravo di trovare la casa al buio; non fu così. Alessandra dormiva, ma aveva lasciato la luce del comodino accesa; appena entrai in camera si destò dal sonno del soldato. Mi stava aspettando.

«Ma ti sembra ora di tornare!»

Era arrabbiata.

«Si può sapere dove sei stato finora?»

E sottinteso: *con chi?*

«Con Elio... Sono stato con Elio... Aveva le prove della Manon stasera, al Piccinni, poi siamo andati a farci una pizza...»

Era la prima cosa che mi era venuta in mente. Credibile, ma rischiosa.

«Vai al diavolo Piero! Se c'è una cosa che non sai fare è mentire!»

«Non fare l'isterica come al solito! Il numero di Elio lo conosci, chiamalo, sarà ancora sveglio.»

Ignobile bluff.

«Sei uno stronzo! Figurati se il tuo compare non ti copre!»

Quella notte dormii sul divano.

Il mattino dopo era tutto passato.

«Mi spiace per stanotte...» disse Alessandra. Mentiva.

«È colpa mia, avrei dovuto avvisarti...» aggiunsi. Mentivo.

Riprendemmo subito i ruoli assegnati. Lei cordiale, aveva rimosso o più semplicemente infilato di nuovo la testa nella sabbia. Io, mal di schiena a parte, stavo bene: avevo accantonato le ansie notturne. Così credevo, almeno.

Mi aggredirono alle spalle, appena uscii. I conati furono così violenti, quella mattina, che vomitai per strada la colazione. Vino e sigarette non c'entravano un cazzo. Era la mia coscienza, sempre lì, non si muoveva, mi guardava, e non perdonava... Capricorno anche lei! Maledetto senso del dovere, perché non mi lasciava in pace?

Mandai un sms a Libeccio: «Sono ricominciati. Ho bisogno di vederti. È urgente!»

Risposta: «Alle 20,30 da me, ma solo perché sei tu.»

Nello studio di Libeccio, seduto di fronte a lui, non sapevo da dove iniziare, come dirglielo, cosa dirgli.

Pudore? Vergogna? In fondo non avevo fatto nulla di male! Per fortuna era il suo mestiere e lo percepì subito.

«Cosa c'è che non mi vuoi raccontare?»

«È che i conati sono ricomparsi, violenti, improvvisi... Non so da dove cominciare, e soprattutto come e se finire...»

«Devi averla proprio fatta grossa questa volta!»

«È che ho conosciuto una donna.»

«È bella?»

«No...»

«È dolce?»

«Agrodolce...»

Non riuscii ad andare avanti.

«Ti va di parlare o ci andiamo a bere qualcosa?»

Sapeva come frustarmi. Lo guardai e iniziai.

«Léontine... Si chiama Léontine, ma tutti la chiamano Lea.»

Gli raccontai tutto, come ci eravamo conosciuti, lo stage in istituto, la Forcatella, Roma, la sera precedente. Libeccio ascoltava in silenzio. M'interruppe solo un paio di volte per chiedermi dettagli apparentemente senza importanza, tipo com'era vestita, che ore erano.

Alla fine non disse nulla. Una manciata di secondi di silenzio che parve interminabile.

«Pensi che possa essere una cosa seria?» chiese infine.

«Penso di sì.»

«Ti farà male, Piero.»

«Penso di sì... Ma è dolce.»

«È dolce tutto quello che mi hai raccontato. È dolce

come l'hai raccontato, stavi sognando. Questo è un bene per gli altri uomini, ma non per te.»

«Perché?»

«Perché gli uomini, quelli affermati come te, a quarantacinque anni si fanno fare i pompini dalle segretarie. Tu invece t'innamori e scrivi poesie!»

«Perché?»

«Ti manca un pezzo della tua vita, l'adolescenza.»

«Perché?»

«L'incubo che è stato tua madre ti ha segnato, l'assenza di un uomo forte al vostro fianco che potesse gestirla... Sei rimasto solo, Piero, e sei passato di colpo dall'infanzia all'età adulta. Ti sei perso un pezzo di vita per strada.»

«Ed è grave?»

«Sì e no. Il problema è che ti complica terribilmente le cose. Oggi la vita si vendica e tu ne paghi le conseguenze.»

Fece una pausa.

«Ecco perché sei così attaccato ai ricordi dell'infanzia: non hai avuto l'adolescenza per sostituirli, per cancellarli. E ora l'adolescenza ritorna! Così, a quarantacinque anni, t'innamori con la passione di un liceale e scrivi ancora poesie. Non hai conquistato il disincanto della nostra età, le delusioni, le disillusioni, le amarezze, le vigliaccate... Stai solo cercando di recuperare il tempo perduto, di riappropriarti di un pezzo di vita che non hai avuto.»

«Cosa devo fare?»

«Vuoi una risposta da psichiatra o da amico?»

«Da amico.»

«Allora non fare nulla, Piergiorgio... La verità è che t'invidio!»

12
Léontine Gruvelle

Fu Marco Tedeschi ad avvisarmi, al termine di una delle tante interminabili riunioni di lavoro in istituto. Io non me n'ero accorto; a tutto pensavo, in quei giorni, salvo che a leggere i quotidiani.

«A proposito, Piergiorgio, prendi quest'invito», disse porgendomi una busta da lettera. «Me l'ha mandato l'assessore alla Cultura: domani inaugurano la sede della Pinacoteca De Nittis, a Barletta. Io ho un impegno improcrastinabile, e poi non m'interessa. A te invece queste cose piacciono...»

Pensare a De Nittis e pensare a Léontine fu tutt'uno.

«Sì, certo, m'interessa!» dissi strappandogli di mano la busta. «Grazie Marco.»

Gli avrei dato un bacio in fronte!

L'inaugurazione era per il giorno seguente. La chiamo subito, pensai. No, meglio di no, più tardi. E poi le inaugurazioni non mi piacciono, troppo ufficiali: il sindaco, l'assessore, il prete e tanta gente a fare solo vetrina... No, meglio non mischiare le razze, meglio rimandare.

Fu come l'ultima volta in cui decisi di smettere di fumare: il tempo non passava mai. Resistetti una mezza giornata, poi ripresi. Fu lo stesso: riuscii a rimandare per un paio d'ore, poi le telefonai. Lea rispose subito.

«Ciao Pigi! Mi stavo giusto chiedendo quanto ci avresti messo a richiamarmi...»

Le stilettate a freddo sono sempre state il suo forte.

«Ho deluso le attese?»

Parato il colpo!

«No, caro, decisamente no...» disse con voce dolce. «Stai bene?»

«Bene... E tu?»

«Al solito... Ho l'ambulatorio pieno di gente, colpo di coda dell'influenza, passerà.»

«Riesci a liberarti un pomeriggio di questi?» le chiesi.

«Dipende...»

«Da cosa?»

«Da cosa vuoi fare!»

«Ti devo presentare un'amica...»

Sorpresa! Non se l'aspettava.

«Troppo vago, ma m'intriga. Dimmi di più.»

«Pensi di essere l'unica Léontine in circolazione?»

«Certo!»

«Sbagliato! Ce n'è un'altra e te la voglio far conoscere.»

«Aggiudicato! Giovedì pomeriggio lo studio è chiuso. Alle quattro va bene?»

«Va bene.»

Giovedì pomeriggio, inizio della primavera, sole tiepido, aria tersa. Indossava il solito giaccone nero, pantaloni attillati, un foulard amaranto. Ci scambiammo un bacio di saluto sulla guancia e la feci salire in macchina.

«Allora? Chi è quest'altra Léontine?» chiese subito, divorata dalla curiosità.

«Una vecchia conoscenza di famiglia...»

«Una parente?»

«Diciamo un'amica, me la presentò anni fa mio padre...»

«Anziana?»

«Decisamente sì, ma si mantiene bene.»

«Mi stai facendo impazzire!»

«Lo vedo... Per una volta mi diverto io!»

Incassò il colpo.

«Mi dici almeno dove stiamo andando?»

«A Barletta.»

«A Barletta?»

Accennai di sì con la testa. Era sorpresa e smarrita, poi capì.

«De Nittis?»

«De Nittis!»

Lea si avvicinò e mi diede un altro bacio sulla guancia.

Parcheggiai. Per strada mi prese sottobraccio.

«Mi fai da cicerone anche oggi?»

Come al solito sfotteva.

«No, oggi no. Dopo forse...»

«Perché?»

«Uno: questo ruolo non mi piace. Due: questa è una cosa seria. Tre: per te deve essere una sorpresa e non voglio guastarla con parole inutili. Devi guardare con i tuoi occhi e non con i miei; la Bellezza, quella con la bi maiuscola, non può essere spiegata, va solo goduta, se riesci a vederla. Quattro: voglio prima vedere che effetto ti fa. Se ti emozionerai, se sentirai il brivido... allora sì, forse ti dirò qualcosa. Se no ciccia, sarebbe comunque inutile.»

Palazzo Della Marra, pieno Cinquecento arricchito dall'unico caso di esportazione del barocco leccese. Restammo qualche minuto ad ammirarne la facciata e soprattutto l'androne.

«Finalmente una sede adeguata!» esclamai.

«Perché, prima dov'era l'esposizione?»

«Lasciamo perdere... Un giorno, quando ero poco più che bambino, mio padre mi portò con sé a vedere i quadri di De Nittis. Venimmo col treno, la Ferrovia Bari Nord coi vagoni vecchi e sgangherati. A me sembrò un'avventura. Non so dov'erano esposti all'epoca. Ricordo un ambiente poco illuminato, malandato come i vagoni del treno da cui eravamo appena scesi. Pochi quadri, cornici scorticate, una desolazione. Ma ricordo anche la luce, e i colori, i vestiti, quei volti di donna... Un'emozione che non si cancellerà mai. Mio padre parlò con qualcuno, poi un usciere, bofonchiando qualcosa, ci accompagnò in una stanza dove al buio, sottochiave, erano accatastate altre tele. Questo Paese non ha speranza, disse papà andando via. Piangeva, Lea, piangeva come un bambino...»

Iniziammo a salire lo scalone che portava al primo piano, e fu allora che lo vidi. Il mio professore di Storia dell'Arte. Era un vecchio ormai, scendeva lentamente i gradini aggrappandosi alla balaustra e misurando ogni passo con attenzione. Da quanti anni non lo incontravo? Avevo perso il conto. Mi avvicinai a lui.

«Professore... Professor Ferrari... Si ricorda di me?»

Alzò gli occhi quasi destato da un sogno, mi guardò e si smarrì. Qualche attimo d'imbarazzo, i vecchi hanno paura di dimostrarsi tali, poi sorrise.

«Alfonsi! Piergiorgio Alfonsi... Certo che mi ricordo... Dopo quello che m'hai fatto passare!»

Solo i veri Maestri non dimenticano i nomi dei propri alunni dopo trent'anni.

«Come stai? Ti ho lasciato ragazzo e ti ritrovo uomo!»

No professore, il fatto è che sono rimasto un liceale... Ma come facevo a spiegarglielo?

«Che fai?» mi chiese. Gli raccontai un po' di me, ascoltò con attenzione. Poi gli chiesi di lui, e lui rispose distratto.

«Sono contento di rivederti... Di rivederti qui, intendo. Vuol dire che a qualcosa ti sono servite le mie lezioni, non è stato tutto tempo perso...»

«No professore, non è stato tempo perso...»

Lo abbracciai, mi abbracciò. Poi riprese la sua paziente battaglia con gli scalini.

Solo allora realizzai che Lea era rimasta in disparte, qualche gradino più su. La raggiunsi.

«Era il mio professore di Storia dell'Arte al liceo, allo Scacchi. Non lo vedevo da allora. In disegno ero la sua disperazione, ma compensavo in Storia dell'Arte.»

«Era in gamba?»

«Insegnava con passione... Una volta andai a casa sua. Un luogo da sogno Lea, disseminata di libri e oggetti antichi... Amava e collezionava tutto ciò che avesse più di cinquant'anni. Oggi mi rendo conto che gli devo molto.»

Per Lea fu amore a prima vista. Rimase estasiata fin dalle prime opere del percorso, i lavori giovanili, dai quali trasudava già il genio di De Nittis. *L'Ofantino, Casale nei Dintorni di Napoli, Appuntamento nel bosco di Portici.*

«Non mi avevi parlato di Parigi?» mi chiese.

«Hai fretta? Goditi questi intanto...»

Un breve corridoio con numerosi studi, poi la sala successiva. Parigi. Fu un'esplosione di gioia per me e per Lea. *Al bois de Boulogne, La signora con il cane, Le corse a Longchamps, Autoritratto, Place des Pyramides, La profumeria Violet*. Lea m'interrogava con gli occhi. Voleva sapere. No, le dissi con un cenno della mano, prima guarda. Era smarrita e affascinata. Davanti al *Salotto della Principessa Matilde* rimase a lungo in silenzio, incantata.

«Meraviglioso...» sussurrò infine, conquistata.

«Già... Era amico di Degas, è stato l'unico italiano che ha esposto con gli impressionisti al salone Nadar nel '74. Ha dipinto la nostra terra, poi Parigi, le donne, la donna che amava. Lo hanno definito in tanti modi, tutti inutili. L'unica cosa da fare è ammirare ciò che ci ha lasciato. Troppo poco, purtroppo.»

«Morì giovane, vero?»

«L'epitaffio sulla sua tomba lo scrisse Alexandre Dumas: *Giuseppe De Nittis, morto a trentotto anni in piena giovinezza, in pieno amore, in piena gloria come gli eroi e i semidei...*»

«Mi fai venire i brividi...»

La intravidi con la coda dell'occhio, era lì che ci aspettava, seduta sul sofà nel suo vestito di trine, il braccio elegantemente poggiato sul grembo, un ventaglio fra le mani; alle sue spalle una grande finestra affacciata sul freddo inverno di Parigi. La sala dedicata alle figure femminili era deserta. Un attimo prima di entrare passai alle spalle di Lea e con le mani le coprii gli occhi. Lei, istintivamente, mise le sue sulle mie.

«Sta' tranquilla, ti guido io...» le mormorai.

Lea mi lasciò fare, docile. Era l'amplesso fra due corpi che ancora non si conoscevano. Lei era sempre lì, ci guardava dall'alto mentre ci avvicinavamo piano. Quando le fummo davanti ridiedi la luce a Lea e le accarezzai le spalle. I nostri corpi vicini, si appoggiò a me.

«Ecco, ti presento Léontine... Léontine Lucille Gruvelle.»

Non si mosse, non disse nulla, trattenne il respiro. Stava vivendo il brivido.

«Non ho parole...»

«Allora sei fortunata...»

Le accarezzavo le spalle, la abbracciai.

«Non guardare solo la bellezza dell'insieme. Pensa a quanto amore, quanta passione, e dolcezza, e dolore in questo quadro. Tornerà a vivere...»

Lea taceva.

«È stata la sua segretaria, poi la sua modella, la sua amante, e infine sua moglie. L'ha ritratta decine di volte. L'ha amata sempre... Léontine.»

Restammo così non so per quanto, in silenzio.

Poi Lea si scosse, si girò lentamente verso di me: nei suoi occhi la luce di quell'immagine, e la richiesta di un bacio. Le nostre bocche si unirono per la prima volta, prima con dolcezza, poi con passione, a lungo. Le nostre mani, i nostri corpi si cercarono, nelle carezze ci smarrimmo. Quel bacio fu tutto per noi, Lea.

Non avemmo bisogno di confessarci altro. Fu la nostra gioia, il nostro impegno, la speranza, il desiderio, il futuro, il passato, la condanna. Tutto.

Nulla accade per caso nella vita; alla fine i fili slegati si riannodano, all'improvviso, come per incanto. In quell'attimo capisti il perché di un nome che tanto ti crucciava: quel nome ti aveva portato lì, a quel bacio. In quell'attimo io capii l'emozione profonda di un bambino davanti a un quadro di donna: quella donna mi aveva dato un appuntamento. Con te, Lea, con quel bacio, con quel minuto di eternità.

Fu la presenza del custode a scuoterci, la discrezione con la quale ci richiamò all'ordine. Solo in quel momento ci rendemmo conto di cos'era accaduto. Lui ci guardò imbarazzato.

«Ma non avete altro posto dove pomiciare?» chiedeva il suo sguardo.

Noi scuotemmo all'unisono le spalle: «Quando viene viene...» gridava il nostro sorriso.

Mi prese per mano e fuggimmo via. Addio amico del passato inaspettato, addio Léontine, Parigi d'altri tempi, colazioni in giardino, passeggiate d'inverno, avremo tempo per rivederci, ora abbiamo altro, abbiamo per noi la felicità, l'incanto, il desiderio, un sogno nuovo.

Appena fummo nuovamente per strada, anonima coppia fra tante, ci baciammo ancora. Non era desiderio, volevamo una conferma. Era stato solo frutto di una suggestione, di un attimo di follia, di sfinimento del cuore? No, eravamo consapevoli, l'avevamo voluto! E allora dammi ancora la tua bocca, amore mio. Dammi il tuo sorriso e quella luce nei tuoi occhi chiari che dice: «Ti voglio!»

Era il crepuscolo, l'ultima luce del sole si mescolava a quelle artificiali di lampioni e neon. Ero svuotato, sfinito. Non sapevo cosa dire, cosa fare.

«Torniamo a Bari?» le chiesi tenendola per mano.

«No, voglio stare ancora qui, con te...»

«Porto di Trani?»

«Porto di Trani!»

13
Storia di una bottiglia

Com'è difficile cominciare un nuovo capitolo! Soprattutto questo, soprattutto ora che inizia la parte più dolce e dolorosa della nostra storia. Come faccio a raccontare cosa accadde dopo? Come faccio, oggi, a far scivolare fra le dita i ricordi? Sabbia, la stessa sabbia che vedo scorrere nella clessidra della mia vita. Inesorabile, non si ferma, non si ferma mai. Quel giorno no, non fu così, avevamo tutto davanti a noi. Quel giorno di marzo è ormai così lontano...

Era buio, gli alberi spogli delle barche ormeggiate oscillavano, il ticchettio metallico di sartie e crocette scandiva il tempo. Qualcuno ancora sui pontili ad ammazzare le cime, a terminare gli inesauribili lavori di manutenzione. Poca gente in giro.

È bello innamorarsi d'inverno, ti assicura le strade, le piazze, i luoghi dell'amore deserti. Solo per te, solo per noi. L'estate va bene per i ragazzi, non più a quarant'anni, quando ti senti goffo, disorientato, e un po' ti vergogni per la nuova primavera che pensavi non dovesse tornare più.

Il porto di Trani era incantevole a quell'ora. Bisogna andarci una volta nella vita e respirare il mare.

Scendemmo le scalette per raggiungere il pontile. Tavolacci di legno, salsedine, vento.

«Posso farti una domanda da cento milioni?» disse Lea infrangendo il silenzio che ci legava da qualche minuto.

«Spara.»

«Perché hai scelto medicina?»

«C'è una domanda di riserva?»

«No! È che ti conoscevo solo come un bravo e coscienzioso professionista, molto apprezzato sul lavoro. Ti ho osservato in istituto: attento, diligente, razionale, freddo, impegnato, dai l'anima... Ma la passione no, la passione l'ho vista solo oggi, nei tuoi occhi, davanti a quei quadri.»

«Non è come sembra. Sono felice della mia strada, orgoglioso, la rifarei senza esitazione. Il lavoro lo vivo con razionalità, ordine, lucidità, durezza. Ma non è tutta la mia vita. C'è dell'altro... Mi sono iscritto a medicina per idealismo giovanile e per passione. Quella dei vent'anni intendo, che è diversa da quella dei quaranta, benché entrambe indispensabili se vuoi scampare al suicidio».

Risalimmo il pontile.

«La verità è che sono un uomo fortunato Lea, sono il frutto di un incrocio, un ibrido... Riesco a vivere nei due mondi contemporaneamente: razionalità e poesia, scienza e arte, logica e illusione. Attraverso il confine di continuo e non mi sento un clandestino in nessuno dei due, anzi! Può portare alla schizofrenia, ma è una fortuna di pochi.»

«Per la ragione e la scienza lo capisco: l'università, il lavoro... Ma il passaporto per l'altra parte del mondo chi te l'ha dato?»

«Mio padre... Era professore, ma ha sempre fatto il preside al liceo. La Bellezza, inclusa quella delle donne, per lui era un ideale concreto, tangibile. Credo che l'unica grande delusione che gli ho dato sia stata proprio iscrivermi a medicina. È stato un tradimento. Avrebbe voluto fare di me un uomo di lettere, di filosofia, uno scrittore... Ebbi ugualmente la sua benedizione, ma non si è mai rassegnato. Quando mi laureai mi diede un pacco. «Questo è il mio regalo di laurea», mi disse. Era una bottiglia di vino, Torre Quarto del '79. La devi aprire solo quando finirai il tuo primo libro, aggiunse. Ma ricorda: il vino, in bottiglia, non dura a lungo.»

«Ce l'hai ancora?»

«È rimasta sulla mia libreria. Ogni giorno la guardo con malinconia... È passato tanto tempo ormai, il vino si sarà guastato...»

«Ti manca?»

«Per sé non aveva che i libri. Mi ha insegnato ad amare tutto ciò per cui questa vita merita di essere vissuta, la musica, i quadri, la poesia, la mia terra, il vino, le donne, l'amore, la libertà di pensiero...»

«Ti dava ripetizioni a casa?»

La fulminai con lo sguardo, lei capì.

«Scusami, sono una stupida...»

«Sì, mi dava ripetizioni, ma non era quello l'importante... È che riusciva a trasmettermi emozione, a far vibrare corde segrete. Io non avevo grandi entusiasmi per lo studio, tutt'altro. Una volta mi stava aiutando su Dante, che io non capivo e odiavo, e più lo odiavo più mi rifiutavo di capire. Eravamo nel suo studio, era sera, in casa non c'era nessuno. Lui leggeva paziente i versi dal suo vecchio librone con le tre Cantiche commentate da Sapegno, edizione del '57. Quinto canto dell'Inferno, Paolo e Francesca. Io lo stavo a sentire rassegnato, ma non lo ascoltavo. A un tratto andò via la luce, un black out, capita; ci trovammo improvvisamente al buio. Mio padre non si scompose. Sentii nell'oscurità il tonfo sordo del volume che si chiudeva. Non serviva, Lea, non era mai servito. Poi la voce di mio padre che continuava... *O animal grazioso e benigno / che visitando vai per l'aere perso / noi che tignemmo il mondo di sanguigno... quanti dolci pensier, quanto disio / menò costoro al doloroso passo...* E terminò lentamente: *Sì che di pietade / i venni men così com'io morisse; / e caddi come corpo morto cade.* Lo sentii volare lontano. Non era più con me... Era altrove.»

Mi fermai un attimo, il tempo di accarezzare dolcemente i ricordi.

«Credo che l'amore per la poesia mi sia nato in quel momento. In quel momento percepii che in quei versi rimati e ben costruiti c'era qualcosa di più di una semplice storia d'amore. C'era una scintilla che io non vedevo. Una fiamma che non mi scaldava. Ma capii che c'era, e invidiai mio padre... Sono sempre stato riconoscente all'inefficienza dell'Enel per quel black out. Se non ci fosse stato, io sarei un'altra persona...»

«Sono i casi strani della vita...»

«Già, quegli episodi banali, casuali e imprevedibili che te la cambiano... Come con te, che una sera di maggio sei sbucata all'improvviso da una tenda e mi hai fermato. Se io fossi passato di lì un attimo prima o un attimo dopo, oggi non saremmo qui... Inshallah.»

Lungo, interminabile, meraviglioso bacio.

«Andiamo a casa mia...» disse Lea.

Piazza Eroi del Mare, uno dei rari luoghi di Bari dove i palazzi sono ancora quelli d'epoca e il saccheggio degli anni Sessanta non ha distrutto il passato. Di moderno c'è solo l'incuria con cui è tenuto il giardino.

Il portone del palazzo in cui abitava era angusto e anche trascurato, solite beghe di condominio. Peccato. Gli stabili d'epoca mi sono sempre piaciuti, ma a patto che siano ristrutturati, e allora sono deliziosi; altrimenti puzzano d'umido. Lea armeggiò con la serratura, poi accese una luce troppo fioca. Nell'androne c'era appunto il classico odore di umido. Mi prese per mano, come se avessi paura, e mi guidò su per le scale come un bambino. Secondo piano, che nei palazzi antichi è come se fosse il terzo; un vaso fiorito di ciclamini rossi dava colore al pianerottolo e alla balaustra di ferro. Armeggiò di nuovo con le chiavi, aprì la porta. La luce era accesa. Aveva paura a rientrare al buio da sola.

«Ecco, questa è casa mia... Mia per modo di dire, sono in affitto.»

Mi piacque subito: ingresso e salone formavano un unico ambiente, molto spazioso. Pareti alte colorate da quadri, divano e poltrone arredavano l'angolo più importante. Parquet, caldo, non maniacalmente lucidato, circondato dal perimetro dell'antico mattonato originale fine Ottocento a disegni floreali. Meraviglioso! La parete esterna era quasi tutta occupata da una finestra enorme che affacciava sul mare. Rimasi incantato.

«Bella vero?» chiese Lea alle mie spalle. «L'ho presa per questa vista.»

Mi guardai attorno. Luci ben distribuite. Un comò d'epoca che meritava il restauro, notevole. Un tavolo in stile, perdonabile. Una boiserie che nascondeva la cucina, criminale. A parte quel pugno allo stomaco, l'ambiente era gradevolissimo, molto caldo, intimo. In più c'era anche un vecchio pianoforte verticale, nero e malandato, malinconicamente poggiato a una parete.

«Ma come! Hai anche un piano!» esclamai.

«Sì, ma non è mio, era qui con quel tavolo. Il padrone di casa non sapeva cosa farne e mi chiese di tenerlo per qualche tempo. Poi è rimasto qui.»

Mi avvicinai e lo aprii. L'avorio dei tasti era tutto ingiallito, qualcuno anche divelto.

«Weisman... Non male. Penso anni Trenta», dissi.

Tentai un arpeggio.

«È scordatissimo!»

«Lo immaginavo, non lo suona nessuno. Lo uso solo come arredo, praticamente un ripiano per le fotografie.»

Le spostai e scoperchiai il piano.

«Peccato, il telaio è troppo vecchio; ma se lo fai accordare può essere ancora utilizzato, almeno per un po'.»

Lea mi prese la mano, mi guardò, mi sorrise, mi voleva.

«E adesso?» dissi.

«Adesso cosa...?»

Rideva. Sembravamo due liceali imbranati al primo appuntamento.

La sua bocca nella mia, la mia nella sua, le mani frugavano il corpo, il desiderio si trasformò subito in passione. Le accarezzai il seno che tanto avevo desiderato, sentivo l'eccitazione crescere, in lei, in me. Ci accolse il divano, la camera da letto era troppo lontana. Nudi, l'uno di fronte all'altra, iniziammo a esplorarci, a scoprirci. A ogni scoperta il premio di un nuovo bacio. Lea aveva il seno sensibilissimo. Non chiedeva altro che glielo accarezzassi e baciassi, con delicatezza, con rudezza. Io non chiedevo altro che vederla gemere. Le accarezzai il pube, lei docile mi accolse. Si lasciò masturbare, e quando fummo pronti entrai in lei. Durò poco quel primo amplesso, troppo poco, troppo eccitati. L'amore è un fatto di testa, e noi la testa l'avevamo persa, tutti e due.

Accesi una sigaretta. L'accese anche Lea. Mi prese per mano. Silenzio.

«Sei sicuro di quello che stiamo facendo?» chiese poi, a bassa voce, come se avesse timore che qualcuno la sentisse.

Già, cosa stavamo facendo? Se si aspettava che le rispondessi subito, e subito sì, la delusi. Ma non se l'aspettava.

«No, Lea, non sono sicuro di nulla... Ma non lo cambierei.» Le diedi un bacio. «E poi questi momenti vanno vissuti, non pensati. Avremo tempo...»

Capì che era il caso di sdrammatizzare e lo fece a modo suo, sfottendo.

«Ci vorrebbe una citazione dotta... dottore», disse.

«*Dùm loquimùr, / fùgerit ìnvida aètas: càrpe dièm, / quàm minimùm / crèdula pòstero...* Mentre parliamo, è già fuggito il tempo invidioso: cogli l'attimo! E fottitene dell'avvenire... Quinto Orazio Flacco, Ode a Leuconoe. La signora è servita!»

«Sei incredibile...»

Scoppiò a ridere e mi baciò sulle labbra.

Bacio amaro. Sapevamo entrambi che non potevamo fottecerne dell'avvenire. Non io almeno.

Avevo sete, l'amore mette sempre arsura. Andai in cucina a cercare un po' d'acqua.

«Hai anche un terrazzino!»

«È l'altro motivo per cui ho preso questa casa. È sempre inondato di sole e protetto dal vento. È piacevole farci colazione la mattina. Ho sistemato un po' di piante... Ma il giardiniere mi fa disperare, non viene mai.»

Quella casa mi aveva stregato.

Salii in macchina. Accesi una sigaretta, aspirai forte e mi rilassai sul sedile. Ero appagato, pieno, ritornato alla vita. Non pensavo ad altro, a tutto il resto cui c'era da pensare. A ciò che quella «cosa» comportava o avrebbe comportato. No, troppo presto, prematuro. Aveva ragione Orazio, *dum loquimur* eccetera eccetera... Dovevo solo fumare quella sigaretta e nient'altro. Soprattutto non pensare.

All'improvviso mi ricordai del pacchetto. Adesso sì, potevo, volevo. Gettai la cicca dal finestrino e aprii il cassetto del cruscotto; era lì che mi aspettava pazientemente. Lo presi, tornai verso casa di Lea, citofonai.

«Chi è?»

«Sono io... Mi apri?»

Salii le scale. Fiatone. Lei era sulla soglia.

«Dimenticato qualcosa?» mi chiese.

«Sì, di darti questo...» dissi porgendole la busta avana.

Espressione interrogativa, richiedeva una spiegazione.

«Sono le mie poesie... Vorrei che le leggessi...»
Silenzio.
«Le avevo portate con me, ma non ero convinto...»
Ancora silenzio, e un indecifrabile cocktail di emozioni sul suo volto.
«...insomma, sei la prima a cui le do... Sono molto imbarazzato, per me questa cosa è difficile, Lea... Capisci cosa voglio dire?»
Silenzio.
Lea mi accarezzò la guancia.
«Ti amo», disse. «Nella tua lingua goffa e impacciata di uomo maturo vuol dire semplicemente *ti amo*. Non credo che una donna possa desiderare un modo più dolce per scoprirlo...»
Il tempo rimase sospeso in quell'attimo. Chinò leggermente il volto, i capelli sciolti le vennero avanti, chiuse gli occhi, mi baciò le labbra.
«Grazie Pigi...»

14

...uno scoglio nel mare che sei

Nel cuore della notte percepii in lontananza, come nell'irrealtà di un sogno, un doppio rumore metallico. Mi girai sul cuscino. Qualche attimo dopo ci fu il bis. Mi svegliai di colpo. « 1 messaggio ricevuto », diceva il display del cellulare. L'orologio faceva le 05:07.

Chi diavolo era?

« ... ma chi è a quest'ora... » bofonchiò nel dormiveglia Alessandra.

Era Lea. Un lungo messaggio di Lea giunto in due tempi. Feci finta di leggerlo.

« Niente, uno che ha sbagliato, dormi... »

Spensi l'attrezzo, ma non riuscii più a prendere sonno.

Alle sei e mezza ero già fuori casa con la scusa di dover andare presto in clinica. Accesi il cellulare: menu, ok – messaggi, ok – ricevuti, ok – Lea ore 05:03, ok.

« Notte insonne. Sono assolutamente colpita da quanto le tue poesie possano emozionare, intense, vive... Giungono d'un balzo al cuore. Sono commossa. Grazie per il dono di queste emozioni, continua se puoi... Un bacio. »

Scrivi messaggio:

«Grazie. Ora sono felice di avertele date... Un bacio».

L'ansia era svanita, un nuovo giorno cominciava.

Sabato, tardo pomeriggio, pontile del Circolo della Vela. Subito dopo pranzo, io e Peppo, il marinaio tuttofare, eravamo andati a riprendere Rapsodia dal cantiere dove era stata ricoverata per qualche giorno. Carena e antivegetativo, sostituzione della pompa di sentina, ripulita al motore, le solite cose di primavera per rimettere in efficienza la barca dopo il letargo invernale. Avevamo sostituito anche le vele. Una breve prova nel pomeriggio; tutto perfetto, filava che era una bellezza!

Avevamo appena ormeggiato che squillò il cellulare: Lea.

«Mi stavo giusto chiedendo quanto ci avresti messo a richiamarmi...» le dissi. Uno pari!

«Stupido...» rispose con voce dolce. «Dove sei?»

«Se ti affacci mi vedi. Sono sul pontile della Vela.»

«Ti raggiungo?»

«Non mi muovo...»

Impiegò mezzora, il tempo giusto perché sistemassi Rapsodia, licenziassi Peppo e facesse completamente buio. Stavo riponendo le ultime cose, quando mi accorsi che era arrivata, in silenzio come al solito. Mi guardava e sorrideva.

«Ciao!» le dissi.

«Ciao! È tua?» fece lei indicando la barca.

«No, è di Roberto, io non posso permettermene una tutta mia. Ma è come se lo fosse. Anche il nome, *Rapsodia*, l'ho scelto io.»

Il volto solare di Lea s'incupì di colpo. Strinse le

braccia a sé, quasi a proteggersi da un freddo improvviso che non c'era. Non capivo, ma questa non era una novità.

«Dai, salta su!» aggiunsi.

«No, preferisco di no...»

«Che c'è, non ti piacciono le barche a vela?»

«Non questa...»

«Perché?»

«Una brutta esperienza...»

«Mare grosso?»

«Sì... Molto grosso.»

C'era qualcosa che mi sfuggiva, la vedevo improvvisamente turbata.

«Quindi conosci Roberto?»

Insisti? Ma allora sei proprio cretino!

«Abbastanza. Amici comuni...»

No, così non andava. Non capivo, meglio lasciar perdere, almeno per il momento.

Saltai sul pontile. Le diedi un bacio sulle labbra, ma non fu sufficiente e in un attimo si trasformò in desiderio. Me ne pentii subito: mi avrà visto qualcuno? Mi guardai attorno. Iniziavano i problemi, Lea lo capì.

«Squagliamocela!» le dissi, e andammo via.

Imboccammo a piedi corso Vittorio, piazza Ferrarese, Bari Vecchia. Ancora poca gente, per fortuna. Ci addentrammo: la casa di Niccolò Piccinni, la Chiesa del Gesù, vicoli stretti e tortuosi, archi e corti e panni stesi. La verità era che avevamo voglia di nasconderci, di star soli.

«Conosci da molto Roberto?» mi chiese.

«Da sempre. Eravamo compagni di banco al liceo,

due scapocchioni. Poi è arrivato anche Elio, ma dopo. Sono i miei amici.»

«Tanto, vero?»

«Oltre mia figlia, ci sono solo due persone per le quali darei il sangue: Roberto e Elio.»

Perché era triste Lea? Ravviviamo la serata! pensai. Iniziai a raccontarle le nostre zingarate, le goliardate, le puttanate, tante, che avevamo fatto insieme, quel patrimonio incancellabile che crea l'amicizia e fa di tre uomini un solo bambino.

«Elio è venuto dopo, al Conservatorio. Con lui è stato diverso, meno emozionale, più cerebrale, ma non meno intenso, non meno prezioso.»

«Non capisco...»

«Con Roberto vado a donne, con Elio ascolto Mahler... Tutto qua.»

Non rise, continuava a essere triste.

Eravamo arrivati alla Cattedrale. Sbucammo davanti al Castello Svevo.

«Ti va una pizzetta veloce da Ciccio? Ce la spariamo per strada!»

«Ok, pizza e birra!»

Ciccio è un buco dove da sempre si fanno pizze e panzerotti da asporto. Ultimamente ha sistemato anche due o tre tavolini sul marciapiede. Nessun'autorizzazione naturalmente, per fortuna ci sono ancora vigili compiacenti. Il piacere vero però è mangiarla per strada, facendo attenzione a evitare sugo e mozzarella sui pantaloni. Ma ci riesci solo una volta su tre.

Ci sedemmo a cavalcioni sul muretto del fossato del Castello, uno di fronte all'altra. Lea parlava, improvvisamente le era venuta voglia di raccontarsi e fra un boccone e l'altro mi disse della sua giornata, di un'amica in crisi esistenziale, dell'impianto di riscaldamento di casa che si era scassato, di un mobile in camera da letto da restaurare, dell'ultimo libro di Carofiglio.

Ecco, aveva riacquistato la sua levità; la lasciai fare e io mi lasciai andare. Era bello guardarla, ascoltare quella erre impercettibilmente imperfetta, vagare, illudersi.

Vidi la bocca di Lea rossa di pomodoro. Era buffa, ed era anche pericoloso per il suo giaccone. Aspetta, le dissi con gli occhi, e le diedi un bacio. Dolcezza e desiderio.

« Buono! Dobbiamo provarlo più spesso il bacio al pomodoro... »

Anche Lea mi rispose con gli occhi, e con un altro bacio.

« Te le ho riportate... le poesie », disse all'improvviso indicando la borsa da Mary Poppins.

« Tienile tu, adesso sono anche tue. »

« Grazie... »

« Che te ne pare? »

« Cazzotti allo stomaco, carezze al cuore, forse troppa nostalgia del passato... Hai comunque un dono meraviglioso... »

La sintesi, una qualità di Lea. Rara nelle donne.

« Te l'ho detto, sono un uomo fortunato. »

« Perché le scrivi? »

« È un modo per volare... La cosa bella della poesia è la sua totale inutilità pratica. È la vera concorrenza a Internet. Eppure c'è sempre stata e sempre ci sarà, perché è dentro di noi, di tutti noi. È nelle nostre emozioni, nella luce di un tramonto, nell'amore per una donna, nella perdita di qualcosa di prezioso... Ma gli uomini non sanno di averla, o meglio: non la sanno esprimere. Talvolta capita l'eccezione, il poeta.»

«Quando scrivi?»

«Quando l'anima trabocca...»

Silenzio. Percepiva la mia sofferenza.

«Perché non le pubblichi?»

«Non esiste proprio!»

«Perché?»

«Paura...»

«E di che?»

Era curiosa e si vedeva.

«Tutti gli uomini fino a vent'anni scrivono poesie, diceva un filosofo. Dopo, solo alcuni continuano a farlo, e si dividono in due categorie: i poeti e gli imbecilli. Io non so a quale delle due appartengo e ho paura di scoprirlo...»

«Sei un cretino... E pure io che ti sto a sentire!» disse ridendo.

«No, la verità è che sono cose troppo intime, molti non capirebbero, e gli altri ne riderebbero.»

«Perché allora le hai fatte leggere a me?»

«Tu non sei *gli altri*, non più... Con te è diverso, non so se ti hanno emozionato, ma non ne hai riso, almeno spero.»

«Grazie, sei molto tenero...»

Sapevo che lo stava pensando. Sapevo che voleva dirlo e non ne aveva il coraggio. Lo sapevo! E infatti dopo un attimo di esitazione lo disse, maledetta vanità femminile!

«Ne scriverai anche per me?»

Rimasi a lungo in silenzio, guardando i suoi occhi

chiari e quel sorriso che si era fatto improvvisamente triste, riflesso del mio sguardo.

«No Lea, non ne scriverò...»

L'avevo delusa, si vedeva, si aspettava altro.

«La mia poesia è sofferenza, e con te non voglio soffrire...»

«Sarà difficile, Pigi...»

Aveva ragione, e lo sapevamo entrambi.

Iniziò a piovigginare, dannato scirocco! Una breve corsa, qualche attimo a riprendere fiato sotto un balcone, poi ci rifugiammo a casa sua. Fu dolce fare l'amore, delicato. Non solo la passione, non solo il desiderio, ma le attenzioni, la lentezza con cui entrambi gustammo ogni singolo istante, la cura che ponemmo nell'appagare l'altro, due bocche a bere la felicità da un'unica coppa. Io ero fuori dal mondo, dimentico di tutto, non percepivo null'altro se non quelle pareti celeste pallido e lei, Léontine, assopita di fianco a me. Calypso.

La svegliai con dolcezza. Era una cosa preziosa, fragile, una di quelle cose che vanno maneggiate con cura, che hai sempre il terrore d'infrangere.

«Devo andare, è tardi...»

«Aspetta ancora un attimo...»

Rimasi per un po' a guardarla, in silenzio. Poi si alzò e mi accompagnò di là. Era nuda, solo un filo di perle le cingeva il collo. La pelle chiara esaltava il corpo slanciato e i suoi capelli d'un ramato indefinito.

«Devo darti una cosa...» disse armeggiando con la borsa.

Ne tirò fuori un libriccino dalla copertina chiara.

Una goccia di quel mare. Antologia poetica
di Vesna Krmpotić.

Lo presi con delicatezza. Aveva una dedica vergata in una grafia chiara e precisa, tipicamente femminile.

L'unico modo per ricambiare il regalo bellissimo delle tue poesie è regalarti le poesie che avrei voluto scrivere io. Tua Léontine.

«È un libro a cui tengo molto... È il mio libro dell'amore, con te sarà in buone mani...»

Un bacio, dolce notte.

Aveva ormai smesso di piovere, ma l'aria era ancora densa di umidità. Alone attorno alle luci dei lampioni, strada e auto bagnate. Accesi una sigaretta e sfogliai quel libriccino anonimo di una sconosciuta poetessa croata. Regalo inaspettato, prezioso. Un segnalibro mi portò a pagina 77.

Non c'è altra via che a te.
Non c'è altra poesia che a te.
Riposami da te, dammi qualcosa
che sia uno scoglio nel mare che sei.

15
Inshallah

Nello studio di Libeccio.

«Perché sto male nel tradire Alessandra?»

«Perché è tua moglie.»

«Perché è mia moglie?»

«Perché l'hai sposata e ti ha dato una figlia.»

«Perché ho sposato Alessandra?»

«Perché ne eri innamorato.»

«Perché ne ero innamorato?»

«Perché uscivi da una brutta storia, o meglio, da una storia bellissima che era finita e non doveva. Alessandra è stata un approdo, un porto insperato in cui rifugiarsi, ti ha dato serenità, tranquillità emotiva, protezione... È stata ciò di cui avevi bisogno.»

«E siamo stati felici...»

«Certo, ed è questo che ti fa star male. Le sei riconoscente per quello che ti ha dato. Ma avete commesso un errore.»

«Quale?»

«Avete pensato che la felicità dovesse durare per sempre, che era un dono intangibile e nessuno ve lo avrebbe sottratto. Ma la felicità è una conquista, Piero, bisogna saperla difendere, giorno per giorno...

Non l'avete fatto. Capita a molti, purtroppo. Quello che resta non ti basta più. E non ti basta più da tempo.»

«Dove ho sbagliato?»

«Diciamo che vi siete messi d'impegno tutti e due, ma almeno da parte tua non poteva andare diversamente.»

«Perché?»

«Perché tu sei un irrequieto Piero! Fisicamente ed emotivamente. Hai bisogno di esplorare il mondo e il mondo non ti basta. Vivi in una sorta di delirio psicomotorio, una perenne inquietudine.»

«È vero, non riesco a stare senza far nulla: lavoro, sport, viaggi, serate...»

«Non è solo un fatto fisico, è soprattutto emotivo: la ricerca scientifica, il lavoro, l'arte, la musica, l'amore, il passato e il futuro. Hai la necessità di vivere tutto e tutto intensamente, di scoprire sempre cose nuove, esperienze, emozioni, conoscenza...»

Fece una pausa per raccogliere le idee e trovare il modo più semplice per spiegarsi. Ci riuscì come al solito.

«Hai una sorta di Complesso di Ulisse...»

«Complesso di Ulisse?»

«Ti ricordi al liceo il professor Zicolella che ci leggeva Dante? *Né la dolcezza del figlio, né la pièta / del vecchio padre, né il debito amore / lo qual dovea Penelope far lieta...*» recitò, e io terminai: «*...vincer poter dentro da me l'ardore / ch'i ebbi a diventar del mondo esperto, / e delli vizi umani e del valore...*»

Mi chiusi il volto fra le mani.

«Proprio così», riprese Libeccio, «sei come Ulisse, hai bisogno di Penelope che ti aspetta, ma anche di lasciare Itaca e viaggiare per nuovi mari. L'incognito ti ipnotizza e ti attrae, il *folle volo* ti appaga. Non pensi al prezzo da pagare, alle conseguenze; devi esplorare, conoscere, scoprire... »

« Be', ma non è male così! »

« Il problema è che vivi una perenne inquietudine, questo è un male. E, peggio ancora, non sei furbo come Ulisse: il canto delle sirene, alla fine, ti spingerà sugli scogli... »

« Lea? »

« Sì, Lea potrebbe essere lo scoglio delle sirene. Ma anche Itaca. Dipenderà da molte cose. In ogni caso, spero ti renda nuovamente felice. »

« Perché sono così? »

« Non lo so. A dire il vero un'idea ce l'ho, ma dobbiamo verificarla insieme. »

« Spara, sono pronto! »

Libeccio ebbe un attimo di esitazione.

« Paura della morte... No, mi correggo. Paura di non vivere abbastanza... »

Silenzio.

Ero terrorizzato, aveva fatto centro! Maledetti psichiatri, a loro non riesci a nascondere nulla!

« Da dove derivi non lo so. »

Silenzio, lunghissimo.

« Lo so io... » risposi infine a mezza voce.

« Te la senti di raccontare? »

« Se non ti metti a ridere, sì. »

« C'è poco da ridere Piero... »

Qualche attimo, indispensabile per raccogliere le forze e trovare coraggio.

« A mio padre piaceva raccontare due aneddoti della sua vita. Lo faceva ogni volta che ne aveva l'occasione. Il primo era questo: durante il viaggio di nozze, a Parigi, una zingara aveva letto la mano di mia madre. *Vous aurez quatre enfants...* Avrete quattro figli, le aveva predetto. Loro ne avevano riso perché non era affatto nei loro programmi, ma poi quattro figli sono arrivati davvero. Il secondo aneddoto: pochi mesi prima dell'emorragia cerebrale, durante una festa, un'amica gli lesse la mano. Sai quelle cose che si fanno per scherzare e passare il tempo. L'amica, scura in volto, gli disse che avrebbe vissuto una tragedia, ma ne sarebbe comunque uscito. Tutti a ridere e a sdrammatizzare... Ma è quello che poi accadde. Ho ascoltato questi due aneddoti centinaia di volte. Razionalmente ho sempre rifiutato, e rifiuto ancora ovviamente, questa cosa della lettura della mano, ma chissà, magari tra le pieghe dell'anima è successo qualcosa... »

Libeccio ascoltava attento. Non perdeva una parola, non un battito di palpebra, non la contrazione di un muscolo.

Mi fermai qualche istante, dovevo riprendere fiato. Poi continuai.

« Avevo diciassette anni. Era estate e mi stavo godendo le vacanze – quell'anno non ero stato rimandato. Andavo tutti i giorni al mare al lido La Baia, a Palese. Avevo legato in particolare con una ragazza, Valeria. Ero diventato il suo amico del cuore. Cose da ragazzi... In realtà lei non m'interessava, ma era l'unico modo che avevo per mantenere un contatto con sua sorella, Anna, di cui ero innamorato, anche se lei non mi calcolava proprio. Ad ogni modo quella con Valeria fu lo stesso una bella amicizia. Lei mi angosciava con la sua tormentata storia d'amore con un certo Niky. Sai, quelle cose della serie ti prendo, ti lascio, ti riprendo, ti rilascio... Una mattina, in spiaggia, Valeria incontrò un'amica della madre che sapeva leggere la mano, o almeno questo era quanto diceva lei. Voglio sapere se sposerò Niky! disse, e si fece predire il futuro. Per inciso, la risposta fu che non l'avrebbe sposato, e di fatto è andata proprio così. Poi mi costrinsero a prestare anche la mia, di mano, a quel gioco cretino, e la donna... be', non fece una bella faccia quando la vide. Sarai una persona importante, affermata... disse. E poi aggiunse: Non avrai una vita lunghissima... Io ritrassi la mano, senza il coraggio di chiedere altro.»

Mi fermai, dovevo nuovamente riprendere fiato e coraggio. Poi ripresi.

«Non avrai una vita lunghissima... Che voleva dire? Mi convinsi immediatamente che aveva voluto indorare una pillola troppo amara per i miei diciassette anni. Quell'idea non mi ha più abbandonato... È probabile che ne sia rimasto profondamente condizionato.»

Silenzio. Silenzio. Silenzio. Silenzio.

«Sono gli appuntamenti strani della vita, Libeccio. Quegli eventi casuali che te la cambiano in un senso oppure in un altro del tutto opposto. Se quel giorno ci fosse stato maestrale forte, invece del levantino, io non sarei andato al mare, non avrei incontrato né Valeria né l'amica di sua madre, e oggi sarei un uomo diverso, non sarei qui con te... Inshallah.»

«Inshallah...»

16
Il sole d'aprile

Finalmente era arrivato aprile. Lo aspetto sempre con ansia, è il mese del cambiamento. Marzo sa ancora troppo d'inverno; aprile no, è già una promessa d'estate. Abbandoni definitivamente l'abbigliamento pesante e quando esci al mattino sai che una giornata di sole resterà una giornata di sole. In aprile vedi nuovi sorrisi sul volto della gente, pensi al futuro. Mai come quell'anno lo avevo aspettato, mai come quell'anno avevo sperato di godermelo, assaporando il profumo dell'aria, il tepore del sole sulla panchina di un giardino, il vento di levante a gonfiare le vele di Rapsodia, le passeggiate solitarie sul lungomare immaginando nuove poesie.

Mai come quell'anno, invece, il sole nuovo di aprile fu avaro di conforto. Lasciava ogni mia giornata lacerata da emozioni contrastanti, da certezze deluse, speranze irrealizzabili, abbandonandomi da solo all'attesa dei giorni a venire.

Già, l'attesa dei giorni a venire... Il sogno, prima o poi, svanisce. Passi nel dormiveglia, in quello stato di semicoscienza che viene giusto prima dell'odioso squillare della sveglia, quando ancora ti stai godendo il sonno della notte eppure già percepisci l'arrivo del mattino. Così furono quei giorni: sospesi tra la bellezza di un sogno e la percezione della realtà. Avevo firmato una cambiale e sapevo che qualcuno – la vita – stava per metterla all'incasso. Non sapevo esattamente quando ma sapevo che sarebbe accaduto, e ne ero spaventato.

Il *dum loquimur* vale finché vivi il piacere di qualcosa. Ma quando poi inizi a ragionare, perché alla fine ragionare viene spontaneo, allora diventa una campana fessa, una moneta falsa, una banconota che nessuno vuole più accettare, nemmeno tu.

La lacerazione derivava dalla coscienza di essermi cacciato in una situazione che non poteva che produrre dolore. Comunque fossero andate le cose, qualunque strada avessero preso gli eventi, qualcuna tra le persone che amavo avrebbe sofferto a causa mia. E io con lei.

Tre donne contemporaneamente nella vita: Alessandra, Sveva, Lea. Le amavo tutte e tre. Tutte d'un amore diverso. A qualcuna avrei fatto del male.

Alessandra rappresentava fisicamente la schizofrenia emotiva che mi aveva preso. I sentimenti verso di lei erano caratterizzati da un'ambivalenza lacerante. Un pendolo che durante la giornata oscillava tra senso di colpa e insofferenza. Passavo da momenti di riconoscenza ad altri di mera sopportazione. Accadeva da tempo, ma in quei giorni di aprile la sopportazione tendeva spesso a trasformarsi in aperto nervosismo: ero sgarbato, ostile. Se ne accorse persino lei!

«Ma cosa ti succede questi giorni? Sei strano!»

E poi, il rimorso, che non poteva non esserci, mi

portava ad avere nei suoi confronti delle attenzioni che non avevo da tempo. Cose piccole, magari.

Una sera, tornando a casa, passai davanti a un fioraio. Le compro dei fiori, pensai, le farà piacere. Detto fatto. Un mazzo di rose? No, troppo impegnativo. Scelsi un'azalea fiorita. La sorpresi. Ma non so se si emozionò.

Tra noi due non funzionava più la comunicazione. Le mandavo dei segnali e non li percepiva; lei, probabilmente, avvertiva la stessa cosa.

Serata in pizzeria con gli amici. Il solito posto, sempre troppo affollato. Chiacchiere, risate, birra e battute sconce. Un lungo tavolo e noi due seduti ai capi opposti, separati da tante altre persone e tante cose. Mi sorpresi a guardarla mentre chiacchierava e rideva serena, ignara, con le sue amiche. Mi sorpresi, in silenzio, a pensare al passato, a quando e come ci eravamo conosciuti, agli anni delle tenerezze e della passione, al tempo lontano in cui eravamo stati felici. Alessandra si accorse che la fissavo. «Che c'è?» mi chiese con gli occhi, corrugando la fronte interrogativamente. Troppo lontani per parlare. Le risposi anch'io con gli occhi, e con un sorriso triste. «Nulla, non c'è nulla... più nulla...» Alessandra, rassicurata, riprese a chiacchierare con le sue amiche.

Ma aveva ragione lei, ero «strano». Ero uscito dal torpore, dal letargo. Non ero più il solito Piergiorgio remissivo e pacifico che accettava supinamente quella vita artificiosa che ci eravamo costruiti con pazienza. Modellismo navale, avevamo fatto soltanto del modellismo navale. Un veliero splendido, ma non poteva navigare. Le perdonavo tutto e non le perdonavo nulla. Di avermi lasciato andare, in solitudine, per la mia strada – lo avevo fatto anch'io con lei. L'incapacità di condividere con me la vita – ma io mi ero rassegnato a quello stato di cose. L'assenza di sinceri momenti di tenerezza – da quanto tempo non mi diceva «sei un uomo dolce...», da quanto tempo io non le dicevo «ti amo»? L'aver dato valore a cose che valore non hanno, dall'ordine della casa al burraco con le amiche – ma io l'avevo lasciata fare.

Cosa restava, adesso, di noi?

Sabato mattina, una bella giornata di sole. Chiesi ad Alessandra se aveva voglia di fare una passeggiata in via Sparano. Tentativo inutile, come al solito era troppo presa dalle mille cose, dalla casa alla domestica che aveva dato forfait, dalla serata di beneficenza all'amica Mariella che stava divorziando.

Per l'ennesima volta uscii da solo. Ma da solo non ci volevo più stare.

La solita attrazione molecolare mi portò nei pressi della scuola di Sveva.

Quindici anni, sospesa tra l'infanzia e l'età adulta. Verso di lei due emozioni: amore e angoscia. Forse era solo egoismo. Le avevo dato tutto e le avrei ancora dato tutto, non volevo perderla. O meglio, non volevo alterare il rapporto che avevo costruito con lei con così tanta pazienza e attenzione. Sapevo che prima o poi sarebbe accaduto, era inevitabile: i figli si allontanano dai genitori, è nell'ordine naturale delle cose; ma non ero ancora pronto. E l'idea che ciò potesse avvenire con un evento traumatico, con un dolore improvviso, bastava a sconvolgermi.

Milioni di ore trascorse con lei: dai pannolini ai giochi, dai cartoni in televisione al pianoforte, dai viaggi ai libri, dai compiti alla musica. Sveva era l'unica cosa che non avevo mai trascurato e che anzi, al contrario, avevo sempre coltivato, sempre amato. Non tolleravo l'idea di farla soffrire.

La aspettai all'uscita della scuola. Mi sentivo imbarazzato in mezzo a tutti quei ragazzi e temevo di imbarazzare anche Sveva, che stava uscendo con le sue amiche. Invece fu felice di vedermi. E il magone passò.

«Ciao papy!» disse baciandomi. «Come mai da queste parti?»

«Passavo e ti ho aspettato... Ti va un aperitivo da Stoppani?»

«Devo andare con loro...» rispose indicandomi i suoi amici, ma subito parve ripensarci: «Però ho anche un sacco di cose da raccontarti, andiamo!»

Salutò la sua combriccola e ci avviammo, io col suo zaino, come quando era bambina.

Non stette zitta un attimo. Aveva conosciuto dei ragazzi nuovi e avevano deciso di creare una band: chitarra, basso, batteria, tastiera e voce. A lei la tastiera e anche la voce. La cosa più bella che ho fatto con Sveva è stata insegnarle il pianoforte. Era molto portata, orecchio musicale assoluto. L'ho mandata per anni anche a lezione, ma ci siamo sempre ritagliati un po' di tempo per suonare insieme. Solo dopo ho scoperto il suo vero talento: la voce.

«Stasera ci vediamo e iniziamo a organizzare... Dobbiamo sceglierci un nome e un posto dove provare... Per il momento dovremmo andare a casa di Mario che vive in villa e ha un garage. Dobbiamo selezionare un repertorio, iniziare a provare...»

L'entusiasmo, la gioia di vivere, l'innocenza, tutto in lei gridava che era felice.

E poi c'era Lea: la passione, la speranza di una nuova primavera. Un'emozione fragile, delicata, preziosa. Vicino a lei tutto appariva diverso, filtrato da lenti colorate che davano alla giornata una tonalità diversa cui non volevo rinunciare. Accanto alla delicatezza dei sentimenti, la violenza del desiderio, l'intensità della passione. Sono un uomo, un banale, volgarissimo uomo, e mi chiedo sempre se le strade che imbocco sono frutto di scelte ragionate, di sentimenti profondi, o semplicemente di una disfunzione ormonale. Ma Lea era qualcosa di più! Un regalo inaspettato, tardivo, irrinunciabile.

Cosa c'è oltre l'infinito
se non la luce degli occhi tuoi
e la commozione d'un attimo
d'amore
che si perde nell'orizzonte terso
fra il mare e il cielo azzurro
d'una primavera che non tornerà più?

No, decisamente no! Non dovevo più passeggiare da solo sul lungomare di Bari!

17
Grizabella e Chopin

Con la solita ignobile scusa riuscii a svicolare da casa anche quella sera.

Nel pomeriggio c'era stato uno scambio di sms fra me e Lea: « Alle nove al Nessun dorma ».

Non mi piaceva, ma comunque ok.

La incontrai per strada. Ero in anticipo, avevo parcheggiato vicino casa sua e a un tratto la vidi col suo solito passo affrettato.

« Tutta sola stasera, signorina? » le dissi alle spalle.

Lei accelerò, poi girò lo sguardo e mi vide. Smorfia di disapprovazione, poi il sorriso e il bacio del perdono. La presi sottobraccio e percepii una strana resistenza. Proseguimmo.

Il Nessun dorma è un bel locale, raffinato, il posto giusto per andarci con una donna, mangiare due fesserie, bere un prosecco. Divani comodi, atmosfera intrigante, buona musica. All'inizio fu piacevole, anzi incantevole. Di cosa parlammo? Non lo so, non lo ricordo più, ma ha poca importanza. Ricordo le sue palpebre segnate da troppe rughe, il sorriso un po' spento che attribuii a una giornata intensa, ma anche la sua gioia nel raccontarmi dell'ultimo libro che stava leggendo, *Il Re della Pioggia* di Saul Bellow. Una cosetta da niente, pensai.

Inaspettatamente si diffusero nell'aria le note struggenti di Memory. Poggiai l'indice sulle labbra e le feci cenno di tacere. Non capì.

«Quando nell'aria vagano le note di Andrew Lloyd Webber non puoi far altro che ascoltare... Quando Grizabella racconta la sua malinconica storia devi solo lasciarti andare, ai ricordi...»

Lea obbedì.

La musica è magia. L'atmosfera cambiò. Non c'era più spazio per le banalità.

E Lea me lo chiese: «Come stai?»

E io le risposi: «Bene... Con te sto bene Lea».

Ma non era quello ciò che voleva sapere.

Come tutti i posti in, a una certa ora il locale iniziò a riempirsi e ci pentimmo della scelta fatta. Troppa gente, soprattutto troppa gente che ci conosceva, che ci guardava, che s'interrogava, e che forse immaginava. Il disagio diventò palpabile alla terza coppia che si avvicinò per salutarci. Io dovetti presentare Lea o Lea dovette presentare me, o tutti e due dovemmo spiegare perché eravamo lì, con una scusa cui nessuno abboccò.

«Andiamo via?» le chiesi

«Di corsa...» rispose.

Pagai e uscimmo. Cercai di prenderla sottobraccio, ma non ci riuscii. Teneva le braccia strette al petto, conserte, come per difendersi.

«Che si fa?» le chiesi.

«Andiamo a casa mia, stiamo più tranquilli... E poi c'è una sorpresa per te», disse sorridendomi.

Mi sono sempre piaciute le sorprese, sia farle che

riceverle, e soprattutto interrogarmi su cosa diavolo possano essere.

Solito portone malmesso, androne che sapeva di umido, secondo piano che sembrava un terzo, luce lasciata accesa in casa. Poi la porta si chiuse alle nostre spalle.

Il mondo era fuori ormai, lì non c'eravamo che noi due. Lea non si tolse nemmeno il giaccone. Mi baciò e io la ricambiai, delicatamente, appassionatamente. Usammo solo la bocca, le labbra, la lingua. Le mani al loro posto, i corpi distanti. Solo la bocca.

«Erano due ore che lo desideravo...» disse leccandosi le labbra. Nei suoi occhi vidi Grizabella, gatta peccaminosa.

Apparecchiò sul terrazzino, una tovaglia a grandi scacchi rossi, piatti in ceramica rustica, il decanter a ospitare adeguatamente il vino rosso. Le donne, anche single, hanno la cura dei dettagli nei cromosomi. Io in cucina a preparare due spaghetti e a masturbarmi sulla «sorpresa» che ancora non si vedeva. Lea lo sapeva e mi lasciò cuocere nel mio brodo, a fuoco lento. Infine, quando anche l'ultima goccia di rosso fu andata, non ce la feci ad attendere oltre.

«Allora? Questa sorpresa?»

«Ho scommesso su quanto tempo avresti resistito...» disse sorniona.

«E com'è finita?»

«Hai vinto tu, vieni!»

Mi prese per mano e mi trascinò in salotto.

«Eccola!» disse mostrandomi il vecchio pianoforte.

Non capivo, c'era già prima. Lea capiva che non capivo e si divertiva.

«Provalo...» aggiunse.

Mi sedetti sullo sgabello a tre piedi e iniziai ad arpeggiare.

«L'hai fatto accordare!»

«Sì, l'ho fatto accordare...»

Era felice della mia meraviglia.

«Mi hanno detto che è inutile, non reggerà a lungo... Ma per un po' è tuo!»

Durante il tragitto verso casa, e poi anche dopo, mentre armeggiavo con gli spaghetti alla poveraccia, avevo immaginato di tutto. Ma non quello! È questa la donna che vale: una che sa sorprenderti, che sa meravigliarti, che sa cosa è importante per te.

Quel bacio fu passione vera. L'unico modo per dirle grazie. E poi l'amore fu sfinimento, non potevamo smettere, non volevamo smettere.

Sapevamo entrambi che quella costruzione, ancora così giovane e gracile, poteva crollare al primo soffio di vento. Poteva non durare, e allora dovevamo viverla e goderne fino in fondo, raccogliendo anche le briciole del piacere, della dolcezza; nessun istante che ci era concesso doveva trascorrere invano. Facemmo l'amore più volte quella notte. Nessuno dei due sapeva che sarebbe stata l'ultima.

Quando me la trovai rannicchiata contro il mio petto, sfibrata e appagata, alla ricerca di un po' di protezione, glielo sussurrai per la prima e ultima volta: «Ti amo Lea...»

Ma Lea dormiva già e non rispose. Poi il torpore prese rapidamente anche me, e scivolai nel sonno profondo.

Guardavo una bambina che non avevo mai visto. Era Alessandra, chiusa in una stanza colma di bambole di pezza e vestitini d'altri tempi. Rideva, e il riso si trasformava all'improvviso in pianto, poi tornava a ridere felice. Sentivo una canzone dolce vagare nell'aria. Una voce: «Alzati, amica mia, mia bella, e vieni! O mia colomba che stai nelle fenditure della roccia, fammi sentire la tua voce...»

Non era la mia casa, troppo grande, troppo vuota, pareti completamente spoglie. Nel salone un enorme tavolo verde e tanta gente attorno. Riconobbi solo un paio di volti, gli unici che mi guardavano cupi, per tutti gli altri invece solo allegria. A capotavola era seduto mio padre, e mi guardava. Uscii sul balcone e fui travolto da un'onda marina gigantesca, che mi trascinò via. Panico. Mi sentii tirare da un vortice e dalla corrente. Poi ritrovai la bambina e mi acquietai. Ancora la voce: «La Chiesa partecipa alla vostra gioia e vi accoglie nel giorno in cui, davanti a Dio, decidete di realizzare la comunione di tutta la vita...»

Acqua verde tutto intorno a noi. Onde altissime. Spuma bianca. Riuscimmo a ritrovarci su un enorme terrazzo. Davanti a noi ancora tanta gente.

Uno sconosciuto: «Piergiorgio e Alessandra, siete venuti a celebrare il matrimonio senza costrizione, in piena libertà e consapevoli del significato della vostra decisione?»

Lea, all'improvviso: «Siete disposti ad amarvi e onorarvi l'un l'altra per tutta la vita?» Il panico montava irrefrenabile, ma quella gente, bambina compresa, era felice. Poi di nuovo l'onda gigantesca travolse tutto e tutti. Cercavo di non affogare in un mare ver-

de e cupo, spezzato dalla spuma bianca delle onde. Lotta insostenibile.
La mia voce: «Io, Piergiorgio, accolgo te come mia sposa. Prometto di esserti fedele sempre e di amarti e onorarti tutti i giorni della mia vita...»

Scampanio assordante nell'aria che si era fatta di colpo luminosa. Poi la luce andò scemando. In lontananza vidi Rapsodia allontanarsi rapidamente, e con lei la speranza.
La bambina Alessandra: «Ricevi questo anello segno del mio amore...»
La mia voce: «Ricevi questo anello segno della mia fedeltà...»
Non ce la facevo più, stanchezza insostenibile, onde invincibili. Alla fine mi lasciai andare. Sentii la spuma richiudersi su di me.

«L'uomo non osi separare ciò che Dio unisce.»

Mi svegliai di colpo, terrorizzato. I sogni svaniscono sempre al mattino, gli incubi no. E quel sogno si era subito trasformato in incubo. Lea dormiva ancora, riversa, abbracciata al cuscino, i capelli rossi scarmigliati, Danae. Mi alzai in silenzio, attento a non svegliarla. L'orologio segnava le quattro e mezza passate. Troppo tardi per ritornare a casa. Mio Dio che casino! Dovevo inventarmi qualcosa...

Ma non si può vivere nell'inganno, la menzogna è impegnativa.
Eppure, fino ad allora, cos'avevo fatto? Indossai un accappatoio di Lea e andai in cucina. Avevo bisogno di fumare e di schiarirmi le idee. Mi rifugiai sul terrazzino. Faceva freddo, ma non me ne fregava nulla. Ero smarrito, disorientato, lacerato da sentimenti con-

trastanti e intensi, nessuno dei quali prevaleva sugli altri. L'anima scomposta fra il passato, che fino a pochi giorni prima non avrei mai immaginato di poter perdere, e ciò che prometteva di essere un futuro dolcissimo, ammaliante, al quale non volevo rinunciare.

Notte rischiarata dalla luna piena, fruscio delle foglie, silenzio, solitudine nell'aria, umido, freddo. Rientrai nel silenzio della casa e della notte. Mi sedetti al pianoforte, non mi restava che Chopin. Iniziai a suonare; Lea si avvicinò in silenzio e pose le sue mani lunghe sulle mie spalle chine.

«Cos'è?»

«Chopin, Notturno opera 48 n. 2. Lo scrisse per il suo grande amore, George Sand. Si erano rifugiati a Palma di Maiorca, nella Certosa di Valdemossa... Lui era già malato e quel clima non lo aiutò. Ho visitato quel loro ultimo rifugio, ricordo soltanto una rosa rossa sui tasti bianchi del pianoforte...»

«Sveglierai qualcuno...»

«Non importa, Chopin non può disturbare nessuno... Sono note fra le cui braccia morire...»

Continuai a suonare.

«Stai male, vero?»

«No Lea, vicino a te sto bene, non desidero altro. Ma prima o poi dovrò uscire da quella porta... E non so cosa potrà accadere.»

Lea mi abbracciò, smisi di suonare.

«Mi dispiace, Pigi... Mi dispiace...»

«Non fare così, ti prego. È peggio. È la prima volta che mi capita e sono disorientato. Starti vicino è meraviglioso, mi rende felice. Tu sei una donna preziosa e questa strana storia è una cosa fragile. Devo maneggiarla con cura, rischio di rompere tutto. Non voglio farti soffrire e non voglio perderti, ma non riesco a dimenticare tutto il resto...»

I fantasmi di mia moglie e di mia figlia continuavano a tenerci compagnia.

«Lo sapevamo fin dal primo momento. Farà male...»

«L'ho capito troppo tardi, ma non mi pento.»

Le diedi un bacio. Restammo in silenzio per un po'.

Lea mi accarezzò capelli, poi mi prese per mano.

«Torniamo a letto, ho bisogno di sentirti vicino, ancora per un po'...»

18

Compostezza + Rabbia = Odio

Mi svegliai presto e svegliai anche Lea.

« Devo andare... »

« Chiamami... »

Già, sarebbe stata dura. Il match stava per iniziare e io non sapevo ancora con quale squadra giocavo. Fra noi non ci fu che il silenzio a custodire l'incanto di quella notte, a nascondere la consapevolezza del precipitare degli eventi. Mi rivestii, la baciai, il suo sguardo era triste, uscii.

Solo allora realizzai che il cellulare era fuori combattimento e chissà da quanto. « Inserire carta SIM », diceva il display. Il solito fottutissimo contatto. Lo spensi e lo riaccesi. Dopo qualche secondo iniziarono i fuochi d'artificio. Una serie di bip incessanti: 1 chiamata senza risposta, 2 chiamate senza risposta, 3 chiamate senza risposta, 4 chiamate senza risposta. Fine. Tre da casa, fra l'una e le due, una dalla clinica alle due e dieci. Iniziai dalla clinica; per quanto riguardava casa, non me la potevo certo cavare con una telefonata.

Rispose Mariella, l'infermiera, che non aveva ancora terminato il turno di notte.

«Qualche emergenza, Mariella? Ho visto la chiamata.»

«No dottore... È che l'ha cercata sua moglie stanotte... Era preoccupata e mi sono preoccupata anch'io... Scusi se ho chiamato...» Evidente imbarazzo.

Era andata peggio del previsto, non avevo più nemmeno la scusa dell'emergenza in ospedale. Che casino!

«Stai tranquilla, tra un po' sono in istituto. Tu stai staccando adesso?»

«Sì...»

«Allora ci vediamo domani.»

Non feci in tempo a riporre il cellulare che riprese a suonare. Temevo fosse Alessandra, sul display vidi il nome di Roberto. Una telefonata a quell'ora... brutte notizie in arrivo.

«Che succede?»

«Mi ha appena chiamato Elio... Questa notte è morto suo padre.»

Rimasi senza fiato. Amavo il padre di Elio e quella notizia purtroppo l'aspettavamo da tempo, stava male. Amavo Elio, era il mio amico, volevo correre da lui, ma non potevo.

«È a casa?»

«Penso di sì, ha passato la notte in ospedale. Chiamalo...»

Lo chiamai subito, e non ci dicemmo nulla, perché a nulla servivano le parole.

«Vengo subito...»

Volevo solo abbracciarlo.

Prima, però, dovevo affrontare casa mia.

Uno: non avevo più voglia di mentire, ma temevo

gli effetti devastanti della verità. In ogni caso c'era ormai poco da nascondere. Meglio offrire il petto al fuoco del nemico. Eroico come al solito, ma cretino.

Due: immaginavo la solita Alessandra, fredda, composta, dura, irremovibile. Forse parlando sarei riuscito a metterci una pezza, almeno temporaneamente.

Tre: speravo che Sveva fosse già uscita, che non si fosse accorta di nulla, che Alessandra avesse avuto la bontà d'inventare una scusa – una notte in clinica, un'emergenza... Volevo tenerla fuori da quella storia, almeno per il momento.

Illusioni.

Andò tutto al contrario.

Alessandra mi assalì appena rimisi piede in casa, e aveva ragione.

«Dove cazzo sei stato stanotte!?»

Denti serrati, rabbia.

«Ne parliamo dopo, adesso devo andare... È morto il padre di Elio.»

«Tu non vai da nessuna parte se prima non mi dici dove sei stato!»

Non osava chiedere *con chi*.

Non avevo il coraggio di risponderle. Non sapevo che fare, cosa dire, non avevo scuse, vie di fuga.

«Ne parliamo dopo...» balbettai.

Solo allora vidi Sveva che si affacciava spaventata dalla porta della sua stanza. Non mi salutò.

«Sei un bastardo! Sei due volte bastardo!» continuò Alessandra senza riuscire più a controllarsi. «Uno per quello che hai fatto stanotte, qualunque cosa sia! Due per quello che stai facendo adesso! Sarà morto chi cazzo vuoi! Noi veniamo prima!»

Si lanciò su di me e mi colpì alla spalla con la mano chiusa a pugno.

«Ti spaccherei la testa!»

Era accecata dalla rabbia, ma non solo: c'era anche la paura di perdere il suo mondo.

Sveva non ci aveva mai visto così. Del resto, a una scena simile non ci eravamo mai arrivati, nemmeno lontano da lei.

«Mamma, papà, cosa succede?»

Terrore negli occhi; qualcosa di impensabile fino a un attimo prima stava entrando con violenza nella sua vita.

«Nulla amore, nulla...» dissi in un maldestro tentativo di rassicurarla. Non servì a niente.

«Non ti nascondere dietro tua figlia!» urlò Alessandra.

«Ne parliamo dopo... È spaventata...»

«Ma guardatelo!» riprese lei. «Il buono, l'onesto, il caro Piergiorgio, è solo un vigliacco che tradisce la moglie e non ha il coraggio di ammetterlo!»

Non l'avevo mai vista così. Dura, spietata.

«Sei solo un figlio di puttana come tutti gli altri!»

«Smettetela! Smettetela!» iniziò a urlare anche Sveva, coprendosi le orecchie con le mani.

La abbracciai, dovevo tranquillizzarla. Alessandra non lo capiva, continuava a chiamarmi figlio di puttana. Io accarezzavo Sveva, la sentivo tremare.

«Non ti preoccupare, amore, papà sistemerà tutto... Come sempre papà sistemerà tutto, non ti preoccupare...»

La dondolavo come quando da bambina aveva paura del temporale.

Accompagnai mia figlia a scuola e le promisi che sarei andato a riprenderla. Poi andai da Elio.

Era solo. La signora Giulia, sua madre, riposava ancora, sfibrata. La litania di parenti e amici non era ancora cominciata, ma mancava poco. Ci abbracciammo, a lungo, dolorosamente. Elio non è mai stato più di un ragazzo, e forse era proprio per quello che eravamo così amici. Si abbandonò alle lacrime, aggrappandosi a me, cercando un conforto impossibile. Mi sentii inadeguato a sostenere il suo dolore.

«So cosa stai provando...» mormorai.

«Per quanto sai che deve accadere, e noi lo sapevamo da tempo, non riesci mai ad abituarti all'idea. E quando arriva il momento sei sempre impreparato...»

«Non sarà facile rassegnarsi... Per me ci sono voluti anni...»

«Siamo abituati a pensare che c'è una soluzione per tutto, e questo senso d'irrimediabilità, d'impotenza, non dà pace, ti fa impazzire...»

«Non ci perdoniamo di essere vivi e loro non più. Un amaro calice cui non ti puoi sottrarre...»

Maria Sole, l'anziana cameriera filippina, ci preparò il caffè. Vidi Elio un po' rasserenato. Mi disse del funerale, ad Altamura, il giorno dopo.

«Adesso devi pensare a tua madre, devi essere forte per lei...»

Quando fui certo che aveva ripreso il suo posto andai via.

Il ritorno non fu facile. Io che gestivo tutto con razionalità e programmazione, mi scoprii totalmente impreparato ad affrontare la situazione. Anzi, inadeguato.

Decisi di andare allo sbaraglio.

Sei uno stupido Ariete, Piero! Il gesto eroico ti chiama! Non riesci a sottrarti al sacrificio! Sei solo uno stupido Ariete!

Offrii il petto al fuoco del nemico.

Alessandra aveva riacquistato la sua compostezza, ma non perso la rabbia.

Compostezza + Rabbia = Odio. La matematica è una scienza esatta.

E l'odio me lo scaricò tutto addosso.

Un po' alla volta iniziai a capire. Non era solo per quel tradimento. Era una carica accumulata negli anni, che io non avevo mai percepito. Ero convinto che fino a quella notte fosse stata felice. Felice di quella vita artefatta che ci eravamo costruiti. Non era così. Era convinta di aver fatto tutto per me, solo per me, sacrifici, rinunce, solitudine. Sì, anche lei in quegli anni aveva sofferto. Lo aveva fatto in solitudine ed era andata avanti. Pensava che io fossi un uomo completamente realizzato, appagato dal lavoro, soddisfatto della vita sociale e della serenità familiare. M'invidiava per questo, e adesso me lo rinfacciava. Io ero felice e lei no, questo pensava. Per me, quella felice era lei. Follia dell'incomunicabilità dei sentimenti.

Non era solo un fatto di corna. Era un delitto. A sangue freddo.

Quando il fiele finì, cercai di farla ragionare.

«Questa cosa è piombata inaspettata su tutti e due... Siamo entrambi impreparati, dobbiamo trovare il modo di gestirla... Non so cosa accadrà di noi, ma dobbiamo pensare a Sveva.»

Fu un tentativo inutile, il fiele ci mise poco a riformarsi.

«Che succede a casa, papà?» mi chiese Sveva all'uscita da scuola.

«È un momento difficile fra me e la mamma... Non ti preoccupare, troveremo una soluzione.»

«Ma voi non avete mai litigato così!»

«È vero, e forse è stato questo il problema.»

«Cosa vuoi fare?»

«Ancora non lo so, ma non ti nasconderò nulla. Sei grande ormai, e forse sarai proprio tu ad aiutarci...»

Le diedi un bacio. Mi diede un bacio.

19
Altamura

Avevo avvisato Marco Tedeschi e Chriss che sarei mancato dall'istituto per il funerale del padre di Elio, ad Altamura. Con Roberto mi ero dato appuntamento direttamente lì.

Il tragitto fu particolarmente pesante. Non per la solita litania di camion che ti ritrovi su quella strada troppo stretta e trafficata, ma per i mille pensieri e ricordi che ti affollano la mente quando sei turbato, e io avevo più di una ragione per esserlo.

E poi, i funerali, come i matrimoni, non li ho mai potuti sopportare. Troppo dolore fasullo: da morto chiunque diventa improvvisamente bravo, perfetto, buono, anche se da vivo è stato un mascalzone. Il dolore vero non riesci a farlo veramente tuo, a lenirlo, sia pure solo un poco. Quello falso è un insulto.

L'impotenza di fronte allo spettacolo della morte e del dolore annichilisce. Volevo bene al padre di Elio. Era stata da sempre una presenza discreta e autorevole, saggia nei momenti in cui serviva. Un galantuomo come se ne incontrano pochi.

Di noi tre, Elio era l'unico che avesse ancora il padre. Io avevo perso il mio troppo presto, da ragazzo, e ancora prima quello di Roberto aveva lasciato l'intera famiglia per andarsene in Venezuela con una nuova compagna e un nuovo lavoro – nessuno ne aveva più notizie da tempo.

Quell'ultimo addio mi turbava. Ci si accorge delle cose e delle persone preziose solo quando si perdono irrimediabilmente. Destino amaro, per tutti, ma ancora di più per gli uomini di valore. E il padre di Elio lo era stato.

Parcheggiai la macchina a Porta Bari e m'incamminai lungo il corso. Mancavo da Altamura da vent'anni, da quando se n'era andata anche nonna Maria e nulla mi legava più ai luoghi dell'infanzia. Meglio lasciarli dov'erano, i ricordi. Sull'hard disk bisogna aggiornare periodicamente file, programmi e antivirus. Sul cuore no, il cuore bisogna lasciarlo in pace.

Superai San Nicola dei Greci, forse la più bella chiesa di Altamura, chiusa come sempre. Pochi metri e arrivai alla Cattedrale: un capolavoro del romanico, uno dei tanti gioielli distrattamente seminati da Federico. Troppo imponente per un funerale.

Roberto era già lì, con Elio e Andrea, suo fratello, appena rientrato da Milano. Li abbracciai.

«Tua madre?» chiesi a Elio.

«È dentro, ti accompagno.»

La signora Giulia era lì, vicino all'altare. La vidi minuta, indifesa, stretta nel suo cappotto d'altri tempi, inutilmente confortata da chi non poteva capire cosa significava per lei perdere il compagno col quale aveva attraversato tutta la vita.

«Piergiorgio... Grazie di essere qui, grazie», disse stringendosi a me e piangendo.

«Come potevo mancare...»

Avrei voluto restare con lei, ma dovetti lasciarla al conforto di altri.

Guardavo i tanti volti silenziosi, mestizia diligentemente in coda, nella paziente attesa di aggiungere dolore al dolore. Guardavo la signora Giulia. Ogni nuovo abbraccio era un ricordo doloroso che emergeva da un passato finito per sempre, per sempre, per sempre. Ogni volto, ogni bacio, ogni lacrima, ogni inutile parola affettuosa era una nuova spina che lacerava l'anima e rinnovava il tormento di un cuore rimasto disperatamente, irrimediabilmente solo.

Erano stati una bella coppia. Erano stati fortunati. Si erano voluti bene, avevano accettato con pazienza i difetti dell'altro e forse li avevano persino amati; avevano superato assieme difficoltà e gioie, angosce e appagamento, mano nella mano. Un lungo cammino.

Un paio di anni prima avevamo trascorso una domenica di sole ospiti nella loro villa di campagna. Una bella giornata, ma come ne capitano tante. Mi stavo divertendo con la macchina fotografica e i bambini. Poi, nella luce morente del crepuscolo, li vidi seduti uno accanto all'altra, su un sedile di pietra. Stavano scherzando, giocando. Settant'anni ciascuno, e sembravano due liceali ai primi appuntamenti. Ridevano. Lui voleva darle un bacio, lei lo allontanava. «Non fare lo stupido, possono vederci!» gli diceva con lo sguardo e con le mani. Ridevano.

Io ero lontano, non si accorsero di me. Caricai la macchina e attivai il teleobiettivo. Lui tentò di abbracciarla, gli occhi pieni di affetto e di gioia, lei lo respinse ancora, sempre ridendo, serena. Scattai.

Una fotografia, una sola fra migliaia, la più bella di tutte: in un centoventicinquesimo di secondo c'era tutta una vita, un'intera vita felice.

E adesso lei era lì, senza più il suo compagno, irrimediabilmente.

Ascoltammo in silenzio la messa, inclusa la solita insopportabile predica del prete che volle a tutti i costi consolare l'inconsolabile. Basta così poco per sentirsi vicini a Dio, basta un po' di silenzio...

Alle mie spalle la grande tavola dell'Ottocento di Morelli, *La Conversione di San Paolo*. Lui era lì, strisciava per terra sulla strada polverosa per Damasco, il braccio proteso verso di me, gli occhi spenti. Invocava aiuto, soccorso per quella luce accecante alle sue spalle. Una luce che io non ho mai visto.

Quando ero bambino avevo terrore di quel quadro bellissimo e dimenticato. La domestica dei miei nonni, una zitella di mezz'età di Rovigo che la miseria del Veneto di allora aveva fatto emigrare nel Mezzogiorno d'Italia, andava ogni sera in cattedrale per l'unico svago della sua giornata: il rosario. Erano i tempi in cui le donne quando entravano in chiesa si coprivano la testa con un velo nero. Non bisogna indurre in tentazione gli angeli, diceva.

Spesso mi trascinava con sé a quel rendez-vous di beghine. Io vedevo il quadro, quella mano disperata, protesa verso di me, che cercava di uscire dalla tela per prendermi, per rapirmi, e ogni volta venivo colto dal panico. Ogni volta, entrando in chiesa, afferravo la tata e provavo a trascinarla verso la navata opposta, al sicuro da quell'uomo, perché ne ero certo: voleva portarmi via, voleva sottrarmi al mio mondo felice. Ma non ci riuscivo mai, le beghine si radunavano sempre lì, sempre ai piedi di quell'uomo disperato che aveva appena incontrato la Luce.

Forse è iniziata proprio allora. La paura di avvicinarmi a Dio intendo... E non mi ha più abbandonato.

Al termine della funzione io e Roberto riabbracciammo Elio, suo fratello e la signora Giulia.

«Grazie ragazzi...» Per lei eravamo rimasti sempre dei ragazzi. «Vi voleva bene...»

«E noi a lui...» le dissi. «Considero un privilegio aver incontrato suo marito...»

Non rimase che il silenzio, e la tristezza.

Poi ascoltammo il racconto doloroso del calvario di quell'uomo negli ultimi mesi. Solito male vigliacco. Solita via crucis e tanta, indicibile, sofferenza.

Io e Roberto ci avviammo lungo il corso.

«Dio mio, liberami dai dolori del fisico, che a quelli dello spirito ci penso da solo», disse.

«Oscar Wilde...» aggiunsi. Per una volta le citazioni dotte non le sparavo io.

«Come stanno le cose con Alessandra?» mi chiese. Gli avevo accennato qualcosa per telefono; m'aveva chiamato la sera precedente per chiedermi di Elio e io, invece, gli avevo parlato di me.

«Uno sfascio, e non so come gestirlo.»

«Se ti vuole bene capirà che una sbandata, prima o poi, capita a tutti.»

«Ho paura che non sia una sbandata...»

«Cazzo! E chi è? La conosco?»

«Non mi va di parlarne, Roberto, non ora. Una sera di queste ci vediamo e mi dai una mano.»

«Come vuoi...»

Ci salutammo e andammo via.

Fu realmente per caso che sbagliai strada, o fu attrazione molecolare?

Mi trovai all'improvviso sul viale che portava alla vecchia casa dei miei nonni. Senso unico fino in fondo, inutile cercare alternative. E lei era sempre lì, già riuscivo a vederla: una palazzina primi Novecento del tutto stonata rispetto ai moderni edifici di sette piani che la circondavano, malinconica testimonianza di un passato desolatamente abbandonato. Se ne curava ancora qualcuno? Quanto tempo avrebbe impiegato a crollare?

Ma avvicinandomi, e rallentando per osservare meglio il luogo felice della mia infanzia, realizzai subito che non era più abbandonata: la facciata era stata restaurata, le persiane non erano più serrate, il portone non più cadente.

Direzione Generale Asl Ba/3, diceva una targa all'esterno. D'impulso parcheggiai l'auto e scesi per dare un'occhiata. Confermato: la palazzina era stata ristrutturata e trasformata in uffici.

Il desiderio di rivedere quelle stanze mi avvolse con dolcezza. Suonai il citofono. Quando ero piccolo c'era solo il batacchio. Non rispose nessuno.

Ebbi qualche attimo di rassegnazione, poi arrivò con tutta calma un impiegato, un faldone di carte sottobraccio.

«Gli uffici non sono aperti al pubblico», disse.

«Capisco. Ma, vede, questa è la casa dei miei nonni. Non la rivedevo da anni, volevo solo farmi un giro, solo pochi minuti...»

Vidi la meraviglia nei suoi occhi, forse anche un po' d'inaspettata commozione.

«Venga con me...» disse dopo averci pensato un po'.

Appena entrato, l'odore mi riempì di colpo le narici e mi travolse. Com'era possibile? Dopo tanti anni, dopo l'abbandono e il degrado, dopo il restauro e i nuovi inquilini, quell'odore inconfondibile che da sempre mi diceva che ero di nuovo a casa era rimasto esattamente lo stesso, intatto. Vertigine.

La scala interna era sempre lì, tutto il resto era cambiato: murata la porticina che immetteva nello sconfinato giardino, murata la finestra che dalla mia camera si affacciava nell'androne.

Affrontai i gradini che mille volte avevo fatto aiutando il nonno e mi trovai in un ambiente estraneo. Nuove pareti divisorie, nuova dislocazione delle stanze, nuovo arredamento, moderno. Per un attimo mi smarrii. No, qualcosa del passato era rimasto. Le vecchie porte di legno e vetro opacizzato, il pavimento floreale bordeaux e verde scuro. Entrai in una stanza: scrivanie, computer, impiegati affaccendati. La riconobbi solo alzando gli occhi al soffitto: gli affreschi, appena restaurati, densi di colori vividi. Il Carro di Febo era la prima immagine che mi dava il buongiorno al mattino, e che di notte, se mi svegliavo dopo un brutto sogno senza sapere nemmeno più dove fossi, mi ricordava che ero lì, vicino alla nonna, al sicuro.

Passai in un'altra stanza. La cucina dalle mattonelle in ceramica era diventata un archivio con annessa fotocopiatrice. La sala da pranzo un'anticamera con poltroncine in alcantara. Il salotto buono dalle pareti tappezzate in raso rosso l'ufficio del Direttore Generale. Solo gli affreschi erano rimasti intatti. Uscii smarrito sul terrazzino.

Dello sconfinato giardino di allora non restava traccia; al suo posto, una serie di brutti palazzi. Non più i pini secolari che s'inseguivano lungo il viale, soltanto posti auto delimitati da ordinate strisce bianche. Rividi un bambino che si arrampicava sugli alberi di pesco, che coglieva e addentava i frutti maturi dell'estate. Chiusi gli occhi, respirai a fondo i ricordi.

Rientrai. Qualcuno, tra gli impiegati, mi osservava perplesso. Attraversai un breve corridoio, sempre un po' disorientato. E una volta giunto in fondo la rividi.

Vidi la finestra affacciata sul viale, il vecchio tavolino zoppo, la sedia impagliata dove aspettava, aspettava e ascoltava il trascorrere lento delle ore, dei giorni, tra il cucito e il rosario alla sera. Nonna Maria era lì, sorridente, i capelli bianchi, il cuore buono e generoso, era lì ad aspettarmi ancora, ad aspettare la gioia di un bambino che si perde tra le sue braccia.

Il resto non aveva importanza. Andai via.

Quell'inaspettata deviazione nel passato mi aveva reso felice; mi aveva emozionato, rasserenato, escluso dalle passioni e dalle angosce intense di quei giorni.

Risalii in macchina e presi la strada del ritorno. Però no, non volevo che l'incantesimo finisse così, avevo qualcos'altro da fare. Pochi chilometri fuori Altamura imboccai un tratturo sterrato. Lo percorsi fino in fondo, l'auto sobbalzava. Il cancello era ovviamente chiuso. Mi arrampicai sul muretto a secco e saltai.

Vent'anni, forse di più, che non attraversavo l'aia di quella masseria. Era l'azienda agricola del nonno, il nostro Paradiso. Era abbandonata. Solo il corpo centrale era stato in qualche maniera consolidato per evitare che crollasse. Sulla facciata s'intravedevano ancora le scritte di un tempo. *Centro Aziendale Curtaniello – Podere n. 3*. E più in basso: *Altimetria 420 mt*. Orgoglio e meticolosità di un uomo che non aveva conosciuto altro che il lavoro.

Girovagai un po'. Stalle e fienili, una volta ricchi, erano desolatamente vuoti, chiusi, pericolanti, le travi marce. Eppure quello era stato un luogo felice, aveva prodotto sudore, fatica, sofferenza, ma anche pane, serenità, fiducia nel domani, e a noi aveva regalato un sogno.

Sul portale della chiesetta dalle pareti scrostate si leggeva ancora, benché a malapena, la preghiera dei campi: *Benedicite omnia germinantia in terra, Domine*. Forzai la porta, che cedette facilmente, ed entrai. Strano, ladri e vandali l'avevano risparmiata. Solo il tempo non ha misericordia. Riconobbi la volta stellata, e gli sguardi di santi sconosciuti alle pareti.

Tornai fuori, feci ancora un giro e sentii penetrante nelle narici il profumo della Murgia. Mentuccia, finocchio, timo selvatico, nepetella, erba umida si mescolavano e riempivano l'aria di un aroma inconfondibile, solo lì, solo a primavera.

Mi tolsi il cappotto blu e lo stesi sull'erba. Mi ci sdraiai, incrociando le mani dietro la testa a godere di quel momento di serenità. Per noi bambini quella masseria segnava l'inizio dell'estate. L'aia e i campi circostanti non avevano confini, e noi non avevamo limiti. Facevamo volare in cielo gli aquiloni, oppure davamo la caccia ai pavoni, ogni volta riempiendoci di una meraviglia sempre nuova quando all'improvviso aprivano la coda e cento occhi ipnotici guardavano... Ogni giorno era un'avventura nuova. La trebbiatura, una festa pagana a cui non potevamo mancare. Dopo il tramonto, decine e decine di contadini con le loro famiglie – e la fatica della giornata nella schiena – si radunavano nell'aia stracolma di covoni. I fuochi, i carri, la luce flebile delle lampade a gas, il pane caldo appena sfornato...

È vero, sono un uomo fortunato! Ho visto un mondo che non esiste più. Non era né migliore né peggiore, era solo diverso. Ma indimenticabile.

Edera abbarbicata
sui muri bianchi e sbrecciati
del mio passato,
la vita che scivola
fra le dita stanche,
le lacrime
scorrere e brillare
alla luce tenue del giorno
che muore.

Mi risvegliai che era già buio e non riuscii a muovermi. L'umidità della terra mi era penetrata nelle ossa, o forse era solo l'incanto del cielo notturno, terso, stellato. Rimasi qualche attimo smarrito nell'oscurità. Il Grande Carro brillava di fronte a me. Mizar la luminosa, e poi, allineate, Merak e Dubhe. Tracciai la linea retta che tutti i marinai conoscono da millenni e incrociai la Stella Polare, il Nord sicuro, immutabile, perenne.

Ma io non sapevo più qual era, dov'era, dov'erano finite le mie stelle.

Faceva freddo, sollevai il bavero del cappotto. Ripercorsi l'aia guidato dalla tenue luce della luna, saltai il muretto a secco, riguadagnai l'auto. Chiave nel cruscotto, rapido check del computer di bordo – *bruuum*. Il rombare del motore mi riportò alla realtà.

Il sogno era terminato.

20
La Legge di Murphy

I giorni che seguirono furono un vero caos: dentro di me, sul lavoro, a casa. È la Legge di Murphy: «Se qualcosa può andar male, lo farà». O la sua versione relativistica: «Tutto va male nello stesso tempo». E Murphy non sbaglia mai.

A casa avevamo firmato un temporaneo cessate il fuoco. Non avevo preso nessun impegno con Alessandra e lei, strano ma vero, nessuna decisione impulsiva. Avevamo entrambi bisogno di tempo e ce lo concedemmo, era merce a buon mercato. Io, naturalmente, dormivo sul divano. E continuavo a pensare a Lea.

Fu lei a mettere fine alla nostra storia. Da solo non ci sarei riuscito.

Suonò il cellulare: Lea.

«Come stai?» mi chiese.

«Guerra su tutti i fronti...»

«Mi dispiace...»

«Passerà...»

«Ho bisogno di vederti. Vieni da me, quando finisco in studio?»

«Ok, a dopo.»

Ero felice di andare da lei, speravo di ritrovare un po' di pace, qualche ora per rasserenarmi, per escludere il mondo. Non fu così.

Da sempre mi capita di fantasticare sugli sviluppi desiderati di una vicenda che sto per vivere. Un incontro di lavoro, una serata con una donna, un esame all'università, qualunque cosa. E da sempre succede puntualmente qualcosa di diverso, il più delle volte sgradevole. Le cose non vanno mai come dovrebbero.

Per un certo periodo mi sono anche sforzato d'immaginare che una certa vicenda andasse come non volevo affatto che andasse, per far sì che invece si sviluppasse come avrei voluto. Non ha mai funzionato. Non lo freghi facilmente il destino! In ogni caso, anche quella serata non sfuggì alla regola del contrario.

Quando uscì dal portone dello studio, Lea fu dolce come sempre. Qualunque cosa fosse, tra noi s'era creato un legame indissolubile.

«È bello rivederti», le dissi.

Lea mi ricambiò con un bacio e un sorriso triste.

«Come vanno le cose?» mi domandò.

«Preferisco non parlarne... È un problema mio, non ti voglio coinvolgere...»

Un paio d'isolati in silenzio. Poi il colpo arrivò a freddo.

«Dobbiamo darci un taglio, Piergiorgio... Questa storia non può durare, non può reggere.»

«Non dire così, ti prego...»

«Fammi parlare, non rendere le cose più difficili di quanto siano.»

Voce determinata, ma non riuscì ad andare avanti, almeno per qualche interminabile attimo.

«Non è per quello che è accaduto in questi giorni», disse infine. «Ci stavo pensando da tempo, forse prima ancora che iniziassimo. Poi t'illudi e non ci pensi più, ma è appunto un'illusione...»

«E cosa devo fare per non illuderti?»

«Io non c'entro, Piero! È un problema tuo. Devi innanzitutto mettere un po' di ordine nella tua vita tanto ordinata... Devi farlo per te, non per me. Hai una figlia che ami alla follia, una moglie che non sai se ami più e ora anche un'amante che non sai se ami già. Troppo complicato. Devi chiarirti le idee, non puoi gettare via tutto all'improvviso per qualcosa che non sappiamo ancora cos'è e che potrebbe essere solo un errore, un'illusione.»

«Ma non è così!» protestai. Goffo tentativo di reazione.

«Ascoltami, io non me la sento di continuare in questo modo! Di nascosto intendo. E allo stesso tempo non me la sento di trasformare questa storia in qualcosa di diverso, d'impegnativo.»

Percepii un cedimento nella sua determinazione, ma fu un solo attimo.

«Quando usciamo io sono a disagio e lo sei anche tu. C'è troppa gente che ci conosce, che ci vede, che immagina... Lo sai come vanno queste cose! L'altra sera, al Nessun dorma, in un colpo abbiamo fatto del male a tre persone: a me, a te e a tua moglie. Tu sei passato per un figlio di puttana, tua moglie per una scema tradita, io per una pocodibuono, se tutto va bene. Non va, non può andare!»

«Ma potremmo avere un futuro...»

Banale.

«No Piero, ti ho detto che non mi va... Un futuro

così non m'interessa! Non solo non voglio sembrare, soprattutto non mi voglio sentire una sfasciafamiglie... Non lo sono! Non lo voglio diventare!»

Tregua, riprese fiato.

«Non me la sento di costruire la mia felicità sull'infelicità di altri... Mi dispiace, non ce la faccio...»

«Lea, la felicità te la devi conquistare, ci devi credere, lavorare...»

«Sarebbe fatica sprecata. Questa storia non dà garanzie, a nessuno di noi. Sarebbe un calvario, un fallimento inutile e io ne pagherei le conseguenze per la centesima volta.»

«Ma di quali garanzie parli? Dipende da noi, soltanto da noi!»

Non andai oltre, eravamo su due piani diversi, parlavamo lingue diverse. Era finita.

«E quindi?» le chiesi, sperando in una speranza impossibile.

«Dobbiamo finirla qui...»

Eravamo arrivati al portone di casa sua. Lea lesse il disastro sul mio volto.

«Non immagini quanto mi costi dirti queste cose, tu sei un uomo prezioso Pigi, ed è una follia lasciarti andare... Non voglio perderti, vorrei che fra noi restasse qualcosa, ma questa storia non può funzionare. Il dolore inutile è una stupidaggine e io ne ho fatte già tante. Passerà...»

La guardavo esterrefatto. Non avrei mai sospettato tanta forza e tanta determinazione. Non sapevo cosa aggiungere a quella sentenza inappellabile di condanna. E infatti non aggiunsi nulla.

Ricordo solo gli occhi languidi di Lea che cercavano inutilmente di consolarmi. Non bastava. Non bastava. Rimasi in silenzio.

«Vieni qua...» disse sottovoce. «Vieni qua...»

Non capivo. Mi afferrò per il bavero e mi attirò a sé.

Fu l'ultimo bacio. Un lungo, interminabile, appassionato, doloroso, felice, ingenuo, languido, incancellabile, indimenticabile bacio.

21
Lara

L'ultima cosa che vidi furono le sue spalle avvolte nello scialle di cachemire.

Aprì il portone, entrò senza voltarsi, lo chiuse rapidamente. Non so e non saprò mai se ebbe un attimo di pentimento, un moto di ripensamento, mi sono sempre illuso di sì. Illuso.

Rimasi lì, smarrito, sperando che quella porta si riaprisse, sperando che il cellulare squillasse, che mi arrivasse un messaggio, un segnale qualunque. Non accadde nulla.

Amaro in bocca. Delusione. Rabbia per essere stato colto di sorpresa e non aver saputo reagire. Per aver subìto e accettato rassegnato. Ma non c'era altro da fare. Eravamo su piani diversi: lei razionale, io emotivo. La logica contro la passione, le garanzie per il futuro e l'amore nel presente. Perché? Cos'era accaduto, cos'era cambiato così all'improvviso? Dov'erano finiti complicità, sorrisi, tenerezze, baci, carezze? Eravamo stati bene insieme, stavamo bene insieme! Cos'era cambiato? Non capivo.

E perché poi quel bacio, così immotivato, lungo, appassionato? Non era un bacio di addio. C'era desiderio, passione, rimpianto. Il rimpianto per un volo appena iniziato.

Ero per strada. Con me solo l'odore della notte e una sigaretta. Ero di nuovo solo.

Entrai in un bar: Bacardi Riserva. Pagai e uscii. Sigaretta. Mi accovacciai sul cofano di una vecchia auto ad aspettare ancora che accadesse qualcosa. Non accadde nulla. Forse ci ripensa e chiama. Non chiamò. Bevvi l'ultimo sorso di Bacardi. Sollevai lo sguardo verso la sua grande finestra affacciata su piazza Eroi del Mare, vidi la luce spegnersi.

Perché, mi chiedevo, e perché mi toccava così tanto? Era già accaduto altre volte di chiudere una storia. Perché quella volta era tutto così diverso? Bevvi l'ultimo sorso di Bacardi.

Vaffanculo!!! Esplosi. Rabbia, incapacità di subire, di aspettare il nulla, di restare solo, in silenzio.

Presi quel maledetto cellulare che continuava a tacere: sblocca tastiera, menu, rubrica, cerca. L, Lea. No, vaffanculo! Lara. Chiama! Era acceso e libero, squillò a lungo. Alla fine rispose.

«Hai finito di lavorare?» non avevo bisogno di presentarmi.

«Ciao Chopin! Che bello sentirti!»

«Ho voglia di compagnia. Posso venire o è tardi?»

«Certo che puoi, tu puoi sempre. Porta da bere però.»

Rientrai nel bar e acquistai una bottiglia di Bacardi Riserva. Raggiunsi l'auto e mi avviai verso Poggiofranco. Gli alberi di corso Cavour mi guardavano silenziosi. Sugli occhi scorrevano soltanto lampioni e insegne illuminate al neon, nella mente decine d'immagini confuse di Léontine e una sola domanda: perché? Eppure lei era stata chiarissima, di una razionalità ineccepibile, d'una logica cinica, ma rigorosa. Mi ostinavo a non accettare, a non voler capire, quasi che il rifiuto potesse esorcizzare quella decisione ed evitare il realizzarsi dell'inevitabile.

Vaffanculo! Cazzotto sullo sterzo innocente dell'auto.

Non sopportavo d'essere stato rifiutato! Stupido orgoglio. Non accettavo di perdere Lea, di averla persa. Stupido e basta.

Bruciore, rabbia, anche rancore. Era come giocare a poker o *chemin de fer*: ti piace, ti diverti, perdi un sacco di soldi e continui a giocare, a divertirti, a perdere. Ma quando hai finito i soldi ti brucia e ti dai del coglione.

Poggiofranco, ero arrivato. Parcheggiai sotto casa di Lara.

Iniziò a piovigginare e la notte si fece improvvisamente fredda. Ancora qualche passante per strada. La chiamai col cellulare.

«Sono io, mi apri?»

Mezzo minuto e scattò la serratura del portone. Era una bella palazzina, di quelle signorili e discrete, forse un po' anonime, di cui è piena Poggiofranco. Non aveva il giardino e il portone nero affacciava direttamente sulla strada. Ascensore, salii al terzo piano. Non dovetti suonare, era dietro la porta socchiusa ad aspettarmi, aprì e mi fece entrare.

Era in vestaglia, bella come sempre. Un sorriso, un abbraccio forte, affettuoso e un lunghissimo bacio sulla guancia (la bocca, le labbra, erano rigorosamente off limits).

«Speravo di rivederti, sei sparito. Che fine hai fatto? Sono mesi che non vieni!» Parlava un italiano perfetto, velato appena, ma dovevi proprio farci caso, da un leggerissimo accento slavo.

«Ho avuto da fare... ma non ti ho dimenticata», ricambiai il bacio sulla guancia.

«Vuoi scopare?»

«Non ora, voglio un po' di compagnia e qualcuno con cui bere...»

«Ti ha mollato?»

«Già...»

«Che stupida!»

Mi prese per mano.

«Vieni...»

Lara era deliziosa. Venticinque anni, ungherese. Uno e settanta. Capelli castani quasi biondi. Una terza di seno, bacino appena pronunciato. Naso perfetto, occhi chiari, profondi. Un sorriso nel quale era facile perdersi.

L'avevo conosciuta tre anni prima a una festa di addio al celibato, una di quelle toste. Era stato organizzato tutto alla perfezione: villa isolata alla Selva di Fasano, musica, una buona cena adeguatamente annaffiata dal primitivo, allegria fra soli uomini e alcol a gogo. Poi, poco prima di mezzanotte, il pezzo forte: Lara. Eravamo rimasti tutti a bocca aperta quand'era arrivata con un abitino che poco lasciava alla fantasia. Il seguito era stato indimenticabile, soprattutto per lo sposo! Mentre si rivestiva, in bagno, le avevo chiesto se potevamo rivederci.

«Certo...» e mi aveva dato subito il numero.

La chiamai il giorno dopo, il desiderio inappagato di quella notte era trascinante. Era una follia, lo sapevo, ma andai egualmente da lei, non riuscivo a frenarmi. Ormoni impazziti. Ero terribilmente imbarazzato, non l'avevo mai fatto. Lei l'aveva capito subito.

«Rilassati... faccio tutto io», mi disse rassicurante.

Così scoprii i piaceri del sesso, quello vero intendo, non quello che si consuma stancamente fra le lenzuola di casa. E avevo continuato ad andare da lei.

Col tempo avevo scoperto una ragazza simpatica, allegra, senza pretese. Con lei, oltre il sesso, il tempo scorreva piacevolmente. Mi chiamava Chopin, da quando le avevo confessato il mio amore per il pianoforte. Aveva un debole per me.

«Tu non sei come gli altri...» diceva. «Sei tenero tu e quando scopiamo pensi anche a me.»

A volte si confidava. «Se mia madre sapesse cosa faccio... mi ucciderebbe. Lei sa che lavoro in un ufficio di esportazioni.» Rideva come una bambina che ha appena commesso una marachella. Era una ragazza di buona famiglia, aveva studiato fino al liceo, conosceva tre lingue correntemente. Aveva i sogni di tutte le brave ragazze a quell'età: un fidanzato, un marito, dei figli. Voleva avviare una piccola attività commerciale nella sua città dal nome impronunciabile. Solo che per farlo aveva preso la scorciatoia e investito sull'unico capitale di cui disponeva: il suo corpo, splendido.

Abbiamo litigato soltanto una volta. Quando mi mostrò orgogliosa il tatuaggio che s'era fatta sulla schiena. Me ne andai sbattendo la porta, non sopporto la degradazione del Bello. Ma lei non capì e ci rimase male.

Chiacchieravamo a lungo. Amava Lionel Richie e io l'avevo iniziata al culto dei Queen. Mi raccontava della sua famiglia, del Natale da lei, degli inverni freddi e interminabili, delle estati torride trascorse in riva al Danubio che lei chiamava «il fiume» oppure, semplicemente, del nuovo centro d'estetica che aveva aperto a Bari e dove andava a fare le lampade o di mille altre cose. Ma non mi ha mai detto come aveva cominciato: troppo dolore, troppo pudore.

Si slacciò la vestaglia, capezzoli eretti e solo un microscopico perizoma. Mi versò da bere.

«Ci ubriachiamo?» disse accovacciandosi al mio fianco.

Il suo cellulare riprese a squillare.

«Uffa, che palle! Ma gli uomini hanno voglia di scopare a tutte le ore?»

Lo spense e con rabbia lo lanciò sul divano. Era il suo strumento di lavoro, la sua tortura, la dannazione e lo odiava.

Solo allora vidi la valigia.

«Parti?»

«Domattina.»

«Quando torni?» Lara non rispose subito. Abbassò lo sguardo smarrita.

«Non torno più...»

Pausa.

«Non torno più...»

Avrebbe dovuto essere felice, invece sembrava dispiaciuta. Io ero sorpreso, ma felice.

«Sai, ormai ho messo da parte abbastanza... Il mese scorso ho aperto il negozio. Per il momento ci sta mia sorella, ma adesso devo andare, è roba mia.» Una lunga, lunghissima pausa. «Ho finito con questa vita.»

Quanto pudore in quelle parole, quanta vergogna.

«Sei una brava ragazza, ti auguro d'essere felice... te lo meriti.»

Mi accarezzava la mano con tutte e due le mani sue, dolcemente.

«Anche tu...» Ingoiò un lungo sorso, quasi a farsi coraggio. «Se non fossi quella che sono, farei di tutto per averti.»

Sorrisi, ma era un sorriso amaro. Le puttane hanno sempre molto chiari ruoli e limiti. Non li travalicano mai. Stavo perdendo anche lei. Due in una sera, che media! Complimenti!

«Dimmi, chi è questa stupida che non ti ha voluto?» Rabboccò il mio bicchiere.

«No, non ne voglio parlare, non voglio pensare.» Lungo sorso, il Bacardi, almeno quello, non tradisce mai.

«Allora c'è solo una cosa da fare!» disse.

Si allontanò dal divano e armeggiò con il ministereo sul cassettone anni Ottanta. Pochi attimi e la stanza si riempì delle note di *Bohemian Rhapsody*. Lara rabboccò i bicchieri ormai vuoti e su quelle note iniziammo a volare.

«A Freddie Mercury!»

«A Freddie Mercury...»

Si accovacciò su di me e iniziò a sfilarmi la camicia.

«You're my best friend...» le dissi, ricordando una canzone che amava.

«No, only Somebody to love...» sorrideva e stava al gioco.

«Save me.»

«Don't stop me now!»

«Play the game.»

Al geniaccio di Freddie Mercury!

La foga iniziale si mutò improvvisamente in dolcezza.

«Lascia fare tutto a me, non pensare a niente, stanotte è una notte speciale...»

Chinò la testa e iniziò a baciarmi il petto. Le accarezzai il seno, morbido. Le strinsi i capezzoli, piccoli ed eccitati, li massaggiai ripetutamente, a lungo, dolcemente, le piaceva. Eravamo in ginocchio, l'uno di fronte all'altra accarezzandoci. Le passai la mano sul pube completamente glabro, lei fremeva, allargò le gambe. Era già pronta e mi desiderava. Si sdraiò e allungò le dita sulla sua fessura per chiedermi di massaggiarle il clitoride. Il suo sesso era una pesca matura da assaporare e io affondai la bocca su quelle labbra dischiuse.

Mi svegliai dopo poco, intorpidito ma rilassato. Non era sul letto e la cercai con lo sguardo. La vidi uscire dalla doccia, mentre si stringeva nell'accappatoio e scioglieva l'asciugamano dai capelli, mi guardò e sorrise.

«Stai meglio?» chiese.

Le risposi con un sorriso.

Mi rivestii. Lara mi guardava, restammo in silenzio. Ora che l'incanto era terminato, dovevamo riprendere il posto che ci spettava. Lei era lì, ferma ad assistere l'ennesimo cliente appagato che si ricomponeva per andar via. Quante volte aveva vissuto quella scena? Troppe? Chissà, ma quella era l'ultima.

Mi accompagnò alla porta.

Avvicinai la mano alla tasca del portafoglio. Lei mi bloccò con lo sguardo, triste e mortificato per quell'aborto di gesto inappropriato. Scosse appena la testa, parlò con gli occhi: non voleva sentirsi una puttana, non più, non in quel momento.

«No, stanotte no. È una notte speciale.»

Mi abbracciò, mi baciò sulla guancia, mi accarezzò i capelli.

«Abbi cura di te», le dissi.

«Anche tu Chopin.»

Bacio sulle labbra.

Uscii, non l'ho più rivista.

22

... queste rose presto appassiranno

Il mattino dopo, nel preciso istante in cui aprii gli occhi, ritrovai intatti tutti i problemi.

Ero svagato, distratto, insofferente, scortese. Non ero più io.

Fu la solita Chriss ad accorgersene. Più che una collega era una vera amica, generosa, sempre pronta a soccorrerti, non si risparmiava mai. La vita non era stata generosa con lei: prima la separazione dal marito, poi una figlia irrequieta che imputava a lei la perdita del padre, due cose che l'avevano segnata. Smarrita la gioia, le restava l'abnegazione nel lavoro. Nel suo sorriso s'intravedeva un'ombra incancellabile.

«Qualcosa non va?» mi chiese, discrezione di una domanda retorica.

«È un brutto momento...»

«Lo vedo. Lea?»

Non le risposi, ma il mio silenzio era inequivocabilmente un sì.

«Se hai voglia di parlarne, io sono qui.»

«Grazie, sei una cara amica... Ma è troppo lungo, complicato, e in ogni caso è troppo tardi.»

Trascorsi il resto della mattinata a spostare carte da un punto all'altro della scrivania. Non riuscivo a concentrarmi, le cartelle cliniche scorrevano davanti agli occhi come fossero in aramaico. Stanchezza? No, semplicemente non mi ero rassegnato. Tutto qui.

Dovevo fermarmi, avevo bisogno di fumare e fare due passi, possibilmente svuotare la mente. Cercai le sigarette. Pacchetto finito, inesorabile Legge di Murphy. Armeggiai nel cassetto per trovare quello d'emergenza, e il solito disordine, o la solita attrazione molecolare, mi misero in mano due pezzi di carta: i biglietti della Pinacoteca De Nittis. Sembrava già così lontano, quel giorno con Lea.

Le piccole cose sono ricordi preziosi, quelli furono soltanto dolore. Li infilai in tasca e uscii.

Non poteva finire lì, non così. E poi quel bacio... Cos'era stato quel bacio? Solo un addio? No, c'era qualcos'altro! Doveva esserci! Ma era inutile, Lea troppo determinata, irremovibile, persa. Potevo solo farle capire che sopravvivevo e accettavo. Non mi restava che darle anch'io il mio bacio di addio.

Uscii dal Policlinico e girovagai per cercare un negozio di fiori.

Il primo non andava bene, fui più fortunato col secondo. Comprai un mazzo di rose tea, una volta mi aveva detto che era il suo fiore preferito.

«Vuole scrivere qualcosa?» chiese il fiorista porgendomi un cartoncino bianco con la busta. Iniziai a scarabocchiare. Lo stracciai e presi dalla tasca i biglietti della pinacoteca. Sul retro le scrissi:

Quel bacio è stata una vera crudeltà... Non sarà facile dimenticarlo. Tuo Pigi.

Era tutto? No, non poteva esserlo. Aggiunsi un post scriptum.

Queste rose presto appassiranno, come i sentimenti che non vengono alimentati. Conservane una, un giorno capirai perché e sarai felice di averlo fatto...

Scrissi l'indirizzo, pagai e andai via. Era davvero finita.

Quell'illusione durò solo poche ore. Nel pomeriggio la suoneria del cellulare mi avvertì dell'arrivo di un messaggio.

«Sei un uomo dolce, grazie.»

Già, peccato che con te non basti...

Di fronte a Libeccio, nel suo studio.

«Perché le donne di cui m'innamoro non mi vogliono?»

«Perché tu sei... *troppo.*»

«Troppo?»

«Sì, troppo colto, troppo raffinato, troppo sensibile, troppo complicato, troppo innamorato, troppo sposato, troppo padre, troppo tutto. Loro hanno bisogno di semplicità. Quando t'innamori non riesci a nascondere te stesso e sei fregato. Le disorienti con qualcosa di troppo grande e impegnativo.»

«E questo le fa scappare?»

«Uomini come te vanno bene nei sogni, non nella vita reale. Le donne desiderano qualcuno che scriva poesie per loro, ma quando accade realmente si spaventano.»

«Anche Lea?»

«Anche Lea.»

«Mi ero illuso che con lei potesse essere diverso...»

«Le donne s'innamorano dei poeti, ma sposano i bancari.»

«Che devo fare?»

«Lea non ha avuto fiducia in te, devi dimenticarla. Lea è una persona ragionevole, devi dimenticarla. Ti ha evitato d'imbarcarti su un transatlantico di sofferenza. Ora devi ricomporre i cocci della tua vita. E per farlo devi innanzitutto dimenticarla.»

Proverbio: I consigli che non si pagano, non si ascoltano...

E Libeccio, da buon amico, da me non si è mai fatto pagare.

23
Oblivion

Un amore nuovo,
petali d'un fiore sbocciato d'inverno,
appassito con l'ultimo sole d'aprile.
Solitudine e note struggenti d'un tango
a piangere lacrime che non posso versare.

Domenica trascorsa ad ascoltare il ticchettio monotono della pioggia. Inutile leggere, inutile suonare, inutile pensare.

Passerà... aveva detto Lea. Dovevo solo aspettare.

Nel frattempo, intere e interminabili giornate di apatia totale.

Roberto mi chiamò per ricordarmi che il giorno dopo avevamo il concerto di beneficenza del Rotary. Mi chiese quanti inviti avevo piazzato. Manco uno.

«Dai! Datti da fare, è per una buona causa... Ci vediamo domani sera!»

Sempre in forma smagliante lui! Lo invidiavo. Presi i cartoncini dimenticati nel cassetto. *Omaggio ad Astor Piazzolla.* Seguiva il nome del gruppo musicale, che non conoscevo, l'elenco degli sponsor, l'ente patrocinante, le finalità benefiche dell'iniziativa. Sul retro, i brani in programma.

Che palle! Ci mancava solo questo! Un concerto di tanghi argentini! La Legge di Murphy colpiva ancora.

Naturalmente anche Alessandra ci si mise del suo.

«Non usciamo più... Ho bisogno anch'io di distrarmi... In questo periodo poi...»

Non avevo scampo.

Il mattino dopo elemosinai a qualche collega, Tedeschi incluso, l'acquisto dei biglietti. Mi assecondarono per amicizia. Il pomeriggio ero pronto al sacrificio.

Il tango non mi ha mai appassionato. Non conoscevo Piazzolla se non vagamente, e poi lo avevo sempre associato a Milva, che trovo abbastanza insopportabile. Arrivammo tardi come al solito. La sala era piena e gli organizzatori avevano già attaccato con gli interminabili discorsi di ringraziamento. Alessandra conquistò un posto vicino ai nostri amici. Io ne trovai uno dietro una colonna. Meglio così, se mai mi fossi addormentato non se ne sarebbe accorto nessuno.

Non mi addormentai. L'anima vibrò subito. Fu una rivelazione, impagabile come tutti i doni inaspettati. Brano dopo brano, accompagnato da quelle note struggenti e da un'esecuzione magistrale, raffinatissima, sprofondai nell'oblio. La mente vagava lontano, un viaggio interrotto solo dalla fine di ogni esecuzione, ma poi si ripartiva, pezzo dopo pezzo, fino all'ultimo, fino a *Oblivion*.

«L'abbiamo lasciato per ultimo», disse il pianista, portavoce del gruppo, al momento dei saluti finali, «perché è uno dei brani più belli della produzione sconfinata di Astor Piazzolla. Questa è una versione arrangiata da noi. Credo che al Maestro sarebbe piaciuta. Spero anche a voi. Grazie.»

Non vidi nulla in quelle note, se non me stesso. Un uomo che vagava solitario fra le stanze di una vita in cui si era smarrito. Tristezza, malinconia, ripetizione ossessiva della solitudine. Poi, inaspettata, s'innestò una melodia lieve, fresca. Ecco, era arrivata Lea. Solitudine e levità s'inseguirono a lungo, si cercarono, s'incontrarono, si persero.

Raccolsi il volto fra le mani.

Al termine del concerto scoprii che molti dei miei amici se n'erano già andati delusi. I pochi rimasti lo avevano fatto per buona creanza. Solo io ero entusiasta.

«Piergiorgio, il solito eccentrico...» commentò qualcuno.

Il giorno dopo andai da Feltrinelli per cercare qualche CD con le esecuzioni di quel gruppo. Niente. Dovetti accontentarmi di vecchie registrazioni dal vivo di Piazzolla. Andavano bene, ma non bastavano. Al reparto spartiti invece trovai solo una versione semplificata di qualche tango. C'era anche *Oblivion*, ma sfogliandola realizzai subito che non era ciò che volevo.

Chiamai Elio, magari poteva aiutarmi, era il suo ambiente. Gli raccontai la storia.

«Sì, conosco il maestro di piano, persona in gamba. Hai bisogno di qualcosa?»

«Ho bisogno d'incontrarlo.»

«Ci penso io. Ti chiamo appena posso.»

Elio non rimanda mai a domani. In serata mi chiamò: appuntamento per il pomeriggio successivo.

Fummo accolti in una bella casa, ambiente raffinato, caldo. Libri, tappeti, quadri d'epoca, due pianoforti, uno a coda e uno verticale, un enorme impianto stereo. Musica ovunque. Elio fece le presentazioni. Era un uomo anziano, corpulento ma dall'aspetto mite. Mi domandai come facesse a suonare con quelle mani enormi che si ritrovava. Fu molto gentile.

«Come posso aiutarla? Elio mi ha accennato qualcosa, ma non ho ben capito...»

Gli raccontai del concerto, di quella scoperta inaspettata, delle emozioni provate, del desiderio di riviverle, della ricerca infruttuosa nei negozi.

«Le chiedo due cose, se possibile. Se esiste un CD delle esecuzioni del suo gruppo, e una copia dello spartito dell'arrangiamento di *Oblivion.*»

«Solo *Oblivion*?»

«Solo *Oblivion*!»

«Perché?» chiese.

Non sapevo cosa rispondergli. Gli dissi semplicemente la verità.

«Perché l'altra sera mi ci sono specchiato dentro. Ho ascoltato e visto la mia anima... in questo momento.»

Lui mi guardò in silenzio.

«Era l'unica risposta che potevo accettare, la accontenterò. Torni qui domani a quest'ora.»

Il giorno dopo fui puntualissimo, e lui mantenne la parola.

«Non abbiamo ancora inciso nulla, ci stiamo lavorando. Ci vorrà ancora qualche mese, ma uscirà. Nel frattempo posso darle solo un acconto...»

Mi porse un CD.

«È la registrazione dal vivo dell'altra sera, solo di *Oblivion*. L'ho fatta pulire stamattina. Per il resto dovrà aspettare.»

E uno! Ero felice. Accolsi quel pezzo di plastica come fosse il dono più ricco.

Poi mi diede dei fogli di carta custoditi dentro una copertina di cartoncino. La partitura.

E due! Non sapevo come ringraziarlo. La aprii e iniziai a leggere. Era mia, quella musica era finalmente mia. Com'è che a noi uomini basta così poco per tornare bambini? Non vedevo l'ora di scartare quel nuovo giocattolo e impossessarmene, per sempre. Non vedevo l'ora di tornare a casa e suonare, ripercorrere il sentiero inaspettato doloroso e dolcissimo che avevo scoperto per caso qualche notte prima. Lui capì la mia gioia e il mio desiderio.

«Vuole provare?» disse indicandomi il pianoforte verticale. «Magari le do qualche dritta...»

Non me lo feci ripetere due volte. Mi sedetti e aprii il pianoforte. Un Krauss, splendido! Non ne avevo mai provato uno prima di allora.

«Credo che "oblivion" significhi dimenticanza. Quello stato dell'anima che ti porta a cancellare lentamente, impercettibilmente, i ricordi, qualcosa, qualcuno...»

Destino.

Sistemai lo spartito e mi concentrai. Attaccai d'impulso.

Difficile, molto difficile. Da studiare con attenzione. Riprovai, ma dovetti accontentarmi della melodia e un accenno di accompagnamento. Poi tutto venne spontaneo. Quella musica era già dentro di me, da sempre.

Quinta misura sol, sesta misura fa mi bemolle re do, settima mi bemolle, ottava re do si bemolle la bemolle, nona do, decima si bemolle la bemolle. Tutto sostenuto dall'incalzare della solitudine, armonia ripetitiva, ossessiva.

Sì, ero io. Ero proprio io che vagabondavo nella vita, sicuro di esserci e di andare da qualche parte, ma senza sapere dove. Solitudine e smarrimento.

Misura ventinove mi bemolle un'ottava sopra, do re, trenta mi bemolle re fa si bemolle la bemolle, trentuno sol re, trentadue do mi bemolle la bemolle sol...

Sì, era Lea. Nella mia vita, all'improvviso, inaspettata, era arrivata Lea... Note cristalline e lievi che si rincorrevano e illuminavano una giornata opaca, buia. Levità, luce.

Dimenticare... Come potevo ormai dimenticare? Quelle note erano la mia condanna a ricordare.

Ritornai sulla terra e sorrisi a quell'omone dal volto bonario che mi guardava pensoso.

«Non so come ringraziarla...»

«Non c'è bisogno di ringraziarmi, l'ho fatto con piacere. Siamo rimasti in pochi ad amare queste cose, e a capirle», disse stringendomi la mano sulla porta. Un attimo di silenzio, poi aggiunse: «Solo un consiglio, Alfonsi... Non si distrugga l'anima...»

Aveva capito.

24

Le *Memorie di Adriano*

Anche quel consiglio non lo avevo pagato e non lo seguii.

L'anima si struggeva e distruggeva qualunque cosa toccasse. L'apatia si era trasformata in insofferenza e tutti ne subivano le conseguenze, io per primo.

Alessandra e io non sapevamo che fare, da dove iniziare o se e come finirla. Eravamo disorientati da una situazione nuova, imprevista. Smarriti dall'altra persona che improvvisamente appariva diversa da quella che ci era sempre stata accanto.

Quando non sai che fare, ti rassegni all'unica cosa che ti viene spontanea: aspettare, tanto non costa nulla. Dai tempo al tempo, lasci scorrere i giorni in attesa che accada qualcosa, che si alzi nuovamente il vento, qualunque esso sia. Decidemmo di non decidere.

Purtroppo, è il sistema migliore per sbagliare. Quinto corollario alla Legge di Murphy: «Lasciate a se stesse, le cose tendono ad andare di male in peggio».

Alessandra aveva dato tempo a me. Io diedi tempo a Lea, sperando che qualcosa mutasse. Aspettavo e basta. Ingannavo le giornate con la mia solita ordinatissima vita e ingannavo me stesso.

Partita a tennis con Roberto ed Elio, come tutti i giovedì sera. Mai perdere le abitudini, buone o cattive che siano.

A tennis si gioca in due o in quattro. Noi da sempre giocavamo in tre.

A turno se eravamo stanchi, altrimenti due contro uno. Quell'ora era nostra, soltanto nostra, vietato l'accesso agli estranei!

Quella volta, dopo il match, ci eravamo accovacciati a riprendere fiato e bere il solito Gatorade.

«Allora! Si può sapere chi è questa femmina che ti sta facendo scoppiare la famiglia?» chiese Roberto a tradimento. Volée.

«Perché vuoi rovinarmi la serata?» Risposta di rovescio.

«Perché non ti abbiamo mai visto così!» Schiacciata di Elio.

«È una storia chiusa, inutile parlarne.»

Proprio non ne avevo voglia, nemmeno con i miei fratelli di sempre.

«Non è una storia chiusa e si vede! Sei intrattabile, e stasera hai giocato da schifo!»

Partita a tre, due contro uno.

«È tutto finito ragazzi. A che serve parlarne?»

«A casa come va?» incalzò Elio.

Non ebbi il coraggio di rispondere.

«Allora lo vedi che non è finita!» Affondo di Roberto.

«Ma che cazzo di discorsi sono! Non è mica una lampadina che si spegne pigiando l'interruttore!»

«Come si chiama?»

Ero nell'angolo.

« Lea, si chiama Lea... » mormorai.

Roberto sbiancò.

« Lea che sta per Léontine? » disse con un tono altrettanto pallido.

Accennai di sì con la testa.

« La conosci, vero? »

« Già, amici comuni... »

Si fermò. Poi riprese.

« Lasciala perdere Piero... Senti a tuo fratello, lasciala perdere. »

Ebbi l'impressione che ci fosse dell'altro e non riuscisse a dirlo. In ogni caso, il suo era un altro consiglio che ricevevo senza pagare, sapevo già che non lo avrei seguito.

Per quella sera, l'argomento si chiuse lì.

I giorni passarono più in fretta di quanto mi aspettassi, ma sempre meno di quanto desiderassi. Poi, quasi di sorpresa, arrivò anche il mio compleanno.

Alessandra fece di tutto per occultare il cadavere, quello dei rapporti tra noi due intendo, e mimetizzare lo stato di non belligeranza sul quale sembrava fossimo ormai in totale accordo. La solita sceneggiata del « Buon compleanno! », complice ignara Sveva. Pranzo con annessa la quindicesima Lacoste, che a primavera però non guasta mai.

Lasciamo che il tempo scorra, qualcosa accadrà.

Per tutto il giorno aspettai la telefonata di Lea. Arriverà? Si ricorderà? E se si ricorderà, avrà voglia di chiamarmi? O preferirà soffocare con un cuscino una tentazione delicata ormai fuori tempo massimo?

Desideravo quella telefonata di auguri come un unguento su una ferita.

L'unguento non serve a nulla, per le ferite infette ci vogliono gli antibiotici. Ma l'immediata sensazione di benessere che dà, il profumo che spande, l'immotivata speranza di guarigione... L'unguento è poesia.

E quella telefonata, alla fine, arrivò.

«Ciao Lea.»

«Ciao Pigi, come stai?»

«C'è una domanda di riserva?»

«Colpo basso... Volevo soltanto farti gli auguri.»

«Grazie, sei molto cara, temevo non chiamassi...»

«Mi consideri così crudele?»

«Sì.»

«Adesso crudele sei tu, e poi non ti ho mica cancellato dalla mia vita...»

«Hai ragione, perdonami, è un po' di tempo che lingua e cervello non sono ben collegati. Tu come stai?»

«Solita vita... Soliti vecchietti da assistere, solite amiche in crisi esistenziale, solito giardiniere che non viene mai.»

«T'invidio.»

«Per cosa?»

«Per la solita vita...»

«Come te lo passi questo compleanno?»

«Premesso che a quarantacinque anni c'è poco da festeggiare, premesso che a casa c'è poco da festeggiare, premesso che in istituto sono quasi tutti malati o in viaggio di nozze, mi sono offerto volontario per un turno di notte in clinica. Salva contemporaneamente le apparenze e la mia coscienza.»

«Mi dispiace, Pigi.»

«Non ci pensare. In fondo hai ragione tu, passerà.»
«Ti voglio bene...»
«Ti voglio bene...»
Fine della comunicazione.
Rimasi come un coglione con il cellulare in mano.
Dov'erano finite tutte le belle cose che volevo dirle? Le frasi a effetto, i colpi bassi, le delicatezze per farle capire che stavo male o che stavo bene e avevo superato tutto? Dov'erano finiti i mille pensieri che mi avevano affollato la mente e affogato il cuore? Dove!
Nowhere man, nowhere land, nowhere plans, for nobody... I Beatles avevano già detto tutto e questo era solo un vecchio film in bianco e nero che mi stavo vedendo per la dodicesima volta!
Ma io amo i vecchi film americani in bianco e nero, quelli con Cary Grant o Gary Cooper. Il giorno dopo la chiamai.
«Scusami per ieri. Come al solito mi comporto da cretino, ero impreparato...»
«Non ti preoccupare, lo capisco. Mi hai fatto molta tenerezza...»
Dolce e crudele come al solito. Gli altri uomini scatenano il desiderio, io solo un po' di tenerezza.
«Ascolta Lea, ho passato un compleanno veramente di merda! Non era quello che mi ero immaginato nelle ultime settimane! Mi aiuti a recuperare?»
«Come?»
«Vorrei festeggiare insieme a te.»
«Festeggiare cosa?»
Era andata in affanno, stava prendendo tempo.
«Festeggiare il mio compleanno, festeggiare e basta...»

«Pigi, non insistere, non c'è bisogno di aggiungere altro. Ciò che dovevamo dirci ce lo siamo già detto.»

«Per la verità hai fatto tutto tu, ma non è questo il punto. È che ieri è stato bello risentirti e vorrei rivederti... Almeno per questa volta.»

«Ok, ma soltanto perché è il tuo compleanno!»

Non doveva dirlo! Non in quel modo. Non con quel tono. Era pur sempre un'opera di carità che le chiedevo, ma non doveva dirmelo.

«Allora no! Se la metti così non mi va... Non è il regalo che volevo!»

«Hai ragione, scusami. Dai, ti aspetto alle nove!»

«Ok, alle nove.»

Per la seconda volta rimasi come uno scemo con il telefono in mano ad aspettare che il risparmio energetico spegnesse il display.

Era solo una volgare, lurida concessione... Non la volevo!

Volevo altro. Volevo il suo cuore. Volevo Lea! Ma non potevo averla, facevo soltanto tenerezza.

Rabbia e amarezza, desiderio e orgoglio, frustrazione e speranza. Tutto si confondeva in una sola, finale constatazione: mi era passata la voglia, non mi andava più, non a quelle condizioni!

Lavorai tutto il pomeriggio distratto e svogliato. Poi m'infilai in macchina e vagabondai un po', non mi andava di rientrare a casa. Passeggiare non potevo, pioveva, e poi magari mi veniva qualche altra stupida poesia. Decisi di ricorrere alla medicina di sempre, sigarette a parte: m'infrattai nella Libreria Laterza, rifugio sicuro. Servì a poco. Con l'anima divisa fra apatia e rabbia, quello che leggevo – i titoli dei libri, i risvolti, le quarte di copertina – mi scivolava sulle pupille ma non arrivava al cervello.

No! A queste condizioni no! Continuavo a ripetermi.

Meglio arrendersi! Presi il cellulare e le mandai un sms:

«Stasera non è proprio cosa. Scusami. A presto».

Invia. Colpo partito, effetto sconosciuto.

E se richiamava? No, non avevo voglia di parlare, discutere, spiegare. Spensi il cellulare e me ne tornai a casa.

Passai la serata al pianoforte. Rachmaninov, Concerto n. 2 opera 18, secondo movimento. Il pianoforte è unico, riesce realmente ad astrarmi, a svuotarmi la mente anche dai cattivi pensieri. Quella sera no, proprio non fu cosa. Desiderio, rabbia, smarrimento, tutto, dopo un po', riaffiorava.

Fui preso più volte dalla tentazione di riaccendere il cellulare per vedere se Lea avesse chiamato, ma riuscii a resistere.

In fondo Rachmaninov è un buon compagno, nella solitudine.

Il mattino dopo, però, scoprii che Lea non aveva chiamato, e io ero già pentito di quel colpo di testa. Non era servito a niente. Forse giusto a prendermi un vaffanculo.

Impiegai mezzo minuto a capire che mi ero comportato da cretino maleducato. Era stata solo una ripicca. La frittata era fatta e anche l'ultima occasione era forse irrimediabilmente perduta.

Ma le scuse, almeno quelle, gliele dovevo.

Verso le sette di sera passai dal suo studio e la chiamai sul cellulare.

«Vorrei scusarmi di persona... Sono qui sotto. Mi fai salire o mi mandi a pascolare?»

La immaginai sorridere.

«Sali...» disse.

La trovai con il camice ad aspettarmi sulla porta. Niente bacio sulla guancia, solo un cenno con la testa e con gli occhi: «Entra». In sala d'attesa c'erano ancora un paio di pazienti, che mi guardarono storto.

Era arrabbiata e non lo era. Era arrabbiata perché ero stato impulsivo e maleducato. Non lo era perché... le facevo tenerezza.

«Volevo scusarmi per ieri e farlo di persona. Sono stato uno stupido.»

«Sei solo un uomo... E per giunta Ariete!» Sfottere era più forte di lei. «Che ti ha preso?»

«La versione ufficiale è che ho avuto un sacco di problemi sul lavoro, stanchezza, discussioni a non finire a casa... La verità è che desideravo un regalo, un'altra serata con te, e non un'elemosina.»

«Ho sbagliato anch'io, ma non volevo ferirti...»

«Pace?»

«Pace!»

Si avvicinò.

«Adesso posso farti gli auguri, di persona.»

Mi diede un bacio molto casto sulla guancia.

«Buon compleanno Pigi!»

«Grazie Lea, sono gli auguri cui tenevo di più.»

Sorrise. Poi rovistò qualche istante tra le carte sulla scrivania disordinata e trovò un pacchetto dall'inconfondibile carta regalo marrone con disegni liberty: Libreria Laterza. La cura dei dettagli! Lea sapeva bene che per me faceva differenza se uno stesso libro proveniva dalla Laterza anziché da altre.

«Ti avevo preso un pensiero... Spero che tu non lo abbia già letto, e che ti piaccia.»

Lo scartai voracemente, perché era un libro ed era il regalo di Lea!

Memorie di Adriano,
Marguerite Yourcenar.

Ero sbalordito! Come poteva conoscere quel mio segreto?

«Sei davvero incredibile! Riesci sempre a fare centro!» le dissi.

«Non l'hai letto?»

«No, non l'ho letto, ma con questo libro ho maturato un rapporto strano. Sono vent'anni che ci giro attorno e non ho mai avuto il coraggio di comprarlo, non so perché. A ogni nuova edizione, in libreria, lo guardo, lo tocco, lo prendo con prudenza dallo scaffale, lo sfoglio, ne leggo qualche frase, la prefazione magari... Poi lo ripongo. Non ho mai avuto il coraggio di acquistarlo, non so perché.»

Lea ascoltava attenta come sempre, perplessa e forse divertita dalle mie eccentricità. Qualche attimo di silenzio.

«Temo di trovarvi qualcosa che avrei dovuto capire anni fa, adesso è troppo tardi. O forse vi troverò ciò che posso percepire solo oggi, ma è sempre troppo tardi. Lo leggerò e forse capirò il motivo delle mie paure. Grazie Lea, soltanto tu potevi regalarmelo.»

Era smarrita. Mi diede un bacio sulle labbra e la lasciai.

Quella notte non dormii, divorai le pagine.

Il divano, ormai mio abituale rifugio notturno, ospitò non un corpo stanco e un'anima solitaria, ma il desiderio inappagato di dare senso compiuto alla mia vita, una vita che improvvisamente sembrava la frase smozzicata scritta da un bambino di seconda elementare.

Ma cosa mai potevano avere in comune la vita di un vecchio imperatore romano al suo malinconico tramonto e quella di un medico del Ventunesimo secolo in crisi esistenziale? Lo percepii poco per volta, pagina dopo pagina, emozione dopo emozione.

Scoprii tre anime intrecciate in un unico groviglio, indissolubilmente umano, assolutamente mio.

Una era la figura dell'imperatore irraggiungibile, il guerriero incurante dello spettacolo del sangue, la guida illuminata, vittima sofferente del suo stesso destino. «...il quadro dei miei giorni come le regioni di montagna, composto da materiali diversi agglomerati alla rinfusa. Vi ravviso la mia natura, formata di parti eguali di natura e d'istinto...»

Un'altra, forse quella che più mi colpì, l'intellettuale raffinato, abbeveratosi a una fonte sublime quanto inestinguibile; l'ellenista, l'esteta, l'umile cultore della parola e del pensiero di cui godeva gli spazi sconfinati. «...i poeti ci trasportano in un mondo più vasto o più bello, più ardente o più dolce di quello che ci è dato; un mondo comunque diverso, e in pratica pressoché inabitabile.»

Infine l'uomo, vittima dell'amore, travolto dalle passioni dell'anima e della carne, «...questo strumento di muscoli, di sangue, di epidermide, questa rossa nube di cui l'anima è la folgore...», straziato dal dolore per il sacrificio del suo Antinoo, vinto dall'approssimarsi della morte, dall'ineluttabile condanna che lo avrebbe trasformato in polvere, che rende inutile ogni ragione di lotta, che trasforma la resa in un'ultima speranza di pace.

La vita, in fondo, è così dalla notte dei tempi, non c'è mai stato nulla di nuovo, solo l'intensità, solo il vestito.

Guardai l'orologio: quasi le sei del mattino. Ero sfibrato nel corpo e nella mente. Le *Memorie* mi avevano svuotato l'anima e riempito il cuore.

Sentii l'irrefrenabile bisogno di condividere quello stato emozionale semiallucinato. Dovevo dirglielo! Dovevo accarezzarla! Dovevo sentirla vicina, per un attimo ancora... Avrei voluto svegliarla e darle un bacio per ringraziarla della gioia, del tormento che mi aveva donato. Ma Lea non era rannicchiata accanto a me, era lontana, era altrove.

Desiderio incontrollabile. Accesi il cellulare: crea messaggio, ok.

«Notte insonne. Ho divorato le Memorie. È un capolavoro assoluto, forse il più bello... Grazie Lea. Un bacio.»

Cerca numero, Lea, invia, ok.

Mi alzai, aprii la finestra e uscii a respirare un po' d'aria gelida sperando che servisse a ritemprarmi. Accesi una sigaretta, la prima da ore, e ne aspirai una boccata profonda.

Il cielo, in lontananza, iniziava a schiudersi, le nuvole a tingersi del tenue colore dell'aurora. Continuavo a pensare a lei.

Silenziosa finisce la notte
l'abbandono del sogno si spegne,
riempie i miei occhi stanchi
e l'anima incosciente.
Non è che un istante.
Vedo l'orizzonte lontano albeggiare
e un desiderio notturno svanire.
Sento un canto sgorgare
dal cuore assonnato
e la gioia innocente
di questo fugace momento di pace
tornare a riempire i miei occhi.
Non è che un istante,
vedo l'aurora morire
nella luce accecante del nuovo mattino.

25
Addio Léontine...

Stranamente fu Lea a chiamarmi.

«Ti è piaciuto davvero?»

«Un capolavoro inaggettivabile, non so come ringraziarti...»

«Sono contenta, ma non ho nessun merito, è stato un colpo di fortuna, oppure, come dici tu...»

«...semplice attrazione molecolare!» terminai. Ridemmo insieme. Ritornai serio.

«Nella mia biblioteca c'è uno scaffale speciale, quello dei libri della vita. Sono quelli che ti capitano uno ogni due o tre anni, o anche più, e che per qualche motivo ti segnano, per sempre. Sono i libri dai quali non mi separerò mai, qualunque cosa accada. Devo averli vicino. Saranno una dozzina, stamattina ne ho aggiunto uno, forse il più bello...»

Le poesie sono brevi e quel momento delicato terminò lì.

Qualche istante di silenzio, utile se devi riprendere coraggio.

«Lea, l'altra sera è andata a puttane, ma visto che abbiamo fatto pace, me li concedi i tempi supplementari?»

«Certo Pigi, è bello trascorrere il tempo con te.»

Aveva impiegato qualche attimo in più del dovuto a rispondere, era stata sincera.

Io no! Forse inconsciamente, ma non ero stato sincero con lei! Se era vero che desideravo solo un regalo, un'altra – forse l'ultima? – serata con Lea, dopo aver incassato felice il suo sì trasformai quell'appuntamento nell'estremo tentativo di farle cambiare idea. L'ultima occasione per tentare, per provarle che ero innamorato di lei.

Era un comportamento egoista, a volte ci casco anch'io.

Come al solito, Lea fece decidere a me dove sbarcare la serata.

La Trattoria Zeuli è l'ultima vera trattoria di Bari. Vera fino a un certo punto. Vera lo era vent'anni fa, quando noi studenti ci andavamo a passare la serata e a mangiare un pasto completo a cinquemila lire; quando le vecchiette del circondario calavano i cestini con lo spago dai balconi e se li facevano riempire con qualcosa di caldo a buon mercato; quando l'aria a una certa ora diventava irrespirabile per il troppo fumo e gli odori della cucina. Oggi è un posto affollato di turisti e coppie in cerca di suggestioni d'altri tempi. Ma i tavolacci di legno e le tovaglie di carta di pane ci sono ancora, ti siedi dove capita, mangi tutto con le stesse posate, il cucinino nel retrobottega è sempre un cucinino e il padrone, che serve anche ai tavoli, se gli gira ti manda ancora a fare in culo. Per fortuna manca tutto il resto: il bagno per disabili, l'impianto di riciclo dell'aria, l'uscita di emergenza, i cartelli del vietato fumare, l'indicazione del responsabile delle emergenze con annessi numeri di Carabinieri, Vigili del Fuoco, Ambulanza... Maledetta Unione Europea!

Quella sera c'era ancora poca gente; ci sedemmo a un tavolo libero sotto lo sguardo protettivo di San Nicola. Il cameriere ci portò l'antipasto standard e sciorinò la solita lista dei primi e dei secondi scritta dietro il block notes per le ordinazioni. Sempre quella, da vent'anni. Non si capisce com'è che non l'ha ancora imparata a memoria.

«Non ho molta fame», disse Lea.

«Signora, prendi quello che vuoi, tanto paghi sempre lo stesso.»

Sottinteso: sbrigati che ho fretta! Lea capì l'antifona e ordinò tutto.

Di che parliamo? C'era un solo argomento che volevo affrontare, ma non sapevo da dove iniziare. In ogni caso, altre idee zero assoluto.

Fu Lea a togliermi dall'imbarazzo. Fu particolarmente loquace, divagò su tutto. Mi disse che era un bel po' di tempo che non tornava alla trattoria Zeuli, l'ultima volta ci era venuta con un'amica inglese che era rimasta entusiasta tanto del posto, così suggestivo, quanto dei maschi che le avevano abbordate; e mi raccontò anche di quell'altra amica che mi aveva portato «a titolo d'amicizia» per i suoi problemi d'infertilità: lei e il marito alla fine avevano deciso di avviare le pratiche per l'adozione; poi mi parlò di *Lei Così Amata*, il libro di Melania Mazzucco che stava leggendo e che, se fossi stato bravo, mi avrebbe prestato...

Parlava, parlava, parlava. Forse era solo paura del silenzio.

«Sei taciturno stasera...» disse a un certo punto.

«Giornata dura.»

«Il lavoro come va?»

«Molto bene direi. Abbiamo avviato un progetto di ricerca con l'Università di Grenoble.»

«Su cosa?»

«Cellule staminali embrionali. Sono il futuro, Lea. In realtà noi siamo molto indietro, dobbiamo recuperare, le staminali sono la vera speranza.»

Mi prese la mano.

«Parlamene...»

E io mi feci prendere dalla passione, dai sogni, dalle speranze. Lea mi guardava, attenta, paziente.

Come puoi perdere questa donna che ti sa ascoltare, che sa cosa ti appassiona, che ti prende la mano quando sei stanco? Come puoi perderla?

Come succede sempre da Zeuli, la privacy durò poco. Nei due posti liberi al nostro tavolo fecero sedere una coppia... strana. Be', diciamo interessante.

Lui cinquant'anni portati male, fisico robusto e appesantito, un tentativo mal riuscito di essere elegante, qualche accessorio d'oro massiccio di troppo. Lei non più di vent'anni, bionda, un pullover striminzito rosso fuoco, jeans sdruciti, un fisico statuario e soprattutto un seno da capogiro. Tutti e due con un accento bitontino da castrare qualunque possibilità di produzione ormonale, ma loro non ci facevano caso. Potevano essere padre e figlia, era evidente che non lo erano. In compenso erano imbarazzatissimi.

«Secondo te sono alla prima uscita?» le sussurrai all'orecchio.

Lea mi rispose di sì con la testa.

«Pensi che ce ne saranno delle altre?»

«Dipende da quanti Rolex ha lui nel cassetto e dalla provvista di Viagra in tasca...»

«Ci pensi che casino organizzare questo primo rendez-vous?»

«Appuntamento chissà dove, fuga lontano da Bitonto, ricerca di un posto sicuro dove imboscarsi...»

«Vedrai che qualcuno che li conosce e li sputtana lo beccano senz'altro!»

«Matematico, è la Legge di Murphy!»

Fummo particolarmente crudeli, ma ci divertimmo. Soprattutto creò molta complicità. Era quello che ci serviva.

Andammo via soddisfatti, salutando educatamente i nostri commensali. Non riuscii a trattenermi dal fare l'occhiolino al cinquantenne. Tutta la mia solidarietà!

Ci avviammo sulla salita del Fortino, fino al Caffè Sotto il Mare.

«Margarita?» le chiesi.

«Impari in fretta! Margarita!»

Bevemmo appoggiati al muretto affacciato sul mare, in silenzio, pensando a come trascorreva bene il tempo insieme. Vide il mio sguardo perso nella notte che vagava sul lungomare, le luci, il Borgo Murattiano semiaddormentato, il porto di San Giorgio in lontananza. Capì che non stavo più pensando soltanto a lei.

«Ami molto questa città...»

«Sì, la amo molto... L'ho scoperto tardi ed è un amore segreto che non ho confessato mai a nessuno...»

Come si fa a spiegare alla donna che ami che sei innamorato anche di un'altra? Eppure sentivo di doverle confermare quell'emozione nascosta che aveva intuito.

«Io sono molto borghese in questo. Stringo rapporti intimi con le cose, i luoghi, oltre che con le persone. Bari merita quest'amore. Fino a qualche anno fa mi stava stretta. La consideravo troppo piccola, provinciale, arida. Pensavo a Roma, Napoli, alle grandi università americane. Poi qualcosa è cambiato. Forse una mattina d'estate, quando vinto dall'insonnia decisi di farmi una passeggiata all'alba. A quell'ora in giro ci sono solo i pescatori e gli spazzini. Quella mattina capii che questa piccola città di provincia, del cui passato nessuno si rammenta e della quale a nessuno importa, per me aveva invece un grande valore. Un amore discreto, cresciuto in silenzio, lentamente, in molto tempo. Ho scoperto le strade, ho imparato a passeggiare col naso all'insù ammirando i palazzi dell'Ottocento e quelli liberty, meravigliosi e abbandonati, quei pochi scampati al saccheggio almeno. Le facce della gente che ti pare di conoscere da sempre, Bari Vecchia, il lungomare puro Piacentini, i negozi del centro, l'angolo di Rossetti dove ho trascorso migliaia di ore da ragazzo, i bar dove ancora oggi mi vado a stonare, il Petruzzelli che non c'è più, il Circolo della Vela, la Fiera del Levante a settembre, lo scirocco d'estate, il maestrale... Potrei continuare all'infinito, Lea. Questa città mi ha insegnato ad amare le piccole cose, quelle che contano...»

«Di nuovo quella strana luce che t'illumina gli occhi, la passione... Ci vorrebbe una poesia.»

Se non sfotteva non era contenta.

«Non sono un juke-box, e poi sull'argomento ha già detto tutto John Lennon.»

«Detto cosa?»

«*In my life!* Te la ricordi? *There are places I'll remember all my life. All these places have their moments, with lovers and friends...*»

Lea mi prese per mano e proseguì sussurrando: «*... but of all these friends and lovers, there is no one compares with you...*»

Tristezza sulle sue labbra, negli occhi.

Le scostai i capelli dal volto e terminai: «*... in my life I'll love you more*».

Mi sorrise, smarrita.

In my life I'll love you more...

Piazza Eroi del Mare. Eravamo nuovamente sotto casa sua. Era arrivato il momento che capita sempre, a ogni incontro, quando non sai più che dire e mancano solo i saluti e il bacio della buonanotte. Ora o mai più!

«Finisce qui la serata?» le chiesi.

«Perché, come altro potrebbe finire?»

«Non mi fai salire?»

«No Piergiorgio, no!»

«Continuo a non capire...»

«... e a non rassegnarti!»

«Appunto...»

«Allora devo dirti proprio tutto, anche ciò che non volevo...»

Si fermò un attimo, due, tre. Riprese fiato, ancora un attimo, due, tre. Il clima era cambiato, di botto. Tutta la serata era finita nel cassonetto dei rifiuti. Che diavolo doveva dirmi?

«Piero, io ti voglio bene, sei importante per me e non voglio perderti... Ma ho già vissuto questa situazione... È finita male, Pigi, malissimo! Non voglio ripeterla, non voglio rischiare! Finisce che il conto lo pago sempre io.»

«Ma io non voglio farti del male...»

Iniziò a piovigginare, ci riparammo sotto un balcone.

«Non capisci... Non capisci perché non sai...»

«Non so cosa?»

Ancora qualche interminabile attimo, poi sparò la bordata, caricata a dolore.

«Per due anni sono stata l'amante di Roberto, il tuo migliore amico...»

Si fermò, quasi spaventata da ciò che mi stava rivelando.

«L'ho conosciuto la stessa notte in cui ho chiacchierato la prima volta con te, a quella festa a Mola. Il destino sa essere crudele a volte. La mia vita poteva prendere due strade diverse, quella sera. Mi ha spinto su quella sbagliata... Ci siamo rivisti, frequentati di nascosto, poi è andata come è andata. Mi ha ingannato, mi ha fatto del male, troppo... Ho creduto in lui, mi sono data con passione. Ero innamorata e ho avuto solo promesse, parole. Voleva solo scopare... Un bastardo Piero! Non posso e non voglio dirti altro, ma se lo incontro mentre sono in macchina lo metto sotto!»

Il mondo mi crollò addosso. Era Lea! Io ed Elio avevamo sempre sospettato che Roberto avesse una relazione con una donna, ma lui non si era mai scucito di una virgola, a costo di farci incazzare. Quella donna esisteva davvero, era Lea. Ci eravamo immaginati di tutto: una venticinquenne, una signora della Bari bene, una giovane badante polacca... Tutte ma non Lea. Non la mia Lea!

Solo macerie intorno a me.

«Non sapevo nulla...»

«Be', almeno in questo è stato di parola. Non lo voglio più rivedere, non ci voglio pensare, mi fa stare male...»

«Perché devo pagare io il conto di altri? Perché pensi che con me sarebbe la stessa storia? Perché non lasci decidere a me se sei più importante tu o Roberto?»

«Sono certa che con te sarebbe diverso! Ma non potrebbe funzionare comunque.»

«Perché?»

«Ma lo capisci che per me dovresti rinunciare alle cose e alle persone cui tieni di più?»

Non l'avevo mai vista così accalorata. No, era solo rabbia.

«Per me dovresti rinunciare al tuo passato! Dovresti rinunciare a tua figlia! Dovresti rinunciare al tuo migliore amico! Non saresti mai mio, Pigi, e io finirei per essere un peso troppo grande per te. Non funzionerebbe, alla fine non saremmo felici e tutta questa sofferenza, desolatamente inutile...»

Mi prese la mano e la pose sulla sua guancia.

«Meglio finirla qui, prima che diventi troppo complicato, doloroso. Non me la sento...»

«Non fa una grinza Lea. Ma è tutto troppo razionale e non mi basta! Me lo devi dire chiaramente!»

«Cosa?»

«Che non mi ami! Che non sono l'uomo che desideri...»

Era l'ultimo, disperato, crudele, vigliacco, bastardo tentativo. Me ne pentii subito: non servì a nulla e la feci solo soffrire.

Soffrire, soffrire, soffrire...

Mi guardò a lungo negli occhi e per un attimo temette di non farcela, di non avere forza sufficiente per dirlo. Poi chiuse le palpebre e lo disse.

«Io non ti amo Piergiorgio...»

Abbassò il capo.

Soffrire, soffrire, soffrire...

Non c'era altro. Non poteva esserci nient'altro, se non il silenzio.

«Allora questo è un addio Lea.»

Mi guardò spaventata.

«Mi dispiace», continuai, «ma se è davvero così allora è meglio non vederci più... La storia di restare amici è una scemenza che va bene a diciotto anni, non per noi. O tutto o niente, Lea.»

«Come vuoi tu...» disse lei sottovoce, rassegnata.

«Mi conosco, resterei aggrappato a una speranza che non si realizzerà mai... Devo chiuderla subito questa cosa, mi costerà meno!»

Saggezza pura Piergiorgio! Saggezza pura. Peccato che fosse già troppo tardi.

«Se ci ripensi, conosci il mio numero. Per un po' non potrò fare a meno di aspettarti. Se ti verrà voglia d'incontrarmi, diciamo casualmente, sai dove trovarmi, il sabato alle dodici da Stoppani.»

Lea sorrise, triste. Ci guardammo negli occhi. Nei suoi vidi sofferenza, ma nessun ripensamento.

Solo allora mi ricordai di *Oblivion*. Aprii la tasca interna del Woolrich e presi il CD che mi aveva dato quel musicista dalle mani troppo grandi e dagli occhi troppo percettivi.

«Temevo che sarebbe finita così e ho pensato di portarti qualcosa che ti ricordi di me. È un brano che ho scoperto per caso. Ascoltalo qualche volta, forse ti aiuterà a capire...»

Le porsi il disco, lo accettò in silenzio.

«Ascoltalo stanotte Lea, qui dentro c'è la mia anima.»

«Lo farò... Anche per me sarà difficile dimenticarti...»

Le diedi un bacio sulle labbra.

Addio Léontine, è stato comunque bello sognare accanto a te.

Andai via, solo e smarrito. Non commisi l'errore di Orfeo, non mi voltai a guardarla, sapevo che Euridice non mi seguiva.

Lo scheletro inanimato del Petruzzelli, corso Cavour, il Circolo della Vela, le mie barche, il lungomare. Dopo poco mi ritrovai nella città vecchia. I vicoli erano deserti, almeno così mi parve. Vagabondai non so per quanto in compagnia del vento freddo notturno e qualche goccia di pioggia. Mi smarrii e ritrovai la strada. Pozze d'acqua sulle chianche bianche, panni stesi ai balconi e troppa sporcizia in bella mostra. All'improvviso sbucai in piazza Mercantile, inondata da ragazzi felici, musica, luci, cocktail di profumi femminili e odori di cucina. Presi qualcosa da bere. Sigaretta.

La Colonna Infame: salii i gradini e mi sdraiai per terra, sulla pietra fredda, appoggiato al leone di marmo che per secoli, immobile, aveva accolto i falliti.

E chiusi gli occhi.

Vento gelido d'aprile
che taglia l'anima.
Pioggia triste di primavera

mi riga il volto.
E il vagabondare stanco
del cuore
alla ricerca di un sogno
che non troverà più.

26
Castel del Monte

Uscii dall'Istituto alle tre. Avevo avuto esami quella mattina. La solita trafila che nel giro di pochi minuti ti entusiasma e ti annichilisce. Ti entusiasma quando incontri e ascolti ragazzi nel cui cuore arde la fiamma, la passione, la devozione alla scienza, quando vedi nei loro occhi la speranza del domani. E poi magari quello dopo è un caprone che passava di lì per caso, ma che in qualche modo diventerà medico lo stesso. Come Barile. Era la terza volta che me lo ritrovavo davanti; si era convinto che il 18 poteva guadagnarselo per usucapione. Ovviamente era stato l'ultimo. Cercava di prendermi per stanchezza.

«Professore... Il 18 me lo dia, me lo sono meritato!»

«Certo! Ma solo se faccio la somma delle domande cui hai risposto decentemente le tre volte che sei già venuto! E tutte le altre sbagliate dove le mettiamo?»

«Oggi sta col quarto storto professore, mi aiuti...»

«Barile non hai capito! Se ti lascio passare, con un solo 18 faccio contemporaneamente un danno a te, a me e all'umanità intera. A te perché t'illudo che potrai essere un buon medico, a me perché ne avrò il rimorso per tutta la vita e all'umanità perché alla fine farai danni! A botte di culo non si può andare avanti!»

Lo mandai via. Inutile, sarebbe ritornato comunque. Di uno come Barile non ti liberi facilmente.

Alle tre me ne fuggii. Non ce la facevo più. Non c'è niente di peggio che aver voglia di fare qualcosa e non poterla fare. Come quando vuoi fumare ed è vietato oppure desideri star solo e sei costretto a sopportare questo mondo e l'altro. Ti senti soffocare. Così mi sentivo quella mattina.

Avevo bisogno di nascondermi. Avevo bisogno di un rifugio.

Da bambino, nel giardino dei miei nonni, avevo un sacco di rifugi, uno per ogni occasione: paura, pianto, allegria, gioco. Da grande, me n'è rimasto uno solo: Castel del Monte.

Imboccai la statale verso Bitonto.

Una volta la chiamavano «la Strada della Rivoluzione», intendendo quella fascista, perché la terminarono in quattro e quattr'otto in occasione della visita del Duce a Bari. Oggi più asetticamente si chiama SS 98. Capannoni industriali, attività commerciali, svincoli da tutte le parti, camion in continuazione e tristi puttane nigeriane sotto il sole. Il mondo cambia, nessun rimpianto. L'ansia non passava, l'oppressione nemmeno. Dopo Ruvo imboccai la deviazione per Minervino Murge. Bastò poco per sentirmi di nuovo a casa. Dopo l'ultima curva uno spettacolo mozzafiato: un campo sterminato interamente ricoperto da papaveri rosso fuoco. Fermai la macchina e scesi. Erano tanti, milioni, tinteggiavano i prati prima che li ricoprissero le spighe mature. In lontananza, sul filo dell'orizzonte, c'era Castel del Monte, l'unica corona che abbia cinto la mia terra. Sempre lì, sempre vigile, sempre orgogliosa, a unire il cielo azzurro e la verde terra di Puglia. Da sempre, per sempre, un giuramento che non è mai stato infranto.

Forse è solo il retaggio dell'immaginario di un bambino, ma col passare del tempo mi sono convinto che il Castello ha qualcosa di magico, qualcosa che la miseria di noi uomini del Ventunesimo secolo non riesce a percepire o accettare: un luogo dove si concentra energia, forze cosmiche e telluriche insieme. La verità è che ogni volta che mi rifugio fra le sue mura sto bene. La mente si schiarisce, l'anima s'acquieta, riacquisto la capacità di ragionare e di sognare. Sento la forza di quelle otto torri ottagonali proteggermi, e il silenzio delle sale spoglie rasserenarmi.

Via vai di turisti tedeschi, sul piazzale una comitiva di bambini delle elementari che ascoltavano indisciplinati la giovane guida.

«Questo è un castello non castello: ha la forma di un castello, ma non la struttura. Non ha scuderie, cucine, segrete...»

Qualcuno cercava di scartare la sua merenda, qualcun altro spingeva un compagno.

«È una corona che domina la terra che Federico amava... Sapete perché è ottagonale?»

Ovviamente nessuno rispose.

«È un simbolo: per disegnare l'ottagono bisogna usare il cerchio e il quadrato, che nel Medioevo indicavano il Cielo e la Terra. L'ottagono rappresenta l'incontro fra loro...»

Le parole si persero tra le grida di due bambini che

iniziarono a picchiarsi. Mi venne da sorridere. Salii la scalinata ed entrai.

«Ciao Vincenzo...»

«Dottore Alfonsi, come state?»

«Io bene, e tu e tua moglie?»

«Benissimo!»

«La bambina?»

«Meglio di tutti!»

Vincenzo lavorava lì. La moglie era stata mia paziente ed entrambi mi erano rimasti molto affezionati. Vincenzo aveva un pregio impagabile: era il custode del Castello.

«Avete portato degli amici?» mi chiese.

«No, sono solo...»

«Ogni tanto vi prende la nostalgia...» disse ridendo.

«Ogni tanto...»

Attesi un attimo prima di chiederglielo.

«Mi apri sopra?»

«Dottore, lo sapete che non lo posso fare. È vietato! È pericoloso! Se succede qualcosa ci vado di mezzo io!»

Ma intanto stava già prendendo le chiavi.

«Ti prometto che è l'ultima volta, solo cinque minuti...»

«Come faccio a dirvi di no...»

Si era incamminato sulla scala a chiocciola.

Salire sul tetto delle torri di Castel del Monte è una fortuna che capita a pochi. E io sono un uomo fortunato!

Vincenzo sferragliò con la serratura e aprì.

«Vi aspetto qua?»

«Aspetta qua, cinque minuti... Fumati una sigaretta.»

«Dottore, state attento, non vi buttate abbasso...»

«Non ti preoccupare, almeno questa volta no.»

Non descriverò quello spettacolo mozzafiato, ineffabile. Certe emozioni si possono solo vivere, non leggere. E poi, a volte mi prendono delle botte di egoismo: ciò che provai lassù voglio che resti un mio segreto. Soltanto mio.

Ero sulla cima della torre ovest, il sole si accingeva a tramontare. Scavalcai i canali di raccolta delle acque piovane e mi avvicinai al basso parapetto. Vento violento sul volto, orizzonte terso, in lontananza il mare, cielo e terra dappertutto. Mi accovacciai e non potetti evitare di fare ciò che continuavo ostinatamente a fare da settimane: pensare a Lea.

Non ho mai smesso di pensare a Lea. Al modo in cui si tormentava i capelli quando le parlavo di cose che non ho mai capito se le piacevano veramente oppure no. Al modo fiero con cui camminava per strada. Al suo modo goffo di combattere con la borsa da Mary Poppins. Al sorriso ironico e ammiccante, complice di tante illusioni. Agli occhi ora tristi, ora allegri, ora curiosi, sempre con qualche ruga di troppo che un trucco appena accennato non nascondeva. Alla crudeltà delle sue battute che non riusciva a risparmiare mai. A come si lasciava accarezzare il seno. Alle poche ore dell'amore, tutte diverse. A quando mi prendeva per mano.

Non ho mai smesso, ma nulla è stato più come prima.

Sperare. Quante volte al mattino ho aperto la mia casella di posta elettronica sperando di trovare una sua mail. Nulla, solo spam, solo qualcuno che voleva vendermi Viagra a buon mercato, Rolex fasulli e qualche titolo sul Nasdaq che mi avrebbe reso ricco. Quante volte ho guardato il mio cellulare sperando di trovare un suo messaggio, un segnale, l'eco di un ripensamento. Nulla. Quante volte sono andato il sabato da Stoppani sperando che Lea passasse di lì *per caso*. Sono rimasto solo con il mio bicchiere. Quante volte, per strada, ho deviato dai miei percorsi per passare vicino al suo studio, o sotto casa sua. Solo qualche sigaretta in più, solo un po' d'inutile stanchezza. Quante volte ho cercato il suo volto per strada, incrociando soltanto sguardi perduti fra le luci delle vetrine di via Sparano. Quante volte ho desiderato chiamarla, fissando immobile il suo numero sul display, e non ho mai avuto la forza di pigiare quel tasto.

È stato inutile, tutto banalmente inutile. Mi consolavo pensando che faceva parte della convalescenza.

Passerà, aveva detto... Sì, ma quando?

Notti perse nei ricordi, ad ascoltare vecchie canzoni. A ripensare a ciò che inaspettatamente ho avuto e inaspettatamente ho perso. A sfibrarmi nel rivedere questo cortometraggio del mio cuore.

Troppo breve, è stato tutto troppo breve.

Sai perché sei infelice, Piergiorgio?

Non hai ancora imparato ad accettare il destino!

Incontrarla, amarla, perderla...

Parte Seconda

27
Ho ripreso a fumare

Primavera del 2005.

Erano trascorsi tre anni e di Lea non avevo più avuto alcuna notizia, neanche per caso o per errore. Una vera congiura del silenzio.

Avevo sempre continuato a pensare a lei. Naturalmente non con la stessa emozione, non con la stessa intensità. Per fortuna, perché altrimenti mi sarei trovato Libeccio dietro la porta con i suoi scherani.

Mi chiedevo: possibile che non la incontri mai per strada, in un bar o in un locale? Che non la intraveda nemmeno da lontano? Possibile che nessuno, proprio nessuno, mi parli mai di lei? Che fa, come sta? Vive ancora nella casa di piazza Eroi del Mare, con la sua grande vetrata e il pianoforte, non più scordato ma sempre malinconicamente abbandonato? Talvolta capitava qualcuno che la conosceva o l'aveva frequentata, ma non ho mai avuto il coraggio di chiedere esplicitamente di lei. Speravo che capitasse il discorso, ma non accadde mai. Una vera congiura del silenzio.

Il pensiero di Lea andò scemando col passare del tempo (ma senza mai scomparire del tutto). Fu come quell'unica volta in tutta la mia vita in cui riuscii a smettere di fumare. Uguale identico! Il fumo è una cosa irragionevole per un uomo di ragione come me, e medico per giunta! Ecco, anche Lea era ormai qualcosa d'irragionevole. Con le sigarette, dopo tanto tormento avevo maturato la consapevolezza che mi facevano un male del diavolo. Ebbene, avevo maturato la stessa consapevolezza anche nei confronti di Lea.

Sapevo di dover smettere di fumare. Sapevo di dover smettere di pensare a Lea.

Riguardo alle sigarette era solo la forza di farlo che mancava! E mancava anche per Lea.

All'epoca, mi ero sottoposto a una terapia di agopuntura; mi fu d'aiuto. Per Lea, ci fu Libeccio.

Ricordo che i primi giorni da non fumatore erano stati i più difficili, il tempo non passava mai, terribile! La sigaretta era un chiodo fisso. Ma poi mi abituai, mi rassegnai, e infine provai anche l'appagamento del successo: c'ero riuscito, ero riuscito davvero a non fumare più. Ma il desiderio, quello era rimasto, non c'era verso. Ogni volta che qualcuno si accendeva una sigaretta vicino a me, mi prendeva un'invidia profonda...

Allo stesso modo, quando facevo o vedevo qualcosa che mi ricordava Lea, morivo tra i ricordi e il desiderio inappagato. Il desiderio, quello è sempre rimasto.

Rimasi tre anni senza fumare. Poi ricominciai. E da allora non ho smesso più.

Quando pensavo di essermi finalmente rassegnato e di aver ritrovato un equilibrio, quando le ferite sembravano ormai quasi completamente rimarginate, quando insomma mi ero convinto che tutto fosse finito... tutto è ricominciato.

Raffaello mi aveva chiamato circa un mese prima. Era il presidente del mio Rotary. Un amico da tenersi stretti. Mio coetaneo, statura media, magro, mai impeccabile, nemmeno al Rotary. Aveva due qualità per me assolutamente invidiabili: un'eccellente capacità organizzativa e una capigliatura nerissima, neanche un filo di bianco. Dono di famiglia, diceva. Spirito libertario, idealista inguaribile, credo sia l'unico rotariano radicalmente, visceralmente anarchico al di sopra dell'equatore, e forse anche al di sotto.

« Voglio organizzare una tavola rotonda sul referendum sulla legge 40, procreazione assistita e cellule staminali. Fra un mese saremo in piena campagna referendaria », mi aveva detto al telefono. « Ho già contattato un giurista e un teologo, devo assicurare la par condicio. Mi serve la voce della scienza e non può essere che la tua. Ma non ti chiedo una relazione tecnica... Sai come la penso... Voglio la passione contro questa maialata di legge! »

Non ho mai avuto l'amore per la battaglia che aveva Raffaello (ecco la terza cosa che gli invidiavo!), ma non potevo sottrarmi. Aveva ragione, era una maialata.

Villa Romanazzi, Sala Europa, un sacco di bella gente, elegante, un po' snob. Ma era solo apparenza, i rotariani sono così: presi singolarmente sono persone splendide, in gruppo si trasformano e sembra si divertano a mostrare il volto antipatico che non hanno.

Raffaello era riuscito a organizzare la serata coinvolgendo anche altri club, e al di là dell'inno nazionale, dei saluti alle autorità presenti e di altri formalismi, me la spassai davvero. Ero in vena ed ero arrabbiato. Rotary o no, non mi risparmiai e non risparmiai nessuno.

«È una legge inutile, ingiusta, intollerante! Inutile perché la Scienza non si ferma. Magari continuerà nel Kuwait o a Portorico e non in Italia, ma non si ferma. Ingiusta perché penalizza i soggetti più deboli. Noi ricchi potremo sempre andare in Grecia o in Francia o in capo al mondo, se serve, per avere un figlio. Tutti gli altri saranno condannati all'infelicità. Intollerante perché impone una visione del mondo, della vita e della fede che non tutti condividono. Padre», dissi rivolgendomi direttamente all'illustre teologo che mi aveva preceduto, «mi batterò sempre per difendere il suo diritto a organizzare viaggi della speranza a Lourdes. Ma non può costringermi a parteciparvi! Io questa speranza non ce l'ho, e non può costringermi ad averla! Io credo nella Scienza, non può negarmi questo diritto!»

Non so quanto consenso abbia trovato, ma credo più di quanto pensassi e sperassi. In ogni caso, gli applausi alla fine del mio intervento sembrarono sinceri.

Tutti i salmi finiscono in gloria e anche quel match finì con un buffet. Qualche pacca sulle spalle, qualcuno mi disse che ero stato troppo duro, altri che non condividevano il mio intervento ma era comunque giusto dire pane al pane, altri ancora invece si congratularono apertamente: «Bravo! Sei della stessa razza del tuo Presidente!» E intanto, come gli altri, cercavo anch'io di guadagnarmi qualcosa di sufficientemente alcolico da mandar giù. Ero soddisfatto.

«Sei stato grande stasera...»

Sentii quella voce inaspettata giunta come al solito alle mie spalle, quella erre impercettibilmente imperfetta, e mi sentii morire.

Mi girai e la vidi. Rividi quel sorriso e mi smarrii.

«Ciao Lea...»

«Ciao Pigi...»

Era cambiata. Il fisico un po' appesantito, qualche nuova ruga attorno agli occhi, il volto più stanco. Non erano passati solo tre anni. Mi chiesi se le stessi dando anch'io quell'impressione. Ma fu solo un attimo. Poi mi specchiai di nuovo nei suoi occhi chiari, nel sorriso che per troppo poco tempo mi aveva consolato, nei suoi capelli d'un colore indefinito, che di sicuro continuava a torturare.

«Che sorpresa! Proprio non mi aspettavo di vederti...»

«Nemmeno io... Non sei cambiato per niente...»

«Ho un ritratto in soffitta che invecchia per i miei peccati...»

Solito intellettuale spocchioso. Cerca di recuperare!

«Come mai qui?» le chiesi.

«Mi ci hanno trascinato dei colleghi. Sto dando una mano al comitato promotore dei referendum. Abbiamo saputo di quest'iniziativa del Rotary e siamo venuti a vedere che aria butta da queste parti, siamo un po' preoccupati. Non pensavo ci fossi anche tu...»

«Perché, altrimenti non saresti venuta?»

Frena, Piero, frena!

Quando doveva affondare una stilettata, Lea non perdeva un secondo. Quando doveva dare una risposta sofferta, prendeva tempo. Passarono alcuni secondi prima che rispondesse.

«No, sarei venuta anche più volentieri...»

Buuummmm!

«Sono molto felice di rivederti, ho pensato molto a te in questi anni...» le dissi. Ma come cazzo mi è venuto, pensai subito dopo.

«Sono molto felice di rivederti, ho pensato molto a te in questi ultimi mesi...» rispose.

Più chiaro di così!

Non so cosa stesse accadendo intorno a noi, le duecento persone di prima erano scomparse. Non so se qualcuno stesse ascoltando i nostri discorsi, probabile, anzi molto probabile, ma non me ne fregava nulla. Sapevo solo che avevo ritrovato Lea e mi stava lanciando il mayday!

O glielo chiedi adesso, oppure la saluti e te ne vai... E dovrai anche cancellare il suo numero dalla rubrica del telefono, pensai.

Glielo chiesi senza pensarci due volte.

«Perché non ci vediamo una sera di queste e ci raccontiamo gli ultimi tre anni?»

«Chiamami quando vuoi...» rispose. Nessuna esitazione.

Mi prese la mano, si avvicinò e mi diede un bacio sulla guancia per salutarmi. Mentre godevo di quell'attimo le carezzai le dita; solo allora mi accorsi che aveva un anello di troppo.

«Ma ti sei sposata!»

Non so cosa si leggesse sul mio volto; se lo avessi saputo probabilmente me ne sarei vergognato.

«Poi ti racconto, e forse devi raccontarmi qualcosa anche tu...» aggiunse indicando il mio anulare senza più la vera.

Pausa.

«Chiamami quando vuoi...» disse infine.

Un attimo dopo scomparve tra la gente. Figura eterea, lieve.

28
Mi mancavi...

Rimasi giorni a pensare se chiamarla o non chiamarla. In quegli ultimi anni avevo imparato anch'io a ragionare sulle cose (Libeccio era servito), a non farle più d'istinto. L'impulso psicomotorio aveva prodotto troppi danni e alla fine anche un adulto immaturo di quarantotto anni impara a far tesoro dell'esperienza.

Rimasi giorni a pensare se chiamarla o non chiamarla, a ricercare il suo numero sulla rubrica del cellulare senza avere il coraggio di pigiare il tasto verde.

Da un lato il terrore di riaprire un libro che speravo addirittura di aver smarrito, dall'altro... la voglia di riprendere a fumare. Ma sì, che vuoi che sia una sigaretta, ormai ne sei uscito, sei forte... Puttanate. Volevo solo assecondare un desiderio che non avevo mai perduto: Lea. E poi c'era la curiosità di ascoltare la sua storia. Sposata? E con chi? Da quando? Perché?

Passarono i giorni, e ovviamente alla fine fu Lea a togliermi dalle ambasce.

Sentii la suoneria del cellulare. 1 messaggio ricevuto.

«Manifestazione antireferendaria al Palace: ci mischiamo alla folla nera dell'Opus?»

«Con te anche in capo al mondo...» risposi. Ma rischiavo solo di staccare un biglietto per l'Inferno.

Hotel Palace, un'istituzione per Bari. La Sala degli Specchi era gremita. C'era la gente che mi aspettavo di trovare, tra cui una decina di baroni dell'università che mi sbirciarono perplessi, molte signore della Bari bene e, in verità, tanta altra gente normale. Di tutta quell'umanità non me ne fregava niente, del referendum non m'importava nulla. Ero lì solo per Lea, solo per rivederla ancora e stare di nuovo un po' con lei.

Arrivò trafelata con un po' di ritardo rispetto all'appuntamento. Strano, era sempre stata puntuale.

«Scusami... Sai, la baby sitter...» disse lasciando lo spolverino al guardaroba.

La baby sitter! Sposata e con prole! Il mistero s'infittiva. Ma feci finta di niente, meglio rimandare a dopo.

Non prestò attenzione a me, solo alla sala e a tutta quella gente.

«Temo che andrà male, Pigi.»

«Il referendum?»

«Non passa, la gente non ha capito.»

«Forse è anche colpa nostra, troppi quesiti, troppo complicati.»

«E non andrà a votare...»

Vidi per la prima volta Lea sotto una luce nuova: la donna che esprimeva levità si era trasformata in una *pasionaria*.

Posti a sedere manco a parlarne. Ci appoggiammo alla parete in fondo alla sala, vicini a una via di fuga. Ci sentivamo degli intrusi troppo curiosi. La complicità fra noi due rinacque subito: commenti salaci, appena sussurrati, su certe affermazioni degli oratori e sull'eccessivo entusiasmo degli astanti. Incrociammo perplessi lo sguardo in diverse occasioni, sorridendo scettici. Poi Lea si appoggiò al mio braccio.

«Scusami, ma i tacchi stancano...»

Ebbi un brivido. Fu dolce risentirla vicino, il contatto fisico, l'intimità...

«Quando vuoi andiamo», disse dopo un po'.

Eravamo già stufi. Ci trattenemmo ancora qualche minuto per ascoltare il discorso dell'ultimo oratore, ma fu una cosa mortale. Uno sguardo, c'intendemmo al volo, guadagnammo l'uscita.

L'aria delle sere di maggio, a Bari, è impagabile e la apprezzai ancora di più non appena abbandonammo il cocktail di profumi troppo intensi che impregnava la sala. Mi ricordai di una notte di primavera, sei anni prima, al Circolo della Vela. Quanto tempo era passato, quante cose cambiate, solo il profumo nell'aria era rimasto lo stesso. E c'era di nuovo Lea.

«Happy hour?» le chiesi.

«Happy hour!» rispose.

Imboccammo corso Vittorio Emanuele, salutai educatamente la statua di Niccolò Piccinni e ci avviammo verso uno dei tanti locali della zona. Fu Lea a guidarmi, era proprio cambiata. Scelse il più discreto e defilato. Elementare Watson!

«Allora? Com'è che ti trovi in mezzo a questa storia del referendum?»

«Più per caso che per scelta, mi ha coinvolto la mia amica Bianca tempo fa. È medico anche lei, ma da anni fa politica. In verità è troppo a sinistra per i miei gusti e ci appiccichiamo sempre. Su questo fronte però ci siamo intese. Ho iniziato a lavorarci anch'io, ho scoperto che mi piaceva ed eccomi qua...»

Fine dell'introduzione rompighiaccio. Ci guardammo negli occhi.

«Inizi tu o inizio io?» le chiesi.

«A fare cosa?»

«A raccontare! Non siamo qui per questo?»

«Attacca tu», concluse.

Cosa dovevo dirle? E cosa no? Che era stata dura? Che era durata troppo e forse non era davvero passata? Che speravo di non rivederla mai più e ogni giorno morivo nella speranza d'incontrarla ancora? No, meglio tacere. Da bambini c'insegnano a non dire le bugie, da grandi impariamo a non dire la verità.

«Dopo quella sera sotto casa tua... ho accettato un incarico a Grenoble e mi sono trasferito là per un anno.»

«E com'è andata?»

«È stato bello ed è stato brutto. Bello sotto l'aspetto professionale, brutto sotto quello personale. Non mi sono mai abituato a quella città troppo grigia e fredda.»

Non divagare, sputa l'osso.

«No, la verità è che mi sentivo un disadattato. Senso di solitudine... Colleghi splendidi, mi hanno introdotto dappertutto e coccolato come meglio hanno potuto. Ma la solitudine non se n'andava...»

«Donne?»

«Ho avuto una breve relazione con una collega, Sophie. O meglio, lei l'ha avuta con me, non c'era emozione... Sano sesso, eccellenti bevute di borgogna, ma non c'era emozione ed è finita quando sono rientrato.»

«E tua moglie?»

«Con Alessandra è finita appena sono rientrato. Non c'è voluto molto a capirlo, d'altra parte era già nelle cose da tempo. L'anno di assenza ha dato solo la mazzata finale e non abbiamo dovuto far altro che prenderne atto. Fra noi non era rimasto più nulla se non i ricordi. La candela si era spenta, lo stoppino troppo bagnato per riaccenderlo. Insistere sarebbe stato stupido. La cosa simpatica è che andiamo molto più d'accordo adesso che prima... Qualche volta mi accompagna anche al Rotary.»

«Sveva come l'ha presa?»

«All'inizio male, non mi ha perdonato di averla lasciata. Eravamo troppo legati, le avevo dedicato troppo tempo. Per lei è stato un tradimento. Ma in questo devo essere grato ad Alessandra, ha lavorato bene e le ha fatto superare il disagio. E poi Sveva era già grande, ha capito e si è adattata. Forse questa vicenda le è stata utile, le ha consentito di spiccare il volo, adesso inizia davvero a vivere la sua vita.»

«E tu?»

«Io sono quello che non si è adattato, non subito almeno.»

«Non avevo dubbi!»

Fra noi si fece il silenzio.

«Dove vivi adesso?»

«San Vito, nella vecchia abbazia. Elio mi ha dato il suo mini appartamento da scapolo. Per me è perfetto: l'abbazia è bellissima, la casa confortevole anche se troppo fredda, ho il mare a venti metri e tutta la pace di cui ho bisogno. Un posto romantico... le donne che ci porto restano tutte affascinate.» Stronzo!

«Come vedi ho seguito il tuo consiglio e messo ordine nella mia vita tanto ordinata.»

«Non ti ci vedo a vivere da solo.»

«In fondo non è male. Solitudine a parte, sto bene. La sera ceno quando ne ho voglia, posso stendere i piedi sul divano, nessuno si arrabbia per il disordine e il fine settimana sono libero di non farmi la barba...»

Lea capì, non sono mai stato bravo a mentire.

«Adesso, però, tocca a te...» le dissi dopo un attimo di silenzio.

«Dopo quella sera sotto casa mia... ho vagabondato molto, senza concludere nulla. La mia giornata era sempre quella di prima e non era più la stessa. La sera mi pesava sempre di più tornare a casa e trovarla vuota, solo la luce dell'ingresso malinconicamente accesa. Ogni tanto qualche maschio nuovo nel mio letto, ma, come dici tu, nessuna emozione. Mi sono convinta che dovevo mettere anch'io un po' d'ordine...»

«E hai acchiappato il primo disponibile...»

«No, non è andata esattamente così. Ho conosciuto Camillo l'estate successiva alla fine della nostra storia. Classica situazione galeotta: villaggio turistico sul Mar Rosso, sole e mare, le notti brave, gli ormoni che richiedono il loro prezzo. Ci siamo piaciuti, ce la siamo spassata, sembrava un'altra storia nata per non durare, e invece...»

«E invece è andata bene!» conclusi.

«La verità è che ha ragione la mia amica Bianca. Dopo i quarant'anni, per noi donne gli uomini sono come i posti auto in centro: o sono tutti occupati, oppure, se sono liberi, sono per handicappati. Ma mi hanno avvisata tardi.»

Pausa, occhi che esploravano il pavimento.

«No, scusami, sto esagerando. Camillo è uno tosto.»

Moto d'orgoglio, tardivo e fasullo.

«Che tipo è?»

«È più giovane di me di quattro anni. Manager in una società telefonica, un uomo forte, come piacciono a me... A letto è imbattibile!»

«Be', rispetto a me non ci vuole molto...»

«Stupido.»

«E per il resto?»

«Troppi viaggi di lavoro, troppo calcio, troppo Nasdaq, troppo computer portatile e telefonini che squillano in continuazione. Probabilmente anche qualche scappatella *en passant*, carne fresca...»

Perché mi stava sciorinando quelle parole dolorose? Perché non mentiva un po' e mi raccontava che era felice e realizzata? Cosa potevo darle che non le avessi già offerto?

«Non voglio sembrare irriconoscente, Camillo mi copre di regali e attenzioni, ma non è l'orologio di Cartier che m'interessa. Mi manca qualcosa...»

«Lo ami?»

La gelosia per quell'uomo mi stava divorando e volevo vendicarmi. Lea tacque il tempo necessario a riconoscere la verità e confessarla, a se stessa innanzitutto.

«Non è l'uomo della mia vita...»

«Perché l'hai sposato?»

«È stata la follia di un'estate. Doveva finire lì, e invece è proseguita in autunno. Poi, inaspettatamente, è arrivata Eleonora.»

«Be', è quello che volevi, Eleonora ti ha resa felice!»

«Sì, ora c'è lei. Ha due anni e i capelli rossi come i miei. Ora è lei la mia vita. Il resto non conta.»

Pagai e andammo via.

«Devo scappare Pigi, si è fatto tardi. Se non corro a casa anche questa baby sitter mi molla!»

Mi diede un bacio.

Restai a guardarla mentre si allontanava.

«Perché mi hai cercato, Lea?» le gridai.

Si voltò. Attese qualche secondo. Scrollò le spalle.

«Mi mancavi...»

29
L'abbazia di San Vito

Non pensare a Lea! Imperativo categorico, Immanuel Kant.

Secondo Platone, l'anima si divide in tre parti: l'anima razionale, l'anima emotiva e l'anima concupiscente. Di Lea ne avevo avute soltanto due, quella razionale e quella concupiscente. Rischiavo di beccarmi l'emotiva, la più pericolosa. Dovevo fare attenzione, e molta. Adesso toccava a me usare la ragione come aveva fatto lei tre anni prima.

Solo filosofia, niente passione, niente ormoni. Che stupidaggine! Come si fa a ragionare sull'amore? Non ero un filosofo io, non ero uno stoico e nemmeno un cinico. La Critica della Ragion Pura non l'ho mai capita e tanto meno quella della Ragion Pratica! Sono sempre stato solo un comunissimo, banalissimo uomo.

Devi imparare ad accettare il destino, mi ero detto un giorno. Bene, allora lascia fare a lui, lascia che le cose seguano il loro corso.

Così feci e aspettai.

Arrivò il giorno del referendum e fu la *débâcle*. La scarsa partecipazione al voto si delineò già dalla domenica sera e alla fine non rimase che registrare la conclusione di una sconfitta annunciata.

Per lavorare a qualcosa di serio dovrò davvero trasferirmi a Grenoble, pensai. La cosa finì lì, non le diedi peso più di tanto e, come mi capitava da tempo, lasciai scorrere le gocce di pioggia sulla mia pelle ormai insensibile. Panta rei.

Avevo terminato in istituto, stavo per sbaraccare, quando squillò il telefono.

«Hai sentito i risultati?» mi chiese la sua voce dalla erre impercettibilmente imperfetta.

«È andata come doveva andare, c'era da aspettarselo.»

«Ho bisogno di una spalla su cui piangere...»

«La mia è sempre disponibile.»

Silenzio dall'altra parte.

«Sto andando a casa, se ti va puoi raggiungermi...» dissi.

Ma non avevamo detto di lasciar fare al destino?

«Un bacio...»

Sempre la stessa canzone: né sì né no, soltanto un bacio...

Fra i viali del Policlinico mi ricordai che non avevo ancora sentito Sveva. La chiamai.

«Ciao papy.»

«Ciao amore! Come stai?»

«Tutto ok! Sto uscendo, sto andando a provare gli ultimi pezzi che meritano un ritocco.»

«La solita perfezionista, Capricorno.»

«No, è che siamo tutti un po' eccitati. Sai, fino a oggi abbiamo suonato in feste private e roba da ragazzi. Questo contratto è la prima cosa seria che ci capita e non vogliamo toppare!»

«Quando iniziate?»

«La settimana prossima. Ci vieni a sentire?»

«Avevi qualche dubbio?»

«Un bacio...»

«Un bacio... Però vengo in incognito!»

«Sei uno stupido!»

Chiamai anche Alessandra. Da quando ci eravamo lasciati i nostri rapporti erano migliorati, finalmente riuscivamo a parlarci e soprattutto ad ascoltarci. Aveva subìto la sindrome dell'abbandono. Anche per lei era stata dura e io ne avevo sofferto. Vent'anni insieme non si buttano nella spazzatura. Così avevo scoperto che, a modo mio, le volevo bene. L'emergenza e la solitudine le avevano fatto trovare energie insospettate e un po' per volta eravamo tornati a essere amici.

Sveva era la nostra prima preoccupazione. Era diventata grande, aveva abbandonato il nido forse anche grazie alla spinta malaccorta che le avevamo dato. Ormai volava, ma sempre nei dintorni; la rassicurava sapere che continuavamo a tenerla d'occhio, con discrezione.

In fondo, avevamo fatto un buon lavoro.

Andavo spesso da loro, talvolta la domenica a pranzo o di sera in settimana, e ogni volta continuavo a meravigliarmi di come eravamo stati incapaci di badare a noi stessi, quando invece sarebbe bastato così poco.

Rientrai a San Vito. Surrogato di casa. Doccia. Bicicletta. Spesa per una cena arrangiata. Passeggiata sul mare con Mohilof.

Ormai era quasi buio, solo le luci dei lampioni e delle poche insegne della zona a rischiarare la sera.

Pedalavo con calma assaporando il profumo salmastro dell'aria, osservando il vecchio edificio dell'abbazia seminascosto dalla penombra. Per strada nessuno, alla mia destra il mare, alla mia sinistra Mohilof mi seguiva trotterellando. Era l'ora in cui mi dedicavo a lui – lo sapeva ed era felice.

In lontananza vidi parcheggiare la Ka gialla, quella almeno era rimasta la stessa. Lea scese, mi sorrise e aspettò che la raggiungessi.

«Ciao Lea...»

«Ciao Pigi...»

«Ero sicuro che non saresti venuta», dissi smontando dalla bicicletta.

«So che ami le sorprese...»

Mohilof si avvicinò per annusarla.

«E lui chi è?»

«Lui è Mohilof, il mio compagno.»

«E che razza di nome è?»

«Era il cane del Duca d'Enghien, una vecchia storia dei tempi di Napoleone, una di quelle cose romantiche che piacciono a me... Troppo complicato raccontarla.»

Rideva. Fu bello tornare a vedere quell'espressione nei suoi occhi.

«Non sei cambiato Pigi, strano eri e strano sei rimasto...»

Fu il mio turno di sorridere.

«Saluta, Mohilof!» e lui abbaiò. «È un animale di

un'intelligenza superiore, di un'affettuosità incredibile.»

«È qui che abiti?»

«Già. Vieni, ti faccio strada.»

Smanettai con la serratura del portone ed entrammo nel grande cortile interno.

«Era un vecchio convento dismesso dai monaci molto tempo fa, la parte più antica risale al Ventesimo secolo, credo. Ne hanno ristrutturato le celle e ora sono tutti miniappartamenti.»

«Non ti ci vedo nei panni dell'asceta!»

Sfotteva, come un tempo.

«A modo mio un po' lo sono...»

La guidai per le scale antiche, levigate da secoli di passi silenziosi. Attraversammo il lungo corridoio a cielo aperto dalle pareti intonacate di bianco sul quale si affacciavano le celle dei frati e giungemmo sul terrazzo dove si apriva la porta del mio appartamento. Intravidi lo sguardo di Lea disorientato per quell'inaspettata dimora.

«Ci sono i fantasmi?» chiese.

«Sì, quelli della verginità che Elio ha fatto perdere alle sue donne quando le portava qui...»

Aprii l'uscio, Mohilof s'infilò per primo.

«E come mai ci vivi tu adesso?»

«Argomento triste. Dopo la separazione hanno cercato tutti di darmi una mano. Elio mi ha dato l'appartamento, non gli serviva più visto che nel frattempo si era sposato e io avevo bisogno di un tetto a buon mercato. Roberto ha spostato Rapsodia dal Circolo della Vela al porto di Polignano, gli tengo in efficienza la barca e so come ingannare il tempo nel fine settimana. Linda mi ha prestato la sua colf. I più carini sono stati

Giorgio e Giulia, i figli di Roberto e Linda: mi hanno regalato Mohilof.»

«Teneri...»

«Molto teneri... Una sera sono venuti a trovarmi e mi hanno portato un batuffolo di peli. Zio Piero, lui ti terrà compagnia, mi ha detto Giulia. E Giorgio, che è tutto precisino, ha subito aggiunto che è un cane di razza. Un Golden Retriever!»

«Ti sei sistemato bene!»

«C'era già tutto. Mi sono portato solo il pianoforte e i miei "libri per la vita".»

Era un racconto triste, lo commentammo col silenzio.

Lea mi prese la mano.

«E sei felice?»

Non dimenticherò mai quello sguardo.

«No! E tu?»

«No, nemmeno io...»

Non dimenticherò mai quello sguardo.

La sua bocca nella mia, la mia nella sua, le mani frugavano il corpo, il desiderio si era mutato nuovamente in passione. Il tempo non era passato... Le accarezzai il seno che tanto avevo desiderato, sentii l'eccitazione crescere, in lei, in me. Ci accolse il divano, la camera da letto era sempre troppo lontana. Nudi, l'uno di fronte all'altra, iniziammo a esplorarci, a coprirci di nuovi baci. Lea, sensibilissima al seno, non chiedeva altro che glielo carezzassi e baciassi, con delicatezza, con rudezza. Io non chiedevo altro che vederla gemere. Le accarezzai il pube, lei docile mi accolse, si lasciò masturbare, e quando fummo pronti entrai in lei. Durò poco quell'amplesso, troppo poco, troppo eccitati. L'amore è un fatto di testa e noi, la testa, l'avevamo persa, tutti e due...

No, il tempo non era passato.

Lea era rannicchiata sul divano, con indosso soltanto un camicione rosa di cotone. Mi guardava.

«Pensi che ci accetteranno nel Guinness dei primati?» le chiesi accendendomi una sigaretta.

«Per quale record?»

«Collezionisti di cazzate!»

«Penso proprio di sì...»

Visto che avevamo fatto trenta, facemmo trentuno. Le proposi spaghetti all'assassina con annessa bottiglia di primitivo di Manduria. Grizabella, gattina peccaminosa, accettò sorniona.

Ma fu una serata triste che il vino rosso del Salento non riuscì a narcotizzare. Fra noi il fantasma della sterilità di ciò che stavamo facendo, dell'inutilità di un peccato di cui, presto, avremmo pagato il conto.

Ero pentito e lo era anche Lea. Ero arrabbiato, Lea no.

Ma come t'è venuto? Hai impiegato tanto tempo per uscirne e adesso ti rimetti a fumare! E per giunta in un locale pubblico con tanto di cartello i trasgressori saranno puniti con l'arresto immediato...

È sposata Piero! Ha una figlia ormai! Non è stata tua allora, non potrà esserlo adesso! Quanto t'è costato dimenticarla? E quanta fatica ti costerà oggi sgottare di questa barca che fa acqua da tutte le parti?

Non riuscivo a perdonarmi il fatto di essermi lasciato andare, di non aver avuto la forza di resistere, e soprattutto di averlo desiderato. Purtroppo la banale verità era solo quella: l'avevo desiderato. Tutte le menate sul destino, sul lasciare scorrere gli eventi. Volevo Lea, per un'ultima volta volevo ancora Lea! Nessuna speranza per il futuro, solo la certezza di dover ricominciare tutto daccapo.

Ma che t'importa, pur di averla ancora per un po'...

Ciò che non capivo erano le sue motivazioni. Io sono uno stupido, lo so. Ma Lea è un Capricorno! Cosa voleva da me ora che non poteva prendere più nulla? Non capivo. Ma era bello... Era bello averla di nuovo vicino.

La perderai fra qualche settimana, forse fra qualche giorno, forse già stasera!

No, la rivedrò ancora; per poco, ma la rivedrò ancora... Un'ultima boccata, poi basta!

Sono un uomo ragionevole io, e anche un medico apprezzato, ma fumo lo stesso quaranta sigarette al giorno.

Scendemmo le scale in silenzio. Mohilof mi seguì docile. L'aria era mite, densa dell'afrore dell'estate. Oltre la strada, il mare. La accompagnai alla Ka gialla.

«Dolce notte...» mi disse con un bacio sulla guancia, come ai vecchi tempi.

La guardai a lungo.

«Perché sei venuta Lea?»

Attese qualche secondo. Scrollò le spalle.

«Ti desideravo...»

30
La «Boîte à Musique»

Fui io a richiamarla, qualche giorno dopo. Ero convinto che non avrebbe accettato. Accettò.

«Puoi liberarti stasera?»

«Potrei.»

«Riformulo la domanda. Vuoi liberarti stasera?»

«Vorrei, che si fa?»

«Musica. C'è un gruppo di ragazzi, mi dicono molto bravi, che si esibisce alla Boîte à Musique. Sai quel locale dove fanno serate jazz... Conosco la cantante, mi ha invitato lei, non posso sottrarmi. Mi tieni compagnia?»

«Chi sono?»

«Giorgia & Little Box Swing Band.»

Pausa di riflessione.

«Non è che io possa farmi vedere troppo in giro con te...»

«Dai! È un posto alternativo, non c'è gente del nostro ambiente!»

Mi stavo comportando da egoista. Dovevo proteggerla e non lo facevo. Anzi, mi scoprii compiaciuto dall'idea che qualcuno potesse vedermi con lei. Gli uomini, che mascalzoni!

«Ok, ma ci vediamo direttamente dentro...»
«Ricevuto!»

Arrivammo contemporaneamente e c'incontrammo fuori.

Sulla porta d'ingresso spiccava un'appariscente locandina: *Giorgia & Little Box Swing Band*, con le date delle serate e il programma. Cosa non fanno con il computer i ragazzi di oggi! Scendemmo le scale ripide e ci ritrovammo nella penombra. Il complesso suonava, probabilmente già da un po'. Giorgia mi vide subito, stava cantando, mi salutò con un cenno della mano. Il locale non era pieno; iniziava a far caldo, i posti al chiuso si svuotano presto. Guadagnammo un tavolo appartato. Lea si rasserenò appena capì che non c'erano occhi indiscreti. Ordinammo da bere e ci godemmo la serata.

«Sono in gamba questi ragazzi...» dissi.

«Giovanissimi! E quella Giorgia ha una voce splendida, farà strada!»

«Me lo auguro...»

«Come la conosci?»

«Poi ti racconto. Adesso ascolta questa, è *The Nearness of You*.»

Solito destino cinico e baro! Terminato il brano, terminati gli applausi, Giorgia lasciò il piano e si riavvicinò al microfono.

«Un piccolo fuori programma che spero vi farà piacere...» disse creando una certa suspense. «Stasera con noi c'è una persona per me molto importante, la più importante... Ma questo non conta.»

Che stava combinando?

«È uno dei migliori pianisti in circolazione, almeno

nel quartiere in cui abito... » Risate. « È Piergiorgio Alfonsi, e vorrei che venisse qui a farci sentire qualcosa, magari insieme... Tanto non può dirmi di no! »

Si muoveva sul palcoscenico con la spontaneità di una professionista consumata.

Mi alzai dal tavolo, applauso di curiosità. Mi aveva fregato!

« Questo non me lo dovevi fare, ero in incognito... »

Risate.

Mi sistemai al piano e iniziai ad arpeggiare per saggiare l'intensità dei tasti.

« Sei stata molto dolce... Anche tu sei importante per me, la più importante, Giorgia... e non posso che dedicarti questa vecchia canzone. Hoagy Carmichael è stato un eccellente artista americano degli anni Trenta. Ha scritto molte cose bellissime e purtroppo dimenticate. Ma questa la conoscete, Ray Charles mi perdoni! L'ascolterete tutti, ma non suono per voi... Soltanto per lei: *Georgia on my mind.* »

Attaccai. Subito percepii il mio cuore e il pubblico trascinato da quella melodia carica di malinconia, dal ritmo ora dolce ora spezzato. Giorgia mi lasciò suonare, poi, mentre mi avviavo alla conclusione, sentii alle mie spalle inserirsi la sua voce chiara e acutissima.

...Other arms reach out to me; other eyes smile tenderly... Georgia, no peace I find, just an old sweet song keeps... Georgia on my mind...

Applauso sincero, prolungato. Ma con una melodia come quella era impossibile non averlo. Troppo facile.

« Allora è una sfida », disse Giorgia, « e devo rispondere. Con tutto il mio cuore... George Gershwin, *The man I love.*»

L'avevamo suonata mille volte insieme. Quella fu l'ultima.

Non era una melodia adatta alla sua voce, non era una canzone per lei, era solo per me. Me lo disse con gli occhi, mentre cantava e io l'accompagnavo.

Someday he'll come along,
The man I love.
And he'll be big and strong,
The man I love.
And when he comes my way
I'll do my best to make him stay.
He'll look at me and smile,
I'll understand... And in little while
He'll take my hand...

Guardavo quegli occhi languidi ringraziarmi dolcemente per tutto il tempo che avevo trascorso con lei, per come la prendevo per mano quando era bambina, per le favole che le avevo narrato, per le notti insonni, per le ore davanti al televisore assieme, per i gelati e le paste mangiate di nascosto, per gli aperitivi da Stoppani, per le Barbie che le avevo comprato, per gli scherzi alla mamma, per i compiti che non riusciva a fare, per le lacrime innocenti che aveva versato, per le bugie che mi aveva raccontato, per l'orgoglio che le avevo dato, per i sorrisi rassicuranti, per le giornate in riva al mare, per il primo ragazzo con cui sapevo che era uscita, per il suo primo profumo, per le tre di notte ad aspettarla fuori dalla discoteca, per tutto ciò a cui avevo rinunciato, per la musica che le avevo insegnato, per i libri che le avevo regalato, per tutto l'amore che le avevo donato.

Tutto quell'amore, e in cambio un breve, banalissimo verso di Ira Gershwin: *the man I love*... E un bacio sulla guancia al termine di quella vecchia, dolcissima canzone.

Applauso.

Tornai al mio tavolo e buttai giù un bel sorso di Bacardi.

Lea non aveva capito niente, e si vedeva. Era disorientata da quella situazione inaspettata. Voleva chiedermene ragione, ma era troppo orgogliosa per farlo. Alla fine non riuscì a trattenersi e lo fece a modo suo.

«Ti rendi conto che è ai limiti del codice penale!» sparò acida.

«Sei gelosa?»

«Perché dovrei? Sei forse mio marito?»

Era gelosa.

«No, dicevo gelosa per l'età...»

Sei un bastardo Piero!

In quel momento ci raggiunse Giorgia.

«Grazie! Sei stato splendido!»

Si accoccolò sulle mie ginocchia. La minigonna vertiginosa si fece ancora più vertiginosa. Mi abbracciò e mi diede un bacio sulle labbra.

«Pedofilo!» sussurrò Lea.

«Ma come ti permetti?» reagì Giorgia, dura.

«Potresti essere sua figlia...» rispose Lea sprezzante.

«Appunto, io SONO sua figlia!»

Gavettone d'acqua ghiacciata e lei era vestita di tutto punto.

«Lea, ti presento Sveva, Giorgia è solo un nome d'arte», dissi. «Sveva, ti presento Lea...»

«*Sveva essere nome troppo tedesko per kantare und zuonare muzika*. Giorgia è meglio, fa più *what's american...*»

«Siete due bastardi, eravate d'accordo dall'inizio!»

Scoppiò a ridere e fu un bel momento, per tutti e tre.

«Hai una voce splendida e suoni molto bene», le disse Lea.

«Grazie, buon sangue non mente», rispose guardando me. Poi tornò su Lea. Silenzio.

«Che c'è?» chiese Lea imbarazzata da quello sguardo.

«Niente, non so cosa ci sia fra te e papà, ma devi essere molto importante per lui... Altrimenti non ti avrebbe portato qui stasera.»

Nessuno si aspettava quelle parole. Belle per chi non sa. Amare per chi, come noi, sapeva.

«La ricreazione è finita, devo tornare al mio posto.»

Andò via. Mi sentivo orgoglioso e triste.

Anche noi svicolammo poco dopo. Sveva mi fece un ultimo regalo, *Misty*, Erroll Garner. Uscendo le lanciai un bacio volante. La serata era andata bene. Erano stati bravi, tutti. Una bella promessa.

«Te la sei presa?»

«No... e poi è bello vedervi insieme.»

Fece una pausa.

«Ti manca?»

«Sì, direi proprio di sì. Ma il distacco è nell'ordine naturale delle cose, alla fine arriva. A me è accaduto un po' prima, tutto qua. L'unico problema è stato che me ne sono andato io e non lei. Ma dopo un po' mi ha perdonato.»

L'accompagnai verso casa, allungando il percorso per restare ancora un poco insieme. Fu una passeggiata silenziosa. Stavamo rientrando in noi stessi, riassumendo i nostri ruoli, tornando a usare entrambi l'anima razionale, non più quella emotiva né concupiscente. E se non c'era emozione non potevamo che stare zitti, stare zitti e pensare a come e quando farla finita.

Ci fermammo un paio d'isolati prima di casa sua, meglio essere prudenti.

«So di chiederti molto», le dissi, «ma c'è una cosa che non abbiamo mai fatto e che desidero tanto...»

«Cosa?»

«Uscire con te su Rapsodia.»

«È complicato Pigi... C'è Eleonora, domani torna mio marito...»

«Capisco, ma mi sembrava un bel modo per iniziare l'ultimo capitolo...»

Lea taceva e divideva il suo sguardo fra me e il cielo.

Aveva combinato un bel casino. E pure io.

«È stata una bella serata...» disse.

Un casto bacio e ancora silenzio.

«Perché mi hai cercato, Lea?»

Attimo sospeso nella notte. Poi la verità.

«Mi sentivo sola...»

31
Rapsodia

È dolce sognare in un giorno d'estate,
quando l'alito caldo del vento
mi riporta a te e il cuore ondivago
torna a giorni lontani,
a un sorriso innocente,
a occhi lucenti
che non avrò più.
Rapsodia del passato,
lasciandosi cullare dal vento d'estate.

Mi mancavi. Ti desideravo. Mi sentivo sola. Mi mancavi. Ti desideravo. Mi sentivo sola. Mi mancavi. Ti desideravo. Mi sentivo sola...

E così all'infinito, per giorni e giorni, quelle parole echeggiavano ossessive nella mente. Il loro candore, la disarmante sincerità, l'assoluta sintesi delle emozioni, la sconfortante ammissione degli errori commessi, irrimediabili. Il dramma era la perfetta coincidenza tra Lea e ciò che io sapevo rendere in forma di poesia: bastava una banale linea retta, due sole parole.

Mi mancavi anche tu, mi sei sempre mancata.

Ti desideravo anch'io, ti ho sempre desiderato.

Mi sentivo solo, mi sono sempre sentito solo.

Solo Léontine faceva sorridere il mio cuore.

E ora quest'ultima beffa. L'illusione di poterla avere quando era ormai impossibile, di poter recuperare l'irrecuperabile, di rimediare l'irreparabile, di aver ancora una possibilità quando era troppo tardi.

Perché sei tornata Lea?

Mi mancavi. Ti desideravo. Mi sentivo sola. Mi mancavi. Ti desideravo. Mi sentivo sola...

«Sabato mattina va bene», disse appena risposi al cellulare. «Camillo parte per una convention a Palma di Majorca, la baby sitter è disponibile. Rapsodia va bene...»

Va bene per cosa? Per dirmi di nuovo addio? Sì, Rapsodia andava bene.

«Ti aspetto.»

E aspettai il sabato mattina.

Era una bellissima giornata d'estate, non troppo calda, leggero vento di grecale fin dal mattino. In mare saremmo stati bene. Ovunque saremmo stati bene, se solo lo avessimo voluto. Ma non ci restava che quella giornata in mare.

Arrivò mentre caricavo l'auto con un po' di provviste, acqua, vino e focaccia. Mi baciò sulla guancia e io risposi sulle labbra. Accettò.

Raggiungemmo l'attracco di Polignano a Mare. Rapsodia ci aspettava paziente. Mohilof fu il primo a saltarci su. Ormai si era abituato e gli piaceva. La prima volta era stata una tragedia, se n'era rimasto tutto il tempo rannicchiato in cabina, terrorizzato. La seconda invece il problema era stato issarlo a bordo. Ma poi aveva capito che oltre al rollio e all'inclinazione strana del piano d'appoggio quando andavo di bolina, non accadeva nulla di pericoloso. E ci aveva preso gusto.

«Posso aiutarti?» mi chiese.

«Certo!»

Le spiegai cosa doveva fare. Liberammo le vele dalle imbracature, lasciandole in panne. Accesi il motore per la manovra, le diedi istruzioni su quando mollare la cima di prua e ritirare i parabordi. Ubbidiente ed efficiente. La vidi a suo agio su Rapsodia e pensai a quando non aveva nemmeno voluto salirci. Brutti ricordi, mare grosso... Evidentemente le era passata. Meglio così, avevamo già troppe ombre intorno a noi. Superai facilmente a motore il molo del porticciolo e ci trovammo in mare aperto.

«Sai andare a vela?» le chiesi.

«No, sono uscita spesso, ma mi sono limitata a fare il passeggero... Al massimo ho cucinato gli spaghetti.»

Sorrideva.

«Se ti dico cosa devi fare, me la dai una mano?»

«Certo!»

«La cosa più importante è questa: se mi senti dire "si vira" o "stramba" devi subito abbassare la testa, la boma è pesante. Per oggi ti nomino ufficiale in seconda di Rapsodia!»

Poi le spiegai il resto: su quale mura sedersi e quando spostarsi, quando mollare la cima del fiocco non appena le davo il segnale e come cazzare quella sul bordo opposto. Attenta, ubbidiente, efficiente.

Issai le vele mentre Lea teneva la prua al vento, spensi il motore, cazzai la cima della boma e affrontammo subito il primo bordo di bolina per andare al largo. Io, al timone, governavo la randa. Rapsodia s'inclinò dolcemente. Mohilof protestò come al solito. Lea puntò i piedi. Ma la mia bella andava. Speravo solo che il grecale non rinforzasse troppo, come faceva sempre verso mezzogiorno.

«È facile!» esclamò allegra come una bambina.

«Più che facile è meraviglioso...»

La guardavo. Le ombre che avevano offuscato i miei pensieri, e forse anche i suoi, andavano scomparendo. Restava il sole a riscaldare i nostri corpi, e lo sguardo ad accendere l'anima. Lea si spogliò e rimase in costume da bagno.

«Ci caliamo dopo?»

«Certo, ma prima voglio farti vedere una cosa che non hai mai visto...»

«Cosa?»

«La scogliera di Polignano, dal mare... Dal mare cambia tutto, prospettiva, visuale, il significato delle cose, la percezione delle emozioni, del tempo.»

Eravamo già fuori di parecchio. In lontananza tre o quattro vele bianche. Lea si distese per godere meglio del sole. Appoggiò la testa sulle mie gambe. Le accarezzai il seno. Mi prese la mano e la tenne stretta alla sua. A lungo. Perché doveva finire?

Accesi la radio. Édith Piaf. Mi ero consumato l'anima ad ascoltare quella canzone, a mormorare quella preghiera che poi, stranamente, era stata esaudita.

Mon Dieu, mon Dieu...
Laissez-le-moi encore un peu...
Le temps de s'adorer, de se le dire.
Le temps de se fabriquer des souvenirs...
Laissez-le-moi remplir un peu ma vie.
Laissez-le-moi, encore un peu, à moi...

Virai e iniziai a rientrare. Stranamente il grecale invece di rinforzare stava calando e l'andatura di poppa fu come sempre più dolce e rilassante. La terra ci veniva incontro, lentamente, e la scogliera irta si faceva man mano sempre più alta e minacciosa. Lea osservava ipnotizzata.

«Hai ragione, in mare cambia tutto...» disse. La sua mano stringeva ancora la mia.

Misi in panne le vele e accesi il motore. Eravamo sottocosta, gli scogli troppo vicini e da solo non potevo governare a vela. Le grotte verdi s'inanellavano una con l'altra. Ipnosi, nient'altro. Fui io a scuoterla e a indicarle un punto in alto, una terrazza affacciata sul mare, un muretto bianco interrotto da una ringhiera verde corrosa dalla salsedine e tenuta salda da cento strati di antiruggine.

«Ricordi? Il primo bacio che non mi hai voluto dare...»

Non disse nulla. Si avvicinò e mi baciò a lungo, con desiderio. Ricambiai appagato.

Raggiunsi una caletta tranquilla che conoscevo, un po' più a sud di Polignano, e ancorai la barca.

Ci tuffammo in un attimo. Il sole era alto, faceva caldo, l'acqua fredda fu un tonico anche per i nostri ormoni scalpitanti. Vedevo Lea felice, ridere e scherzare con l'acqua, immergersi e uscirne veloce. Due bracciate, mi fu addosso e mi calò sotto. La tirai giù per le gambe e riemergemmo. Ci baciammo senza neanche riprendere fiato. Mohilof abbaiava disorientato, poi saltò anche lui. Me ne accorsi troppo tardi.

«Bravo il testone! E adesso chi ti riporta a bordo?»

Restammo a godere di quel Paradiso ancora un po', poi risalimmo e riuscimmo a issare anche Mohilof.

Rosolarsi al sole di giugno, sentire i raggi che ancora non bruciano carezzarti la pelle, asciugare il brivido dell'acqua troppo fredda. Fare l'amore quasi inconsapevolmente, trasportati dal desiderio, dimentichi del mondo tutto intorno a noi. Godere dell'ultimo frutto di un amore inutile, impossibile, inaspettato.

In mare cambiano le prospettive, anche il trascorrere del tempo muta; noi semplicemente lo ignorammo. Vivemmo quel giorno senza tempo, e per un giorno diventammo immortali.

Dopo l'amore ci venne fame; aprii la bottiglia di bianco ghiacciato e ci sparammo una ruota di focaccia. Ma l'allegria di Lea era finita, e anche la mia. Il sorriso era ormai tinto di tristezza.

Lea si poggiò a me, in silenzio.

«Te l'ho mai detto?» le chiesi.

«Cosa?»

«Mi sei entrata nel cuore, Lea... E per quanti sforzi abbia fatto, non ne sei mai uscita...»

Non rispose, non c'erano più parole.

Rientrammo dopo poco, a motore, nel porticciolo di Polignano.

Attraccai e Lea mi aiutò ancora. Avvolsi il fiocco. Calai la randa e la imbracai. Assicurai la boma alle sue cime. Coccolai e poi chiusi Rapsodia. Posizionai la passerella. Mohilof fu il primo ad attraversarla, poi Lea e io dietro di lei. Cinque minuti dopo eravamo sotto l'abbazia. Accompagnai Léontine alla sua Ka gialla.

«È tardi Pigi...»

«Non stai parlando dell'orario, vero?»
«No, non dell'orario...»
«Non mi ero fatto nessuna illusione Lea, nessuna.»
«Mi dispiace, mi ci sono messa d'impegno a farti del male...»
«Non ti preoccupare, il più era già passato. Ho accettato questi giorni come un regalo inaspettato della vita, *carpe diem*...»
«Mi dispiace...»
«È stato chiaro fin dall'inizio, e se andassimo avanti raddoppieremmo gli errori che abbiamo già commesso. Tre anni fa abbiamo perso l'attimo fuggente e quello non ritorna più. Tu non hai creduto in me, io mi sono arreso troppo presto. Non eravamo pronti, ecco tutto.»

Occhi chiari, lucidi, nei quali specchiarmi per l'ultima volta. Aveva bisogno di conforto. Le carezzai la guancia. Sorrise come una bambina cui è stata appena perdonata una monelleria.

«Sì... è troppo tardi», continuai. «Le parti si sono invertite: io non ho idea di cosa farò della mia vita, tu hai imboccato una strada senza svincoli. Hai un marito che, a modo suo, ti vuole bene. Soprattutto hai Eleonora. È piccola, ha bisogno di te, ha bisogno di un padre. È quella la tua vita.»
«È che mi mancava qualcosa...»
«...la poesia Lea, ma io non ne scrivo più da tempo.»

L'abbracciai, la strinsi forte a me. Lei si rannicchiò sulla mia spalla, forse versò una lacrima, ma non me ne accorsi. Le baciai i capelli.

«Non pensare più a me, Lea... Non venirmi più a cercare, amore mio.»

32
Ultimo capitolo

Oh Morte, vecchio capitano, è il momento,
leviamo l'ancora.
CHARLES BAUDELAIRE, *Voyage*

Questo capitolo è iniziato tre mesi fa, mentre lo sguardo annegava in un rosso tramonto sul mare d'agosto. È tessuto di magia, destino, paura, desiderio, rassegnazione, amore e morte. Questo è l'ultimo capitolo.

Roberto non mi ha mai abbandonato, soprattutto quando sono rimasto solo.

«Hai programmi per quest'estate?» mi aveva chiesto a fine giugno. Ovviamente non ne avevo, non mi ero neanche accorto che la primavera era finita e che ormai era arrivata un'altra estate.

«Perché in agosto non te ne vieni con noi in barca? Hai bisogno anche tu di una bella vacanza. Stai lavorando troppo. Negli ultimi mesi sei dimagrito a vista d'occhio e... sei triste. Hai bisogno di svagarti.»

Continuava a sfornare motivi per convincermi temendo che non accettassi, ma io ero già convinto.

«Quest'anno non voglio andare lontano. Dai, facciamo una cosa tranquilla! Partiamo con Rapsodia, Brindisi poi Otranto, Castro, e risaliamo fino a Gallipoli o Porto Cesareo. Ci divertiamo un po' io, te, Linda e i ragazzi.»

Sperava che accettassi, e io accettai rasserenato.

Giornate piacevoli: un mare splendido, il vento, le vele, l'affetto dei miei amici più cari e i ragazzi che mi chiamavano «zio Piero». Un clima perfetto, adombrato soltanto dalla preoccupazione di Roberto e Linda nei miei confronti, la percepivo nitidamente.

«Perché non ti fai dare un'occhiata a settembre?» mi dissero. «In pochi mesi hai perso quindici chili!»

«Non vi preoccupate, so io di che si tratta, la situazione è sotto controllo...»

Avevo iniziato a perdere peso da quando avevo progressivamente ridotto i cocktail che da anni mi propinava Libeccio e stavo restituendo solo quello che i farmaci mi avevano fatto acquisire.

«È un effetto collaterale», mi aveva spiegato. «Alterano il metabolismo, tutto qui... E poi un po' di ciccia addosso ti dona!»

Così, avendo smesso l'utilizzo degli antidepressivi, quella ciccia aveva iniziato ad andarsene. La cosa non mi aveva preoccupato più di tanto, ma faceva bene sentire l'occhio vigile degli amici, il loro affetto. Scaldava il cuore, ed era ciò di cui avevo più bisogno.

Roberto e io ci alternavamo al timone. Vento perfetto, vele gonfie, sciabordio delle onde, odore di salsedine e alghe, di cordame e legno corrosi dal mare. Quei dieci giorni volarono.

Il porticciolo di Gallipoli era pieno, ma ci trovarono un attracco a Santa Caterina, poco più a Nord. E Santa Caterina è un luogo incantato, perfetto! Decidemmo di trascorrere lì gli ultimi giorni.

Un pomeriggio ebbi improvvisamente voglia di star solo. Ogni tanto bisogna farlo per ritrovare se stessi.

«Vado un po' in giro a fare delle foto...» dissi.

Presi la macchina fotografica, noleggiai una bicicletta e mi avventurai per le stradine in salita del borgo. Guardavo le ville bianche e i giardini ben curati: oleandri, tamerici, pini, macchia mediterranea. Trovai qualche scorcio da fotografare, poi mi avviai verso Porto Selvaggio. La fatica mi stava impegnando più del previsto, ma sgomberava la mente da ogni pensiero. Uno spicchio di mare dietro i bianchi muretti a secco, il giorno stava morendo, l'orizzonte terso: sarebbe stato un tramonto splendido, dovevo solo aspettare un po'.

Poco oltre fui colpito da un lungo viale di oleandri in fiore, all'inizio del quale spiccava il rudere di una vecchia costruzione, forse addirittura del Cinquecento. Luce perfetta, una foto deliziosa. Scattai. Solo allora mi accorsi che in fondo al viale sorgeva una vecchia villa bianca. S'intravedeva qualcosa di bello, così m'incamminai, tirandomi a fianco la bicicletta. Il fiuto non fallisce: primi dell'Ottocento, puro neoclassico, tenuta malissimo, la facciata sfregiata da un balcone posticcio al piano nobile. Ma la miseria della sua condizione attuale lasciava ancora intravedere lo splendore del passato. Dai tavolini sistemati fuori dalla porta d'ingresso capii che era abitata, ma non vidi nessuno. Poggiai la bici e mi avventurai sul retro. Sentivo che le sorprese non erano finite.

«Ha bisogno di qualcosa?» disse una voce dal marcato accento romano alle mie spalle. Mi girai e vidi sbucare dall'uliveto un signore alto, massiccio, non più giovane, in abito da lavoro.

«Mi scusi l'invasione, volevo solo dare un'occhiata, questa villa è splendida...» gli dissi vergognandomi un po'.

«Sì, è un posto carico di storia... Vuole fare delle foto?» mi chiese indicando la mia macchina a tracolla.

«Sarebbe fantastico!»

«Venga, le faccio vedere una cosa bella.»

Mi condusse sul retro: quel che restava di un aranceto e, seminascosta dai rami, una minuscola cappella a giorno.

«Qui i nobili leccesi proprietari di questa villa venivano la sera a recitare il rosario. Vede questa nicchia? È tutta affrescata.»

Era splendida!

«Pensi che per decenni è stata usata come deposito dai contadini...»

Era vero, sugli affreschi erano ancora piantati i chiodi per reggere gli attrezzi. Scattai un po' di foto.

«Le faccio vedere l'interno della villa, lo stiamo risistemando un po'.»

Entrammo. L'arredo non era d'epoca come mi aspettavo. Tutto primi del Novecento o anni Trenta, ma nel complesso suggestivo. Stampe e riproduzioni scadenti alle pareti. Una piantana liberty, una piccola libreria nella quale intravidi volumi antichi e molti testi di agricoltura, più recenti.

«Guardi là», disse la mia guida indicando il soffitto a volta. Solo allora notai una serie di grandi simboli ebraici, color indaco, contornati da affreschi appena visibili. Proprio non me li aspettavo.

«Era di una famiglia ebrea?» chiesi.

«No, è una storia più dolorosa... In questa zona, dopo la guerra, le truppe d'occupazione inglesi ammassarono i superstiti della Shoah in attesa di imbarcarli e di trasferirli in quello che sarebbe diventato nel '48 lo Stato d'Israele. Qui si costituì il centro della comunità ebraica che migrava verso la Terra Promessa, e quelle persone hanno lasciato le loro tracce... Questa villa era diventata la loro sinagoga. Quelli che vede sono i simboli e le preghiere dello Shavuot, ma ce ne sono molti altri tutti coperti dall'intonaco. Quando avrò un po' di soldi li farò venir fuori...»

Avevo i brividi. Pensai a cos'era stata quella villa per gente fuggita incredula dall'inferno di Dachau, Buchenwald, Auschwitz. Il primo rifugio sicuro, il primo approdo, il primo tetto sotto cui addormentarsi sapendo di risvegliarsi ancora vivi. L'ultimo angolo di mondo prima della Terra Promessa. Il luogo in cui recitare per l'ultima volta, dopo duemila anni di esilio, la preghiera di Pesah – *...l'anno prossimo a Gerusalemme, l'anno prossimo a Gerusalemme...*

Non più brividi, ma lacrime, nell'immagine annebbiata di una folla miserrima e risorta, che non aveva più nulla, né casa, né affetti, né fiducia negli uomini, e che aveva visto morire uno a uno i propri cari, di stenti o nei forni crematori. Raminga e sperduta, quella gente aveva perso tutto ma non Dio. Un Dio che alla fine si manifestava di nuovo ai loro occhi nelle mura rassicuranti di una villa bianca. Quelle mura, una nuova speranza.

Ombre. Improvvisamente mi vidi circondato da ombre lacere, emaciate, stremate. Percepii la loro presenza. Migliaia di fantasmi sbucati dal nulla. Ombre, immagini in bianco e nero, volti smarriti, persi nell'orrore, orbite prive di luce, guance scavate dagli stenti, casacche a strisce nere lacere e cascanti, piedi nudi nel fango, numeri tatuati sulle braccia scheletriche, numeri di una contabilità satanica. Vagavano, cantavano, pregavano, piangevano. Chiedevano perdono a Dio, per sé e per i loro carnefici. Dio! Dov'eri Dio! Perché hai chiuso gli occhi, Dio!

E io come mai ero lì? Chi mi aveva condotto in quel luogo? Perché? Ero sconvolto, annichilito.

Poi l'ospitale sconosciuto che mi stava facendo da guida mi strappò dai miei pensieri, dalle paure, dai fantasmi.

« Venga, le faccio vedere la vecchia cucina, ha delle maioliche molto belle. »

Era vero, e tutto era rimasto intatto. Le piastre di ghisa annerita dei vecchi fornelli alimentati con la brace, i fori per le marmitte di rame, tutte le pareti in maiolica bianca a disegni floreali blu. Ricordava la cucina della mia casa di campagna, quando ero bambino.

Fu allora che la vidi.

Una vecchia incartapecorita, minuscola, vestita di abiti neri e logori, seduta in un angolo semibuio. Non si muoveva. Guardai il padrone di casa, lui mi sorrise bonario.

« Non ci faccia caso... è la vecchia Annina, vive qui da sempre. »

Ero incuriosito.

« Fino a una decina d'anni fa abitava in una baracca poco distante. Poi è crollata e si è rifugiata qui. Non c'è stato verso di mandarla via. Non sappiamo quanti anni ha, novanta, cento forse, chissà... È completamente cieca. I vecchi del paese dicono che era la fattucchiera della campagna, dicono che avesse capacità divinatorie... I contadini si rivolgevano a lei, prima che arrivassero le ASL. »

Si stava divertendo alle mie spalle.

Fu allora che la vecchia si mosse. Sollevò appena la mano.

« *Venii fiju... venii...* » Vieni, figlio, vieni...

Ero disorientato. Cosa voleva da me? Guardai il padrone di casa per chiedergli conforto.

« La sta chiamando... » mi disse. « Si avvicini. »

Era perplesso quanto me.

Mi avvicinai di qualche passo; la vecchia continuava a farmi cenno con quel mucchietto d'ossa rinsecchite che era la sua mano. Mi avvicinai ancora. Avevo paura, ma non riuscii a fermarmi. Magnetismo. Mi toccò il braccio, risalì fino al volto, lo tastò a lungo, accarezzò i capelli. Brivido nel guardare quegli occhi spenti.

« *Signuria sta a morii... a morii...* » disse, e ripiombò nel suo silenzio.

« Ma che dice! » chiesi allarmato, non tanto dalle parole della vecchia, quanto dall'espressione spaventata del mio ospite.

« Niente... non ci faccia caso... è solo una vecchia pazza... » cercò di minimizzare.

Perché ero lì? Chi mi aveva portato in quella casa? Perché? Ero sconvolto. Il cuore pulsava, si divincolava nella sua gabbia. Panico.

Degli istanti successivi non ricordo nulla, se non che mi trovai di nuovo all'aperto, libero dall'oppressione che mi schiacciava il petto.

Ringraziai appena il padrone di casa.

« Il mio nome è Elia... » mi disse mentre ero già sul viale. « Venga a trovarmi quando vuole. »

Il cielo s'era tinto di rosso. Era iniziato il tramonto. Volevo, dovevo fuggire.

Inforcai la bicicletta, in un attimo mi ritrovai sulla scogliera affacciata sul mare in fiamme. Non avevo mai visto un tramonto così, né lo vedrò mai più. Il sole già basso all'orizzonte, il cielo rosso con poche nuvole che parevano vampe inestinguibili, il mare infuocato. Accesi la macchina e iniziai a scattare, una, dieci, cento immagini, in un quadro che mi bruciava l'anima, e a ogni scatto qualcosa cambiava. Quelle parole turbinavano martellanti nella mente. «*Signuria sta a morii... a morii...*» Fiamme inestinguibili. Chi era quella donna, cosa voleva da me? Solo una vecchia megera, ecco tutto! Una vecchia strega che non sa quel che dice! Sta' tranquillo, sei un uomo di scienza, di ragione. Di cosa hai paura? Tramonto infuocato nel quale specchiare l'anima.

Notte fonda e stellata, luna calante, freddo, rollio della barca e noi tre ad assaporare ciò che la vita solo raramente concede: l'amicizia. Tre persone, un'anima sola. I bambini dormivano di sotto. Nel pozzetto Roberto era di fronte a me, Linda al mio fianco.

«Oggi m'è capitata una strana avventura», dissi.

Mi ero rasserenato un poco e dovevo raccontar loro di quella casa. Liberarmene. E lo feci. Raccontai della villa bianca scoperta casualmente, il viale di oleandri, Elia, l'aranceto, la piccola cappella per il rosario, la preghiera dello Shavuot, l'emozione incancellabile della tragedia che avevano ospitato quelle pareti malconce, le ombre attorno a me. Ma di Annina no, non dissi nulla. Quella mano ossuta che mi chiamava mi terrorizzava ancora.

Loro ascoltarono in silenzio, emozionati dalla mia emozione, disorientati. Percepirono il mio turbamento, e quando terminai, fra noi non rimase che il silenzio. Roberto e Linda si guardarono a lungo.

«Non hai capito che c'è stato qualcosa di magico?» disse Linda, di fianco a me. Mi teneva per mano con tenerezza, ma tremava. Ancora silenzio. Poi aggiunse: «Tu non sei arrivato lì per caso... Quella casa ti ha chiamato, Piergiorgio. Ti ha chiamato, voleva te...»

Brivido.

Quando tornai a Bari mi resi conto che durante l'estate avevo continuato a perdere peso. In compenso erano tornati i conati. La prima volta mi aggredirono all'improvviso, in clinica. Feci appena in tempo a infilarmi in bagno e vomitai l'anima. No, non era il solito conato d'aria.

Forse mi ha fatto male qualcosa, pensai, niente di più facile con tutte le schifezze che mangio per arrangiare la cena...

Ma si ripeterono. Perdevo peso e vomitavo. Presto si aggiunse la spossatezza.

«Devo andare da Libeccio, magari mi prescrive un nuovo cocktail e in uno risolvo due problemi, ingrasso e non vomito più.»

Mi feci ingannare dalla psichiatria, ma non tutto è disturbo psicosomatico. Cara vecchia medicina: sintomo, analisi, diagnosi, terapia. Ancora oggi sono sconvolto da come abbia deliberatamente ignorato l'evidente verità: stavo male, sul serio.

Era solo paura, volgarissima, banalissima paura di scoprirmi malato, come succede a tutti i comuni mortali. Il ricordo della vecchia Annina, la megera, mi terrorizzava.

Se non avessi incontrato Eliana, quel pomeriggio,

chissà quando mi sarei deciso a farmi dare un'occhiata. La incrociai per caso tra i viali spogli e malconci del Policlinico, col suo camice bianco e una cartella clinica sottobraccio appena sfornata da Oncologia. Una persona rara Eliana, come medico e come donna, preziosa.

Se ne accorse subito.

«Che ti succede Piergiorgio? Sei uno straccio...»

«È un po' che non sto bene.»

«Lo vedo, sei dimagrito, hai l'aria stanca...»

«Stavo giusto andando da Enrico per farmi cavare un po' di sangue...»

Bugiardo!

Eliana si avvicinò a me, sollevò i suoi occhiali e m'ispezionò la palpebra e l'occhio.

«Hai notato il colore della sclera? È gialla.»

«Sì, stamattina.»

«Ti capita di vomitare immotivatamente?»

«Da qualche giorno...»

«Hai dolori?»

«A volte all'addome...»

«Vieni con me!»

Mi prese per mano e mi trascinò via.

«Dove andiamo?»

«Da Enrico, al laboratorio d'analisi.»

Era a due passi.

«Ciao ragazzi!» esclamò Enrico appena ci vide, allegro come sempre. Era la persona più cordiale e disponibile che avessi mai incontrato.

«Come mai da queste parti?» Sorriso incancellabile.

«Devi fargli un controllo, urgente...»

«A disposizione! Di quale lavoretto ha bisogno?»

«Marcatori tumorali, CA 19.9 e C 50.»

Il sorriso di Enrico scomparve di colpo. Io avevo smesso da tempo.

«Vieni con me Piergiorgio...»

«Quanto tempo ti ci vuole per l'esito?» chiese Eliana.

«Un paio d'ore.»

«Alle cinque sono da te, e tu Piero resta in circolazione!»

Nessuna possibilità di replica.

Di quelle due ore ricordo soltanto la totale sconnessione dei pensieri.

A volte capita di non riuscire a costruire le frasi... stanchezza, appannamento. Ma quasi mai di non riuscire a costruire le idee, a collegarle fra loro, a terminarne la connessione. Paura, soltanto la paura fa questo effetto. Quando verso le cinque sentii la suoneria del cellulare, e vidi sul display il nome «Eliana», fui tentato di non rispondere. Inutile, sarebbe venuta a cercarmi.

«Non ho buone notizie Piergiorgio...»

«Cioè?»

«Il marcatore è positivo, dobbiamo fare la TAC, adesso!»

Mi lasciò il tempo di metabolizzare la notizia.

«Ho chiamato Liguori, era già a casa. Sta rientrando, fra mezzora è qui. Ti aspetto.»

Stava iniziando il calvario.

Avevo assistito centinaia di pazienti mentre si sottoponevano alla TAC; per me era la prima volta, fu orribile. Vedevo il mondo dall'altra parte, non più da medico ma da malato, e non ero pronto. Vedevo Eliana e Liguori muoversi, immagini distanti, sfumate, rallentate come in un sogno. No, non era un sogno, era un incubo, appena iniziato. Subivo passivamente le loro indicazioni. Voci distanti, ovattate. Poi m'infilarono nel tunnel e fu l'angoscia: il rumore sinistro della macchina, l'impossibilità di muovermi, di respirare, di fuggire. Venti minuti, interminabili.

« Vattene a casa Piero, prima di domattina non siamo in grado di dirti nulla », mi disse infine Eliana. « Ti aspetto a prim'ora... Prendi queste stasera, ti aiuteranno a dormire. »

Presi la scatola di farmaci che mi porgeva, la infilai in tasca e andai via.

Di quella notte ricordo la paura. Ghermiva ogni cellula del mio corpo, penetrava ogni anfratto dell'anima, disseminava brividi e angoscia insostenibile. L'inutile lotta con una schiera di nemici imbattibili: l'impotenza, il destino, il buio.

Vomitai più volte. Vagavo smarrito fra le tre stanze di casa in cerca di non so cosa. Mohilof mi seguiva ovunque. Poi mi lasciai andare sfibrato sul divano. Davanti a me il televisore acceso, immagini insulse che si rincorrevano a ritmo incessante, incomprensibile. La mente vuota. Il cuore traboccante di terrore. Alla fine mi rassegnai a prendere le pillole di Eliana e verso le tre mi addormentai. Mohilof era accanto a me, vegliava.

L'Istituto di Oncologia era uguale a tutti gli altri. Corridoi troppo ampi, muri troppo alti, grandi termosifoni grigi comunque insufficienti, pareti bianche, spoglie nonostante il maldestro tentativo di renderle meno anonime con le locandine dei convegni organizzati dall'istituto. Superai il box dell'usciere, il quale, diligente al suo mandato, m'ignorò quasi fossi invisibile. Salii al primo piano.

Eliana mi stava aspettando. Sulla sua scrivania, ordinatissima, una grande busta avana col mio nome sopra.

Ho passato tanto tempo con Eliana. Quando ero studente lei era già assistente universitaria, diedi anche un esame con lei. Ci conoscemmo allora e da allora non c'è stato un solo momento in cui non l'abbia apprezzata, in cui non abbia avuto piacere a starle vicino. Quando incontri una brava persona – cosa rara nella vita – te la devi tenere stretta, ed Eliana è una donna eccezionale. Sono contento di averla incrociata, quel pomeriggio, lungo i viali del Policlinico. Sono contento che sia stata lei a dirmelo.

«Siediti...» disse.

Mi offrì una sigaretta. Capii.

«È davvero così grave?»

«Sì... Te ne parlo perché sei anche un medico... Se fossi solo un amico non ci riuscirei.»

«Dove mi ha beccato?»

«Pancreas... Carcinoma del pancreas, multicentrico... È cresciuto troppo e si è diffuso al fegato e al duodeno, e anche oltre. È inoperabile Piero, siamo arrivati troppo tardi...»

Quell'idea – quel dubbio, quel sospetto – mi aveva assillato, torturato tutta la notte finché le pillole di Eliana non avevano fatto effetto, e poi anche nei sogni, negli incubi. Quell'idea, quel dubbio, quel sospetto si era presto tramutato in certezza, tanto che quella mattina ero andato dalla mia amica come un condannato va verso il patibolo.

Ma ascoltarle realmente, quelle parole, fu un'altra storia.

Buum, buuum, buuummmmm, bbbbuuuu-ummmm... Il cuore saltò in gola e scoppiò in mille battiti violenti, sconnessi, asincroni. Gli occhi si velarono e poi, all'improvviso, smarrirono ogni immagine. La paura agghiacciante del giorno e della notte precedenti, che avevo respinto con ogni briciola di energia, esplose senza più alcun controllo devastandomi la mente, e uno specchio deformato rifletté la mia fine.

«Si può tentare qualcosa?» balbettai.

«Qui da noi no, salvo un po' di chemio. Un tentativo, ma è solo un tentativo, lo possiamo fare a Milano. Ho chiamato il professor Rubis, a me non può dire di no. È appena rientrato dagli Stati Uniti. Ti aspetta domattina. Prenota l'aereo, io vengo con te.»

«Non mi dici altro?»

«Cosa vuoi sapere?»

«Quanto mi resta?»

Non ne aveva la forza, ma parlava con gli occhi.

«Quanto mi resta!» la incalzai.

«Qualche mese... Tre, forse qualcuno di più... Mi dispiace, Piergiorgio, non dovevo essere io a dirtelo, non volevo...»

Era una donna forte, Eliana, e si pentì subito di quell'attimo di debolezza. Era un medico, sapeva quale era il suo dovere: sostenere il malato. Era una donna dolce, sapeva quale era il suo dovere: sorreggere un amico.

Spensi la sigaretta e andai via. Avevo la mente vuota.

Dunque la predizione si stava avverando. Quella

maledetta storia della lettura della mano funzionava davvero.

« Non avrai una vita lunghissima... » mi rimbombava nella memoria assieme al volto di una signora di cinquant'anni, dai capelli ingrigiti e troppe rughe sul volto. Sentii l'odore del mare, la brezza del levante, il sole d'agosto che scaldava la pelle scura di un ragazzo che non aveva ancora scoperto la vita, un ragazzo a cui avevano appena detto che non sarebbe vissuto abbastanza. La donna mi teneva la mano ancora aperta, la stringeva teneramente. Ero così giovane, avevo i sogni nel mio cuore. Per gli incubi c'era tempo.

Dunque la predizione si stava avverando. Anche quella maledetta strega di Annina aveva ragione. *Signuria sta a morii... a morii...* Quella voce flebile mi rimbombava assordante nella memoria assieme all'odore di vecchio e di sporco, alla carezza di una visionaria che aveva visto tutto di tutti, che mi aveva predetto la morte mentre aspettava da anni, pazientemente, la sua.

Così, in un colpo solo, capii che stavo morendo e che la Scienza, ragione della mia vita, era tutta una balla.

Quanto mi resta? Pochi mesi...

Le reazioni dell'animo umano sono davvero imprevedibili. Il primo problema che mi posi fu come comunicarlo agli altri: Roberto, Linda, Elio, Alessandra, Sveva. Mi preoccupavo più per loro che per me.

Deformazione professionale. Primo dovere di un medico: alleviare il dolore degli altri, non procurare dolore. Ma sarebbe stato impossibile. Preoccuparmi per me, invece, era inutile, solo tempo perso, fatica sprecata. Quanto mi resta? Pochi mesi...

La percezione del mondo esterno era radicalmente mutata. A iniziare dal tempo. Se fino ad allora era stato un valore relativo, diventò di colpo assoluto. Se prima sembrava disponibile in quantità illimitata, ed era quindi privo d'importanza, adesso era diventato un bene scarsissimo, dal prezzo non quantificabile. Il tempo, per me, non era più merce in vendita, nemmeno alla borsa nera.

Quanto mi resta? Pochi mesi...

Solita partita a tennis a tre. Avevo finto di arrivare tardi per giocare il minimo indispensabile. Dopo: solito sudore, solita panchina, solita bottiglia di Gatorade.

«Questa è l'ultima ragazzi... Dovrete adattarvi a giocare in due...»

«Che c'è? Di nuovo il menisco?» disse Elio.

«Non farla tragica! Come te l'hanno aggiustato quattro anni fa te lo sistemeranno anche adesso. Nulla è impossibile per la medicina oggi!»

Roberto, inguaribile ottimista.

«Non è il menisco. È un po' più grave, temo irrimediabile... Anche per la medicina di oggi.»

«Cioè?» chiesero entrambi all'unisono. Era scattata l'apprensione.

Lungo silenzio. Non sapevo come dirglielo, non ci riuscivo, non potevo, non volevo.

«Stamattina mi hanno diagnosticato un cancro... Pancreas... Stadio troppo avanzato...»

Stupore, dolore, incredulità, paura, tutto scorreva negli occhi spauriti di quei due bambini.

«Ma si potrà fare qualcosa!»

«No ragazzi, temo di no, questa volta dal bussolotto è stato estratto il mio numero...»

Elio si strinse il volto fra le mani. Roberto rimase impassibile, poi iniziò a piangere. Tutti e due increduli, inebetiti di fronte a me.

«Cosa accadrà ora?»

«Domani vado a Milano, dal professor Rubis, con Eliana. Per non lasciare nulla d'intentato dice, ma temo che sia solo una perdita di tempo...»

Il silenzio fra noi tre urlava. Solo Roberto ne ebbe il coraggio.

«Quanto ti resta Piergiorgio?»

Roberto mi amava più di se stesso, e solo un amore così profondo ti consente di chiedere a un uomo quanto gli resta da vivere. Avevano capito, finalmente avevano capito.

«Tre mesi... Forse qualcuno in più, se tutto va male...» Mi fermai un attimo, poi aggiunsi: «Promettetemi di non dirlo a nessuno, non voglio che si sappia. A casa ci penso io...»

Quella notte ci sbronzammo. È stata l'unica volta in cui abbiamo bevuto senza dirci una parola.

La trasferta a Milano non servì a niente. Solo a iniziare il conto alla rovescia.

Fu Alessandra a risolvermi il problema di come dirglielo. Me la trovai fuori della porta di casa, all'abbazia. Era l'ultimo posto in cui sarebbe mai venuta a cercarmi. Aveva gli occhi rossi di pianto; è sempre stato il suo debole, la facile commozione. Sulla porta di casa mi abbracciò.

«Sono due giorni che mi chiedo quanto ci avresti messo a dirmelo...»

«Chi te l'ha detto?»

«Linda...»

«Mi dispiace... Dovevo farlo io.»

Scoppiò a piangere e io la lasciai fare.

«Sono venuta ad aiutarti a fare le valige...» disse appena si fu ripresa un poco.

«Per andare dove?»

«A casa, Piero... Non ti lascio morire da solo...»

Quando Sveva mi rivide, quella sera, capì subito che qualcosa non andava. È sempre stata una ragazza perspicace.

Ma di Sveva non dirò nulla.

È l'unico ricordo che voglio cancellare, quella sera.

Non si può dedicare tutta la vita a una figlia per poi vederla straziata dal dolore.

Non dirò nulla. È roba mia.

Come impiegarlo quel po' di tempo che mi era rimasto?

Aspettare? No! Era il modo peggiore per chiudere una vita trascorsa in un incessante delirio psicomotorio.

Sperare? No, troppo stupido.

Pregare? Forse sì, ma non ero ancora cotto a puntino...

Piangere? No, prima o poi anche le lacrime finiscono, mi sarei ritrovato presto al punto di partenza.

Ricordare? Sì, ecco la cosa giusta, ricordare. In fondo avevo avuto una bella vita, ricordarla avrebbe significato viverla una seconda volta e fregare la Nera

Signora che già occhieggiava dagli angoli delle strade, con discrezione in verità.

Era solo un'illusione, ma non avevo altre carte in mano.

Il primo ricordo che emerge è sempre l'ultimo che hai vissuto. E l'ultimo, per me, era Lea.

Non la vedevo da un anno. Dov'era? Cosa faceva? Pensava ancora a me? La dovevo chiamare? Glielo dovevo dire? No, dovevo tenerla fuori da questa storia, e poi non ne avrei avuto la forza. Ci avrebbe pensato qualcun altro, dopo.

Si sarebbe arrabbiata... Oh sì, dopo il dolore si sarebbe arrabbiata. Salvo qualche ricordo destinato a sbiadire lentamente, di me non le sarebbe rimasto nulla.

No, dovevo lasciarle qualcosa. Non ci eravamo incontrati inutilmente io e lei. Almeno una lettera dovevo scriverla... Era il mio turno, adesso, di dirle addio.

Léontine, tu non esisti, non sei mai esistita, sei il frutto della mia fantasia, un sogno di cui mi sono invaghito, che mi ha smarrito nel labirinto del cuore, che colora l'orizzonte grigio e lascia l'anima vagare...

Iniziai a scrivere, non mi sono più fermato.

Ogni tanto annotavo su un blocco di carta riciclata qualche ricordo che mi assaliva dal passato. Talvolta anche una poesia. Poi accendevo il computer. Nome Utente: *ilmionomeèNessuno*. Password: *6'nufess*, le password formate da espressioni dialettali in combinazioni alfanumeriche sono le uniche veramente inviolabili dagli hacker.

E iniziavo a scrivere.

Il resto mi è venuto spontaneo. Non è poi così difficile scrivere un libro autobiografico; non facevo altro che sfogliare le pagine di un album le cui fotografie non erano ancora ingiallite. All'inizio costava fatica. Poche righe, per giunta insoddisfacenti, in molte ore. Poi, un po' per volta, tutto è diventato più semplice.

Parole, idee, emozioni e ricordi hanno iniziato a fluire quasi meccanicamente, fino a diventare un torrente alimentato da una bella sorgente e tanti rivoli d'acqua affluenti. In fondo, scrivere è come partecipare a una gara sportiva. È questione di allenamento. Devi scaldare i muscoli, non puoi scattare a freddo. Magari strada facendo ti sfiati e scoppi, ma magari arrivi fino in fondo, e forse anche primo. Sapevo che non sarei arrivato primo, ma la gara dovevo portarla a termine. Erano le uniche due cose incompiute della mia vita: scrivere un libro, come aveva desiderato mio padre; avere Lea, come avevo desiderato io...

La prima volta che vidi Léontine fu nel maggio di sette anni fa, al Circolo della Vela, una notte calda e profumata che anticipava l'estate, come solo da noi ve ne sono...

Si mise di mezzo anche il prete, come se non avessi già abbastanza guai.

Lo aveva chiamato Alessandra, le cattive abitudini sono dure a morire. Non si era mai rassegnata alla mia mancanza di rapporti con la Chiesa. La imputava a mio padre, uomo libero, e a mio nonno, massone. Ma io non sono mai stato bravo a coltivare le buone tradizioni di famiglia.

Conoscevo don Marco da vent'anni, da quando ci aveva sposati. Sono sempre stato il suo cruccio. Con lui definii tutto al primo incontro. Alessandra voleva la cerimonia in chiesa, io in municipio. Alla fine fui io a cedere, per renderla felice. Stupido iniziare a litigare prima del matrimonio, meglio farlo con tutta calma dopo – bisogna pur ingannare il tempo.

« D'accordo, sposiamoci in chiesa », le dissi. « Ma devo chiarire alcune cose con il prete. »

Mi accompagnò da lui, previo appuntamento. Don Marco allora era giovane e fresco di nomina alla Parrocchia di San Rocco, in centro.

« Alessandra vuole sposarsi in chiesa. Per me va bene, ma andrebbe bene anche una moschea o una sinagoga, qualunque posto dove si senta la presenza di Dio. »

« Bene, e allora qual è il problema? » rispose lui animato dalla prospettiva d'iscrivere due nuove pecorelle al suo gregge.

« Ci sono tre cose che non mi deve chiedere di fare! »

« Quali? » chiese incuriosito.

« La Confessione, la Comunione e il corso prematrimoniale. »

La durezza di quelle condizioni lo smarrì.

« Perché? » riuscì solo a balbettare.

« Perché non le riconosco la capacità di capire i miei peccati. Perché la Comunione con Dio me la cerco da solo. E perché in fatto di vita di coppia penso che lei non abbia nulla da insegnarmi. »

Era stata un'esca troppo appetitosa per quel pesce giovane e inesperto. Scattarono immediatamente i meccanismi congeniti nei cromosomi di ogni prete: la mania della conversione. Non gli sembrava vero di avere davanti a sé un'autentica pecorella smarrita. Partì subito all'attacco con la solita tiritera. Alessandra si torturava sulla sedia da fachiro. Chiacchierammo per un'ora circa. Non mollava l'osso, ma alla fine il prete si arrese.

«Sì, forse è meglio se non vieni al corso prematrimoniale, mi guasteresti anche gli altri.»

Giovane ma saggio.

«Per il resto vedremo», aggiunse, «ci devo pensare...»

Accettò anche il resto.

Con lui sono sempre stato gentile, l'ho aiutato in diverse occasioni e ho anche imparato a stimarlo – in fondo è una brava persona. Ma io sono rimasto il suo cruccio, e lui, per me, sempre un prete.

Quando lo vidi entrare nella mia camera capii subito che voleva riscattarsi dalle frustrazioni che gli avevo inflitto in quegli anni. Non gli pareva vero di avere finalmente il coltello dalla parte del manico: aveva il monopolio di una merce di cui, probabilmente, avevo disperato bisogno. Era animato da buone intenzioni, come sempre. Ma a volte non bastano, anzi, spesso fanno danni, soprattutto nei momenti sbagliati.

«Ciao Piero, Alessandra mi ha detto tutto... Sono venuto a vedere se posso fare qualcosa per te.»

«Lei è sempre molto gentile, padre, ma temo che possa fare ben poco.»

«Be', magari tenerti un po' di compagnia...»

Ecco che incominciava, la stava prendendo da dietro, per fregarmi!

«Ci sono due situazioni, padre, in cui un uomo vuole restare da solo: quando è stato abbandonato dalla donna che ama e quando sa di dover morire. A me sono accadute entrambe le cose. La prego, mi lasci in pace, lei non può capire.»

«Io capisco, invece, è il mio lavoro ascoltare la gente, e penso che tu abbia solo bisogno di parlare con qualcuno...»

«Ho il mio analista per questo, padre, lo pago da otto anni, mi basta lui!»

«Sei un medico di valore, ma non puoi affidare tutto alla scienza! C'è qualcos'altro...»

Incancellabili meccanismi congeniti nei cromosomi.

«Sa qual è il problema di voialtri, padre? È che dovete per forza fare i preti, è più forte di voi! Dovete fare a tutti i costi i missionari e convertire anche chi vuol essere lasciato in pace, come me per esempio.»

«Ma è la nostra missione, dobbiamo consolare...»

«Padre, lei non mi sta consolando, mi sta rompendo i coglioni!»

«Sei accecato dalla rabbia e dalla paura...»

«La smetta...»

«... la paura della morte e la rabbia verso Dio. Ma in fondo anche questo è un modo per riconoscere la sua presenza.»

«Con Dio ho sempre avuto un rapporto splendido, finché siamo io e Lui da soli. Ma quando vi ci mettete voialtri di mezzo puntualmente litighiamo!»

«Quando vuoi chiamami, Piero, sono a tua disposizione, quando avrai bisogno...»

Don Marco è un uomo mite, ma testardo.

Lo fermai proprio sulla porta, mentre se ne stava andando.

«Padre, mi scusi, ho esagerato. Spero che capisca, è un momentaccio...»

Mi sorrise.

In fondo aveva ragione lui: paura della morte e rabbia verso Dio, quel Dio che non mi aveva mai preso per mano. La Conversione di San Paolo, la morte di mio padre, la preghiera nella piccola moschea di Dahab, la preghiera dello Shavuot. Quante volte lo avevo incrociato e quante altre lo avevo ignorato! Paura? Orgoglio? Stupidità? No, solo disponibilità di tempo in quantità illimitata e il lusso di poter rimandare l'appuntamento.

Adesso non più, non potevo più ignorarLo, non avevo più tempo.

Avevo bisogno di distrarmi, le giornate in casa ad aspettare erano un incubo. Le premure, i sorrisi forzati, i pianti di nascosto, l'infermiere che veniva a orari stabiliti per la terapia, un incubo. Solo scrivere mi distraeva, riuscivo a volare, a vivere.

Una mattina sentii bisogno di uscire, di approfittare dell'ultimo sole d'autunno. Ero solo in casa, Alessandra a fare la spesa, Sveva alle prime lezioni dell'università, soltanto Mohilof, rassegnato, accanto a me. Si scosse non appena mi vide indossare il trench, scodinzolò, pensava fosse il suo turno. No, mio tenero amico, mi dispiace, non puoi venire, non ho più la forza di portarti al guinzaglio.

Mi è sempre piaciuto vagabondare per le strade di Bari, a qualunque ora, in ogni stagione. C'è sempre qualcosa d'insolito e di familiare da incrociare. Le facce della gente, una commessa che rinnova la vetrina, i vigili impazienti, due ragazzi che si baciano, uno stabile d'epoca appena restaurato, qualche vecchio amico che ti fa piacere rivedere, qualche vecchio nemico che ti fa cambiare percorso... In verità, avevo solo voglia di rivedere la mia città nella luce tersa di un mattino d'autunno.

Svoltai per via Andrea da Bari, il passato mi guidava, o forse era la solita attrazione molecolare. Entrai in un bar, mi sedetti a un tavolino e ordinai un caffè a un'avvenente ragazza.

Mi guardai intorno. Non ne era rimasto nulla, nemmeno l'odore, nemmeno la polvere dei libri di un tempo, tra i quali ero cresciuto. Quanto tempo avevo trascorso da bambino e da ragazzo lì dentro! In quel locale c'era la libreria di Pasquale Sorrenti, un luogo unico, incantato, irripetibile, di cui questa città ha perso ogni memoria. Oblio. Mio padre andava a trattenersi la sera, a fare la chiacchiera con gli amici. Quasi sempre mi portava con sé. Nella libreria di Pasquale si radunava un sacco di gente: mio padre, Gaetano Savelli, Vito Gallucci, Giorgio Saponaro.

Giorgio Saponaro... Lì in fondo, al posto della vetrina colorata dei gelati, c'era la sua sedia, proprietà esclusiva, di cui era gelosissimo, e Pasquale, quando si avvicinava l'ora in cui Giorgio puntualmente si affacciava, era sempre attentissimo che non venisse occupata da qualcun altro.

Ogni tanto lo rivedo, Giorgio, passeggiare incurante della sua solitudine per via Sparano con qualche libro in mano. Non ha mai perso quell'aria svagata e sognatrice, la mente distratta dai pensieri e dalle fantasie mentre aggiunge passo a passo, lentamente. Da bambino lo guardavo con soggezione: un omone troppo grande per le mie dimensioni d'allora. Uno scrittore! Uno che pubblica romanzi! Fascino dell'innocenza, la mia e la sua. Lo invidiavo allora e lo invidio oggi: è rimasto un bambino, non è mai voluto diventare grande. A osservarlo da lontano, fa tenerezza.

La libreria di Pasquale era così, era il festival del

disordine e della confusione. Migliaia e migliaia di volumi sparsi ovunque, dagli scaffali stracolmi alle pile in equilibrio precario in mezzo alle quali gironzolavo io bambino. Ma in quel caos Pasquale si orientava perfettamente. C'era di tutto, anche l'introvabile. Una sera entrò Denis Mack Smith con Paolo Laterza, che era da poco diventato il suo editore. Tutti meravigliati e lusingati per quella visita inaspettata.

«Denis ha bisogno di un vecchio libro... È introvabile ormai, nemmeno noi ce l'abbiamo. Tu sei l'ultima speranza, Pasquale», disse l'avvocato Paolo. All'epoca, Internet non l'avevano ancora inventato.

Pasquale gongolò di soddisfazione col suo pancione.

Non disse nulla. Solo un gesto appena abbozzato con il capo, poi scomparve nel retrobottega che era un luogo off limits per tutti, anche per Giorgio. Ne venne fuori dopo qualche interminabile minuto, con il libro in mano. Il suo pancione continuava a gongolare e Mack Smith non credeva ai suoi occhi.

Pasquale era così, tutti gli volevano bene e quando aveva bisogno di soldi gli si acquistava qualche libro in più, anche se non serviva. Povero amico, è morto distrutto dall'alzheimer, non riconosceva più nessuno, non ricordava più nulla, proprio lui che aveva avuto una memoria prodigiosa e, pur con la sua quinta elementare, una cultura enciclopedica.

Non ne è rimasto che un bar... E una città ingrata che non ricorda i suoi figli migliori.

Imboccai via Putignani.

Di fronte a me, in lontananza, lo scheletro dolente del Petruzzelli. Quanti anni erano passati dall'ultima volta che avevo sentito nelle narici l'odore della sua polvere, attraversato la penombra delle gallerie, bevuto la luce della platea d'oro di stucchi, sentito gli spifferi freddi del loggione. Quanto tempo ho trascorso fra quelle mura morte! Mia figlia non ha idea di cos'era il Petruzzelli. Non vi è mai entrata, non le appartiene, non può immaginare l'amore, l'estasi, il dolore, il sogno che mi ha regalato e che lei non vivrà. Anche se lo ricostruiranno non riuscirà ad amarlo, ormai è troppo tardi.

Io sono cresciuto lì dentro. Della prima volta che mi ci portarono ricordo la paura di quel corridoio buio che conduceva al nostro palco, una porta grigia aprirsi lentamente, io timoroso e disorientato dalla tappezzeria consunta, e sedie troppo alte. Poi un'esplosione di luce che inondava il teatro, enorme, vivo, palpitante, ricoperto d'oro. Dal golfo mistico salivano le dissonanze degli strumenti. Rimasi senza fiato. D'improvviso le luci si spensero e fu subito il Preludio della Traviata. È stato allora, ne sono sicuro, che la malattia mi ha infettato il sangue. Non ne sono mai guarito, mi ha torturato sempre e da sempre ne sono felice.

Migliaia di ore trascorse lì dentro. Sulle poltroncine del III Ordine, quando avevo un po' di quattrini. Sulle fredde panche di legno del loggione, quando tutto mancava, sulle quali era difficile arrivare fino all'ultimo atto del Lohengrin. E poi la gente... Il foyer era uno spettacolo. Signore in lungo dai capelli cotonati, il trucco pesante, una scia di Chanel che avrebbe narcotizzato un cavallo. Gli uomini in smoking, allora si usava ancora, distratti dal ricordo dell'ultimo incontro con l'amante.

Migliaia di ore trascorse lì dentro. Da ragazzo mi

guadagnavo un po' di soldi e qualche opera a sbafo facendo la comparsa. Il capocomico era terribile, un uomo enorme e severissimo. Dietro le quinte era il caos, ma tutto funzionava come un cronometro. L'ultima volta fui ingaggiato come fantaccino al seguito di Radames. Una sera, però, entrai in scena con l'orologio al polso. Il capocomico non mi fece nemmeno finire la rappresentazione e non mi chiamò mai più. Peccato.

Non lo rivedrò più. Non sentirò più nelle narici l'odore pungente di quella polvere magica.

Via Sparano, il salotto buono della città. Fesserie, non c'è nulla di speciale se non vetrine e merce di pregio d'ogni tipo, grandi firme. Ma l'ho percorsa mille volte, a ogni età.

Ai tempi del liceo la gioventù si divideva tra fasci e compagni. Non c'erano alternative. Via Sparano collegava e contemporaneamente separava piazza San Ferdinando, che era il covo dei fasci, da piazza Umberto, che era quello dei compagni. E quando si incontravano a metà strada volavano mazzate, quelle serie.

Era il corridoio dove i fasci inseguivano i compagni e poi i compagni rincorrevano i fasci. Il problema era il mio, che non stavo né con gli uni né con gli altri... e prendevo mazzate da tutti e due!

Poi, per fortuna, è arrivato Reagan e noi ragazzi abbiamo scoperto che era più divertente pomiciare all'angolo di Rossetti e gettare il tempo al vento, al Bar Esperia. Altre migliaia di ore in via Sparano.

La Libreria Laterza: da quando hanno rinnovato l'allestimento non riesco più ad andarci e il mio cuore soffre. Non mi sono abituato al nuovo arredo moderno e non ho voglia di farlo, non ne ho il tempo. Sono troppo legato agli scaffali scuri, a quei ripiani di legno, caldi, dove ho sfogliato migliaia di libri e migliaia ne ho acquistati. Spesso mi capitava di osservare qualcuno intento come me a cercare nuove pagine in cui rifugiarsi, con la stessa passione che ci mettevo io. Incrociavo lo sguardo dello sconosciuto di fronte a me e capitava di sorridergli, e lui, o lei, mi ricambiava. Solidarietà fra chi sapeva di essere tra i pochi, ormai, a praticare quell'arte misteriosa e segreta che è la scelta di un libro.

Libreria Laterza, altre migliaia di ore in via Sparano.

Sentii in lontananza una melodia dolce fluttuare per l'aria, la seguii come nel Pifferaio Magico. Due artisti di strada poco prima di piazza San Ferdinando. Lei bionda, lui olivastro. Violino e violoncello. Entrambi vestiti con un surrogato di smoking; una custodia aperta, per terra, a raccogliere la scarsa generosità dei passanti. Ero già stanco, mi gettai su una panchina di fronte a loro a riposarmi, godermi il sole e ascoltare Mozart. Mi sorrisero gentili mentre si avviavano alla conclusione.

«Da dove venite?» chiesi loro.

«Io sono olandese, lui è indiano, ma viene da Londra», rispose lei.

«Vivete così?»

«Giriamo l'Europa e ci sentiamo a casa nostra.»

Le sorrisi, era bella.

«È la prima volta che veniamo qui... Si sta bene, questa è veramente la Terra del Sole!»

Dal portafoglio cacciai la prima banconota che mi capitò e la deposi nella custodia del violino.

«Cosa vuoi ascoltare?» chiese ancora lei.

«Intermezzo...»

«Brahms o Mascagni?»

«Mascagni.» Nessun dubbio.

Sorsero nell'aria le note struggenti che più di tutte, fra tante, mi hanno consolato il cuore. Chiusi gli occhi e mi smarrii. No, non Intermezzo, ma Incantesimo...

Mi riportò alla realtà la musichetta metallica del cellulare. Sveva.

«Papà, ma dove sei!?»

«Sono in via Sparano amore, sono uscito per fare due passi.»

«Sono tornata a casa e non ti ho trovato, mi sono preoccupata...»

«Tranquilla, è tutto a posto. Avevo solo bisogno di una boccata d'aria.»

«Vuoi che ti raggiunga?»

«Ti aspetto...»

Arrivò qualche minuto dopo. Il tempo necessario a rasserenarsi. Bacio.

«Dove si va?» mi chiese.

«Ho voglia di vedere il mare...»

Sorridendo, mi prese sottobraccio. Imboccammo corso Vittorio Emanuele inondato dal sole. In lontananza il rudere del Teatro Margherita.

«Doveva essere bello quando funzionava», disse Sveva.

«Era solo un cinema, ma era bello ammirarlo... E poi c'era ancora il Circolo della Vela, adesso hanno sloggiato anche quello.»

Sveva scrollò le spalle.

«Ti ho mai raccontato la storia di questo teatro? Sai perché è costruito su palafitte in mezzo al mare?» le chiesi.

«Non c'era più spazio?»

«No, lo spazio c'era. È che i baresi sono gente furba, infida. Nella prima metà dell'Ottocento il Comune di Bari iniziò a costruire il Teatro Piccinni. La Curia Vescovile insorse: un teatro! Un luogo di perdizione! E altre amenità dello stesso genere. Bloccarono i lavori, ma alla fine trovarono un accordo. Ok al teatro, ma a due condizioni: prima costruire una nuova chiesa, che fu San Ferdinando, poi il Comune doveva comunque impegnarsi a non realizzare altri teatri "sulla terra di Bari". Sessant'anni dopo il Piccinni era diventato insufficiente e decisero di costruire un altro luogo di perdizione. Ma c'era quella clausola e non la si poteva violare. Sulla terra di Bari, diceva. Così il teatro lo costruirono in mezzo al mare... Il Vescovo incassò il colpo.»

Il sorriso commosso di Sveva mi ripagò.

«Solo tu sai raccontare favole come questa...» Aveva gli occhi pieni di lacrime. «Mi mancherai...»

«Anche tu...»

Mi diede un bacio.

E il passato continuava a guidarmi.

Imboccammo il lungomare, dopo poco ci trovammo a piazza Eroi del Mare.

Ero di nuovo lì, di fronte a quello stabile, a quel portone che sapeva di umido, la vecchia casa di Lea.

«Qualcosa non va?» domandò Sveva disorientata dal mio silenzio.

«Qui abitava Lea...»

«Quella della Boîte à Musique?»
«Già...»
«Ci sei venuto spesso in questa casa?»
«Troppo poco, non c'è stato il tempo.»

Mi sedetti su una panchina sbrecciata. Sveva mi prese sottobraccio, si strinse a me. Dal mio silenzio aveva capito.

«È stata importante per te?»
«Più di quanto possa immaginare...»
«Ti va di parlarne?»

Un profondo respiro e le raccontai tutto.

Tutto.

Sono sfibrato dalla chemio, mi assale la stanchezza, sono incapace degli sforzi più semplici. Appena mi alzo ho le vertigini, talvolta un po' di febbre, brividi, e dopo il trattamento vomito.

Il tempo non basta mai! Devo continuare, devo andare avanti, non devo fermarmi... Ho paura di non farcela, di non riuscire a terminare queste pagine. I giorni passano e a ogni aurora so che ce n'è uno in meno. Così trascorro le ore fra il letto e il divano con il mio portatile sulle ginocchia.

Non pensavo di finire così, con questo strumento freddo e stupido come ultimo compagno. Una vita spesa ad ammirare, coltivare il Bello, e ora a tenermi compagnia solo il ronzio di una ventola che si attiva per evitare il surriscaldamento. Il ticchettio dei tasti batte il tempo, come il mio vecchio metronomo.

Sono ingiusto. Questa macchina ha un cuore, il mio. E se qualcosa resterà di me sarà custodito in questo scrigno nero. Vita, sogni, ricordi, l'amore irrealizzato, tutto in un paio di megabyte. L'orgoglio tracotante di sentirsi Uomo, invincibile, padrone dell'Universo, in un microchip non più grande di un'unghia, senza il quale il mio destino è segnato, è solo l'oblio. Lento, inesorabile, per tutti, anche per Lea. Devo continuare, devo andare avanti, non devo fermarmi... Ma ormai lei è lontana, e di quella strana donna che una notte di maggio apparve all'improvviso non c'è null'altro da dire. Questi giorni d'attesa sono troppo dolorosi e lunghi per rischiare di appannare l'unico sogno che ho vissuto, o che ho solo sperato di vivere.

No, non è stato l'unico, tutta la mia vita è stata un sogno, e io un uomo fortunato! Che tristezza, parlo già al passato...

Sono, io *sono* un uomo fortunato! In fondo ho avuto una bella vita e al di là dei soldi e del successo l'ho saputa interpretare bene! L'ho vissuta appieno nello spirito e nella carne, con intensità rara, con la capacità di apprezzare a fondo tutto ciò per cui vale la pena girovagare per questo mondo. Ho avuto la Scienza e ho avuto la Poesia, la mente e il cuore, la ragione e la magia. Si può desiderare di più? Sono stato un medico apprezzato, un padre amato, un amico devoto, un amante appassionato. Ho commesso errori, ma anche quelli, a volte, sono una fortuna. Ho avuto compagni con cui affrontare la vita spalla a spalla e alla sera ubriacarsi col buon vino di Puglia. Ho avuto un sorriso per tutti e l'ho ricevuto da molti. Ho visto la luce della speranza accendersi negli occhi dei miei pazienti, il sogno sui volti dei miei studenti. Ho conosciuto Dante e Gozzano, Mantegna e Modigliani, Chopin e Gershwin, e fra le loro creature mi sono smarrito. Ho combattuto per le mie idee, le ho lasciate spaziare liberamente, le ho abbeverate alla fonte di migliaia di libri. Ho amato l'aurora e il tramonto e nelle giornate di pioggia ho scritto poesie. Ho visitato Valdemossa e Santa Caterina sul Sinai, in entrambi i luoghi ho intuito Dio. Ho visto il vecchio mondo contadino al suo tramonto e l'alba del nuovo. Ho imparato a scrivere con pennino e inchiostro in una scuola di campagna, oggi sto morendo sul mio laptop da 150 gigabyte. Ho avuto il mare e il vento; ho vissuto il brivido di un bordo di bolina col maestrale di marzo, quando ti senti invincibile. Si può desiderare di più?

Tutto quello che ho fatto, l'ho fatto bene. È stato breve, ma intenso! Cosa puoi togliermi ormai, Nera Signora, che non abbia già avuto? Un po' di tempo, tutto qua. Ma che importa la durata del viaggio se ciò che vedi di là dai finestrini ti segna il cuore!

Io sono appagato, sono sazio... E tu mi fai ridere.

Ho creduto nell'intensità della vita, nella profondità delle emozioni, nella perfezione dell'incompiutezza. E poi ho avuto Lea e l'ho amata e l'ho persa. Perfezione dell'incompiutezza di un amore.

Non puoi rubarmi più nulla che non abbia già avuto, soltanto un po' di tempo, mia Nera Signora.

Sono stato da Eliana oggi, mi ha accompagnato Roberto.

Ho fatto gli ultimi esami. La chemio non è servita a niente, solo a sfibrarmi e farmi vivere male queste ultime settimane d'attesa. Eliana mi ha dato di nascosto qualcosa per sopportare il dolore, che si fa sempre più intenso.

«Potresti averne bisogno», mi ha detto, «ti aiuterà...»

Siamo usciti in silenzio. Roberto al volante della sua auto, fermi nel traffico. Sempre silenzio.

«Hai paura?» mi ha chiesto. Solo l'amore gli consente quest'intimità col mio dolore.

«Sì, di andare in Paradiso...»

«Perché?»

«Sai che palle! Serafini e cherubini da tutte le parti, il rosario dalla mattina alla sera, per l'eternità!»

«Preferisci l'Inferno?»

«Certo! Lì almeno qualche puttanazza la trovo sicuro...»

Deformazione professionale: non provocare dolore, attenuare il dolore degli altri.

Ma la verità è sì, ho paura.

Sono rientrato a casa svuotato, il divano mi ha accolto ospitale come sempre.

Mi ha svegliato Alessandra. Ho sentito le sue mani tenermi la mia, ho aperto gli occhi, lei mi sorrideva, un sorriso triste. Le ho sorriso anch'io. Non mi ha nemmeno chiesto com'è andata, l'ha capito da sola.

«Perdonami, non volevo disturbarti...»

«Non ti preoccupare, tanto riposare è inutile, la stanchezza non se ne va...»

«Volevo solo starti un po' vicino, sentirti vicino...»

Silenzio. Poi ha continuato.

«Sai, in questi giorni ti guardo, e non riesco a rassegnarmi... Ma non all'idea di perderti domani, quanto di averti perso tanto tempo fa, senza accorgermene, senza reagire, senza far nulla per rimediare quando c'era ancora tempo, tanto tempo...»

«Abbiamo sbagliato in due, e sprecato tutto...» ho provato inutilmente a consolarla.

«Già, come due bambini viziati: abbiamo smarrito il nostro giocattolo più bello senza nemmeno rendercene conto...»

Lungo silenzio.

«Non faccio altro che pensare al passato, centinaia di ricordi ad affollarmi la mente... Di quando eravamo felici... Perché lo siamo stati, vero Piero?»

«Sì, lo siamo stati...»

«Eppure è iniziato tutto così per caso...»

Quel ricordo sembrava quasi divertirla.

«Perché ridi?»

«Perché se ci pensi, la nostra storia è nata a causa di una mancata partita a *chemin de fer*... Ricordi il primo bacio che ci siamo dati, quella notte a Corfù, sulla spiaggia di Barbati?» Ancora un sorriso. «Eravamo andati con gli amici al casinò ma non mi fecero entrare, non avevo i documenti per dimostrare i ventun anni... Non potevo restare sola ad aspettarvi e non potevo neanche rientrare in villa. Chissà perché decidesti di sacrificarti tu, rinunciasti al casinò, agli amici, e finimmo sulla spiaggia. È iniziata così... Mi chiedo cosa sarebbe stato di noi se quella sera invece che a me ti fossi dedicato alle carte...»

Era persa nei ricordi, sembrava persino spensierata.

«Guarda che quello è uno stronzo, mi dicevano i primi tempi le amiche, vuole solo divertirsi! E invece no, ci siamo innamorati...»

Ho sentito la sua mano scorrermi sul petto, lentamente. Gliel'ho stretta, cercando invano di fermare la sofferenza che esprimeva. Aveva bisogno di coraggio, di quel coraggio nel manifestare i sentimenti che le è sempre mancato.

«...e siamo rimasti assieme, io a seguirti, assecondarti, tu l'eterno insoddisfatto da una vita che non ti ha negato nulla, ma sempre assieme... Fino a Sveva... Ricordi? Sei stato tutto il tempo con me in sala parto, a tenermi compagnia, a incoraggiarmi, a lenire il dolore... Tedeschi è arrivato solo all'ultimo momento, giusto il tempo di trarre quell'esserino sporco e malforme dal mio ventre. Ricordi? Auguri papà! ti disse da sotto la mascherina, e ti pose Sveva fra le mani... Ecco, credo sia stata la prima volta che mi hai lasciata sola... Uscisti dalla sala parto con Sveva e non pensasti più a me...»

Sul suo volto, intanto, era riapparsa la tristezza.

«All'inizio non te ne sei accorto, poi ci hai fatto l'abitudine. Io venivo sempre dopo... L'università, la scienza, l'arte, Sveva, a volte persino il Rotary... Io potevo aspettare. Ma ho sbagliato anch'io, ho accettato l'eterno dramma di noi mogli, quello stato di subalternità agli uomini che ci spinge a dire pazienza, abbi pazienza, purché lui sia felice... No, è proprio questo l'errore! Felici o infelici che sia, bisogna esserlo in due, e per gli stessi motivi.»

Non l'avevo mai percepita così nuda, indifesa, prima di oggi.

«Sai, non è stato facile viverti accanto, tu sempre alla rincorsa di qualcosa, sempre insoddisfatto di te stesso nonostante i mille riconoscimenti che la vita ti ha dato, con il cervello sempre in movimento, alla ricerca dell'irrintracciabile, distratto da mille accidenti... No Piero, troppo impegnativo per me... Ecco, è stato questo il problema, io volevo un uomo normale al mio fianco, non un superuomo... Il senso d'inadeguatezza mi ha sospinto nell'angolo della tua vita...»

Ancora un attimo di silenzio.

«Infine il tuo tradimento, quello vero intendo, dell'anima; gli altri, quelli della carne, li avevo messi già in conto... Quando te ne sei andato ho urlato, ho pianto, ti ho odiato, ma odiavo solo me stessa per non essere riuscita a proteggerti, a proteggere questo nostro amore smarrito per strada...»

Ho visto i suoi occhi, quegli occhi che un giorno avevo amato, riempirsi di lacrime. Ho sentito la sua mano stringere la mia.

«Eravamo così giovani, forse anche inconsapevoli della vita... Ora non lo siamo più, non lo siamo più... E non c'è più tempo...»

Silenzio.

Poi Alessandra si è scossa, si è asciugata le lacrime che le rigavano le gote. E ha sorriso.

«Sono la solita... Tu stai per morire ed io ti angustio con le mie piccole cose, come quando ti chiedevo di mettere ordine in camera mentre preparavi le tue pubblicazioni scientifiche... Non cambierò mai...» Mi ha guardato smarrita nel silenzio di sempre, gli occhi grandi nuovamente lucidi. Si è alzata, è andata via.

Devo affrettarmi, il tempo fugge e mai come oggi vale il *dum loquimur*. Per il *carpe diem* non ho più le forze. Accendo il PC e scorro queste pagine che ho riletto mille volte e corretto altre mille e cambiato e riletto, non mi piacciono mai abbastanza.

No! Adesso basta! Inutile aggiungere altro, inutile togliere e modificare ancora. Se sei riuscito a trasferire il tuo cuore bene, altrimenti è troppo tardi. Non sei più tu ormai, sei troppo stanco. Risparmia le poche energie per vivere intensamente l'ultimo viaggio, l'ultima ventura.

Adesso basta raccontare! Questi giorni sono solo miei, troppo intimi, troppo soli. E poi queste pagine sono nate solo per Lea e rischio di divagare, come al liceo, di andare fuori traccia.

Adesso basta! Il libro è terminato, manca solo l'ultimo paragrafo, l'addio prima della parola fine.

È giunta la tua ora, vecchia bottiglia di Torre Quarto del '79! Per anni ci siamo guardati, tu dallo scaffale della libreria, io dalla sedia della scrivania. Per anni mi hai sfidato. Non ce la farai mai, mi dicevi sghignazzando... Non ce la farò mai, ripetevo rassegnato, ricordando mio padre.

«Aprila quando avrai terminato di scrivere il tuo primo libro, ma ricorda: il vino si guasta facilmente...»

Sperava ancora nelle mie doti di scrittore più che di scienziato.

Vecchia bottiglia, ho vinto io! Il libro è terminato, anche se non sarà mai pubblicato. Nessun editore sarebbe così sciocco da rischiare su una storia improbabile, leziosa e dolorosa come questa, oggi va di moda altro... Ma l'ho scritto ugualmente, l'ho scritto per me e l'ho scritto per Lea. Chissà com'è venuto, se è roba buona... Chissà se il rosso s'è mantenuto. Vediamo.

Allungo gli artigli sulla bottiglia dall'etichetta ingiallita e logorata dal tempo. La apro, finalmente.

Sì, il vino è ancora buono; ora posso stonarmi un'ultima volta con questo fedele compagno di sempre, bicchiere dopo bicchiere. Oggi il libro è finito e posso ubriacarmi un'ultima volta col rosso di Puglia, potente narcotico del cuore.

Quella bottiglia di Torre Quarto del '79 è rimasta sullo scaffale troppi anni, nota triste e malinconica a commento di qualcosa che non si sarebbe realizzato.

Ma nella vita bisogna aver sempre un sogno incompiuto, un'illusione per andare avanti, per dar senso e luce a ogni nuovo giorno. Per anni ho guardato quella bottiglia che mi riportava alla mente gli entusiasmi della gioventù, speranze ingenue, desideri innocenti, sogni, illusioni. Per anni ho guardato quella bottiglia pensando al libro che non avrei mai scritto.

Oggi il libro è finito, e anche la mia vita sta finendo, come questa bottiglia finalmente aperta e ormai quasi vuota.

Ma il sogno irrealizzato è rimasto e me ne vado con un solo rimpianto, Léontine.

Un'illusione cui non riesco a rinunciare, nemmeno di fronte alla Nera Signora che occhieggia sempre più insistente e controlla che non fugga in groppa a un cavallo più veloce del vento.

No, non può finire così! Ci sarà un'altra vita, un'altra occasione! Io ti cercherò ancora Lea, tu mi cercherai e ci troveremo, saremo felici. Ci sarà un'altra vita... Promettimi che non la getteremo via come abbiamo fatto con questa, mia e non mia Léontine!

Ho racimolato le ultime forze e sono uscito. Fa freddo e ormai sono una larva, ma non ho potuto rinviare. Mi sono avviato lentamente verso la chiesa di San Rocco. Don Marco era lì, casualmente sulle scale. Le botte di fortuna capitano anche ai preti. Mi ha visto in lontananza e ha aspettato che mi avvicinassi. Sapeva dov'ero diretto, erano vent'anni che attendeva quel momento, pazientemente.

Mi ha guardato, mi ha sorriso.

«Sono felice di vederti, Piergiorgio. Sapevo che prima o poi ce l'avresti fatta...»

«Meglio tardi che mai, padre.»

Ho fatto con fatica i gradini della chiesa.

«Entra...»

Mi ha accompagnato, ci siamo seduti insieme nell'ultima panca e siamo rimasti a lungo in silenzio. Purtroppo le chiese non profumano più d'incenso come un tempo.

È stato lui, infine, a parlare per primo.

«Ti senti a disagio qui?»

«Non mi sono mai sentito a disagio alla presenza di Dio. Ho avuto la fortuna d'incontrarlo in molti luoghi e di poterlo invocare con tanti nomi, Scienza, Allah, Javè, Grande Architetto... Sono sicuro che a Lui importi poco di come lo chiamiamo e di come preghiamo...»

Ancora silenzio.

«Tanti anni fa ero in vacanza sul Mar Rosso, a Dahab, un paradiso per chi fa windsurf. Un pomeriggio, mentre gli altri erano a far compere di paccottiglia, me ne andai in giro da solo e mi ritrovai all'ingresso della piccola moschea del paese. Mi tolsi le scarpe ed entrai. Non c'era nessuno a quell'ora, solo silenzio e penombra. L'odore dell'aria non era molto diverso da quello delle nostre chiese. In quella quiete provai un'emozione intensa, padre. Vidi un angolo appartato e sentii il bisogno d'inginocchiarmi. Non so quanto tempo sia rimasto lì, ad ascoltare il battito del mio cuore. Poi si avvicinò a me un vecchio sufi dal volto olivastro e rugoso, la barba ispida. Mi guardò. Tu non sei un credente, mi disse in un francese stentato. Naturalmente parlava dell'Islam. Gli risposi che non lo ero. Mi guardò ancora. Fai come me, disse. Insieme a lui piegai il mio corpo orgoglioso e con la fronte toccai il pavimento, più e più volte, rivolto verso La Mecca. Il vecchio sufi pronunciava parole incomprensibili. Quando finì mi guardò ancora, a lungo. Mi toccò il braccio. Tu sei un vero credente, mi disse.»

«Mi accorgo di averti mal giudicato Piero...»

«Non ha importanza padre, l'ho mal giudicata anch'io...»

«Ti lascio, devo prepararmi per la Messa...»

Mi ha poggiato una mano sulla gamba.

«Tanto non sei più solo, vedo che sei in buona compagnia...» ha aggiunto.

«Ti ho portato un regalo!» mi ha detto ieri Linda porgendomi un volume.

Non era mai venuta a trovarmi da sola. Non che non mi sia stata vicino in queste settimane, ormai mesi, di malattia; ma aveva timore d'incontrarmi, di guardarmi negli occhi. Il senso d'inadeguatezza in certe circostanze è un inibitore insuperabile, anche per una donna dolce e spontanea come Linda. Ma alla fine ce l'ha fatta. Aveva un buon motivo.

«Ieri sera siamo stati alla presentazione», ha detto indicando il libro che intanto avevo già iniziato a sfogliare. «È sui fari e sul mare. È pieno di fotografie bellissime e tante storie strane, di quelle che piacciono a te.»

Luci ed Eclissi sul Mare, Enrica Simonetti. Ho continuato a sfogliarlo con l'attenzione che meritano le cose belle. Linda aveva ragione: è un libro magnifico, mi terrà compagnia. L'ho ringraziata con un sorriso e con un bacio.

«Non è solo per questo che sono venuta. La presentazione si è tenuta in un luogo incantato, la casa di tutti gli amanti del mare, devi vederla...»

Non è riuscita a finire la frase e si è morsa le labbra.

«Prima che sia tardi? Allora deve valerne davvero la pena... Che posto è?»

«La Vedetta sul Mediterraneo, è a Giovinazzo.»

«Il nome m'ispira...»

«Te la senti di uscire?»

«Sono stanco... Ma andiamo lo stesso, mi appoggerò a te.»

In macchina mi sono addormentato. Linda mi ha svegliato quando già aveva parcheggiato nella piazza principale di Giovinazzo.

«Dobbiamo fare due passi a piedi, il centro storico è chiuso al traffico.»

Ci siamo incamminati. Giovinazzo vecchia è davvero molto bella, ben tenuta, illuminata a dovere, tranquilla; ci ho trascorso molto tempo nelle notti d'estate. Mi sentivo stanco, ma quel breve tratto di strada fino alla cattedrale è stato piacevole ugualmente.

Nicolò, ideatore e anima della Vedetta, ci stava aspettando.

Sui quaranta, occhiali alla Cavour, capello lungo brizzolato. Un bell'uomo, sguardo intelligente. Ci ha accolto con un sorriso, che si è appannato appena mi ha visto meglio – devo fare proprio schifo...

Dopo le presentazioni ha iniziato subito a parlarci della sua realizzazione, un sogno di molti anni che era divenuto realtà.

«Era una vecchia costruzione dei primi del Novecento innestata su una torre più antica. Quando l'ho scoperta era in rovina, stava crollando. Mi sono innamorato del punto in cui sorge e ho immaginato di farne la casa degli amanti del mare. Tu ami il mare, vero?»

«Da morire...» ho risposto. Mi ha guardato perplesso.

«Ho trovato alcuni amici che hanno condiviso il mio sogno. Non potete avere idea di cosa abbiamo fatto in questi anni per realizzarlo: ci siamo indebitati, abbiamo bussato a mille porte, sfidato una burocrazia ottusa e arrogante... Ma alla fine ci siamo riusciti.»

Era giustamente orgoglioso.

«Venite!» ha poi aggiunto precedendoci nel portone d'ingresso.

Abbiamo attraversato una breve scalinata che immetteva su un ampio terrazzo illuminato da luce artificiale, affacciato sul porto di Giovinazzo. La casa era appollaiata su uno sperone di roccia a strapiombo nel punto da cui partiva il molo, esattamente al confine fra terra e mare. Una giuntura perfetta, quasi irreale. Era già buio, l'orizzonte ormai invisibile; ho lasciato che lo sguardo si perdesse nell'indistinto, respirando a fondo la salsedine. Nicolò intanto continuava a illustrare tutte le difficoltà tecniche che aveva dovuto superare per rimettere in piedi quel rudere. Non sapevo cosa ci fosse dentro, ma già quella terrazza e quella vista erano sufficienti a giustificarne il lavoro.

Di fianco alla porta d'ingresso, una targa dedicata a tutti coloro che in mare hanno perso la vita:

Nulla finisce mai in mare.
L'Energia muta, si trasforma,
si fonde nell'azzurro,
ritorna...

È vero: nulla finisce mai, in mare.

Nicolò non poteva capire quanto mi consolasse quel messaggio di speranza.

Tutto ritorna...

Siamo entrati all'interno della costruzione. Ospitava le foto dei fari d'Italia tratte dal libro di Enrica Simonetti.

«Qui organizzeremo mostre, convegni, raccoglieremo modellini di navi e strumentazioni di bordo, proietteremo film, ascolteremo musica di paesi lontani affratellati dal Mediterraneo, passeremo le serate fra amici a parlare del mare. Sarà un luogo tutto nostro...»

Nelle sue parole ancora la forza del sogno. La stessa passione che un tempo Lea aveva visto nei miei occhi, oggi così opachi.

«Hai realizzato una cosa splendida Nicolò, t'invidio...»

«Ormai c'è tutto...» ha continuato soddisfatto. «C'è persino un fantasma!»

«Un fantasma?» ha chiesto Linda incuriosita.

«Sì... Prima della guerra qui abitava una professoressa di greco, con il marito capitano di lungo corso. Erano innamorati ed erano innamorati del mare. Avevano scelto questa casa come loro rifugio. Poi lui morì durante la guerra, il suo convoglio fu affondato. Il mare dà, il mare prende... Lei rimase sola in questa casa per anni. Raccontano che a volte scendeva a riva, la sera, e per ricordare il suo amore perduto metteva in acqua delle barchette di sughero con una piccola candela accesa, che la corrente portava via. Da quando è morta, qualcuno di notte vede ancora galleggiare quelle piccole luci. Dicono che lei sia ancora qui, che non voglia andar via...»

Suggestioni di un sognatore.

«Venite con me, vi mostro una vista mozzafiato!»

Lo abbiamo seguito al piano superiore. Un piccolo ambiente ben allestito. Due vetrine ospitavano grandi modelli di navi del passato, il Puglia e il Barletta, Società di Navigazione Adriatica. Nicolò ha aperto la porta finestra che immetteva sul terrazzo. Non aveva mentito. Mi sono affacciato al parapetto: di fronte a me il buio infinito, interrotto solo da poche lampare di pescatori. A sinistra la darsena e tutta Giovinazzo vecchia, illuminata da luci ovattate. E sulla destra la costa si perdeva fino a Bari e oltre.

Migliaia di ore passate sul mare, in riva al mare, sognando il mare. Non poteva esserci conclusione più bella: un'emozione capace di riassumere l'amore di un'intera vita.

Linda si è avvicinata e mi ha preso sottobraccio.

«Avevi ragione, Linda, non potevo andarmene senza vedere questo posto...»

Lei si è stretta a me.

«Quanto costa iscriversi?» ho chiesto al padrone di casa.

«Duemila euro... Una volta sola, per tutta la vita.»

«Per tutta la vita?»

«Per tutta la vita!» ha confermato, quasi infastidito dal mio dubbio.

«Allora va bene, dammi il modulo d'iscrizione.»

Siamo tornati dentro. Mi sono appoggiato sul tavolo e ho compilato l'assegno. Linda era disorientata.

«Piero... ma che senso ha?»

«Spendere questi soldi?»

«Certo!»

«Vedi Linda, è che mi è piaciuta molto la storia del fantasma... Magari fra qualche settimana qui di fantasmi ce ne saranno due... E duemila euro sono un prezzo ridicolo per acquistare una dimora come questa, per l'eternità.»

Ho firmato l'assegno e l'ho consegnato a Nicolò smarrito.

«Adesso scusatemi, ho bisogno di star solo...»

E sono uscito di nuovo sul terrazzo.

Sulla sinistra, una scaletta a chiocciola di metallo portava all'ultimo terrazzino. L'ho affrontata con fatica.

Pochi metri quadri, quasi il cassero di un vecchio veliero. Su un angolo della battagliola svettava la piccola bandiera della Marina. In basso, lo strapiombo sugli scogli.

La notte, di fronte a me, mi aspettava. Una notte così capita una sola volta nella vita. È stato l'ultimo abbraccio col mare, la salsedine, il vento notturno che si era appena levato. Non avevo più pensieri, desideri, ricordi, speranze. Solo io e la notte, sul mare senza più orizzonte. Sono rimasto lì a scorgere l'infinito e il buio che mi aspettavano, immagine del mio destino ormai segnato. Null'altro se non l'indistinto di fronte a me poteva riassumere il domani che non avevo, l'abbraccio con l'Universo che ho sempre cercato. E che stanotte ho finalmente trovato.

O mort, vieux capitaine, il est temps!
levons l'ancre...

Epilogo

A un uomo che pensavo
mi avrebbe aspettato per sempre...

Che strana storia è stata questa, tutto è iniziato così lentamente, quasi per caso, per gioco. Poi un crescendo, ritmi sempre più serrati e fitti, emozioni sempre più intense e forti. I fili tessuti dal destino hanno iniziato a intrecciarsi, mi sono sentita soffocare, ho avuto paura. Ho cercato di tagliarli, ma riapparivano inesorabili a stringermi il cuore. Quando pensavo di avercela fatta, di essere riuscita a fuggire, i fili spezzati hanno ripreso a intrecciarsi, la trama a ricomporsi.

E sono fuggita di nuovo.

Tutto si è consumato così in fretta, troppo in fretta.

Hai ragione tu amore mio, ho avuto paura di volare, di sognare, di svegliarmi al mattino in compagnia del tuo sorriso perché sapevo che non sarebbe mai stato solo mio. Oggi non mi è rimasto nulla, se non il sogno allucinato di queste ultime povere ore.

E queste pagine.

Non sospettavo nulla quella sera.

Roberto era per strada ad aspettarmi, elegante come al solito, bello come sempre, forse reso ancor più bello da qual-

che nuova ruga. Era l'ultima persona che desideravo incontrare e fui tentata d'ignorarlo, ma non potevo fuggire.

Notai subito il sorriso stranamente triste, lo sguardo opaco, il volto tirato. Qualcosa non andava.

« Che succede? » gli chiesi.

Non riuscì a rispondermi subito. Mi guardò e prese tempo, coraggio.

« Sta morendo, Lea... » e i suoi occhi, gli occhi di un bambino, si riempirono di lacrime. « Stanotte è entrato in coma, forse è solo questione di ore... »

« Ma di chi parli? »

Lo avevo capito benissimo, ma non volevo accettarlo, non volevo crederci, non poteva essere vero!

« Di chi vuoi che parli! » rispose con rabbia. Poi, con più calma, quasi sottovoce: « Piergiorgio... Ho pensato che non fosse giusto che tu lo sapessi solo dopo... »

Ero annichilita.

« Tre mesi fa gli hanno diagnosticato un cancro... Pancreas. Era ammalato da tempo, ma lui proprio non se n'era accorto. »

Nascose il volto fra le mani.

« Non ha mai voluto che ti avvisassi, non voleva che fossi coinvolta... Non so perché, non mi ha detto molto, ma ho capito. »

Sentii il vento ghermirmi, sconvolgermi lo scialle, i capelli, sollevarmi in aria, scaraventarmi vorticosamente su e giù, volando, turbinando, cancellando ogni pensiero, ogni emozione, ogni reazione, ogni immagine. All'improvviso fui schiantata a terra. Un dolore lancinante, ero immobilizzata.

Il resto non lo ricordo. L'auto di Roberto, le strade, l'ospedale, l'odore di farmaci e disinfettante, muri scrostati, ve-

trate di anticorodal, disordine nei corridoi, distrazione degli infermieri, distacco dei medici di fronte allo spettacolo rutinario della morte.

Sola, davanti al tuo letto, realizzai cosa stava accadendo. Vidi una larva consumata da un male vigliacco, vidi quel corpo splendido che era stato mio, appassionatamente mio, ormai consunto. E le braccia che mi avevano stretto, le mani accarezzato, gli occhi parlato, la voce narrato sogni e poesie, il sorriso malinconico ormai spento. Non era un incubo, era tutto vero, tutto, tutto, tutto assolutamente, maledettamente vero.

Non riuscii più a reggere le lacrime.

Non so quanto tempo sono rimasta lì, accanto a te, stringendomi nello scialle, senza poterti dire più nulla, senza provare più nulla, pensieri, ricordi. Avevo freddo.

Sentii le braccia di tua figlia avvolgermi alle spalle. Finalmente un po' di calore. Mi stringeva e mi dondolava, quasi a voler svegliare dolcemente, dal sonno profondo in cui si era rifugiata, una bambina atterrita. Mi stringeva e mi dondolava, lentamente, lentamente.

Avvicinò la sua bocca e sussurrò: « Mi ha raccontato tutto... Gli eri entrata nel cuore... »

« Noooooooooooo... »

L'anima iniziò a urlare, mi divincolai.

« Non sono io la colpevole, io sono la vittima, non gli ho fatto del male, sono una donna fragile io, e debole, ho soltanto avuto paura! Soltanto paura... »

Ti ho guardato per ore, aggrappata a quel letto freddo, torturandomi le braccia, il cuore, la mente con i rimpianti, i ricordi, la disperazione. Sono rimasta lì per ore a piangere, a pregare. Sì... anche a pregare.

Poche immagini: la spoglia cappella del Policlinico, le vacue parole del prete, Tedeschi che ricorda a tutti « l'uomo, lo studioso, il medico...» Retorica, solo volgare retorica! Voi non lo conoscevate! Nessuno ti conosceva, nemmeno io. Quanti anni hai vissuto da solo, vagabondando smarrito fra le strade di una vita che non riconoscevi più, con l'unica compagnia dei tuoi versi tristi? Quanto tempo hai trascorso cercando un'anima disposta a tenerti per mano?

E alla fine hai trovato me. Sei stato crudele, amore mio!

Perché hai scelto me? Perché proprio io e non un'altra?

Elio indossa la fisarmonica.

«Mi ha chiesto di farvi ascoltare un'ultima volta questo breve brano che amava e di salutarvi così, dolcemente...» Si ferma un attimo per respingere le lacrime. «S'intitola Oblivion, *significa dimenticare lentamente, inconsapevolmente. Ma noi non lo dimenticheremo, non potremo dimenticarlo... Addio Piergiorgio, amico di sempre, uomo malinconico e solitario, è stato bello averti accanto...»*

Le note struggenti mi avvolgono, gli occhi annebbiati dalle lacrime non percepiscono più nulla, la mente vaga fuori, altrove, nel sole, sul mare, va a quell'ultimo giorno di felicità, in compagnia di una vecchia canzone.

Noi due soli su Rapsodia, l'ultimo giorno d'eternità.

Oggi è inutile, anche pregare è diventato terribilmente inutile. Nessuno ti ha ascoltato, nemmeno io. Non ti ho capito, ecco tutto... Non ho capito che uomo eri, non ho capito cosa volevi da me: una donna che ti tenesse la mano mentre te ne andavi.

Tu sapevi tutto, Piergiorgio! Sapevi tutto fin dall'inizio! Ecco perché quelle rose e quel biglietto di cui solo oggi comprendo la ragione: «Queste rose appassiranno presto, come i sentimenti che non vengono alimentati. Conservane una, un giorno capirai e sarai felice di averlo fatto».

Eccolo quel bocciolo di rosa, che oggi si sfalda appassito fra le mie dita, e quell'enigmatico addio, scritto sul retro del biglietto d'ingresso a una mostra. Non mi resta che questo, e l'amore di un uomo che pensavo mi avrebbe aspettato per sempre...

Elio è venuto a trovarmi nel pomeriggio. Ero sola in casa.

Mi ha portato un plico.

« Piergiorgio mi ha chiesto di custodirlo e di dartelo... solo quando fosse tutto finito. »

Ero disorientata. Qualche attimo in silenzio a pensare, a immaginare. Hai sempre amato le sorprese. Poi ho iniziato a scartarlo.

« No, aspetta... » mi ha fermato Elio, « aspetta che me ne vada. Piergiorgio non mi ha voluto dire di cosa si tratta... È solo per te, io non c'entro. »

Un bacio sulla guancia ed è andato via.

Ho lacerato la carta rossa:

Lettera a Léontine
di Piergiorgio Alfonsi.

Ero senza fiato e non avevo più lacrime. In seconda pagina, a penna verde:

Dedicato a Lea, che per me non è stata nulla, ma avrebbe potuto essere tutto...

Ce l'avevi fatta! Ce l'avevi fatta! Alla fine eri riuscito a scrivere il tuo libro! Un libro destinato a un'unica lettrice, solo a me, che n'ero stata la causa. Forse, almeno in questo, ero riuscita a donarti qualcosa, a renderti felice.

A occhi chiusi un lungo, profondo respiro. Silenzio.

Come nei temporali d'estate, quando piove e risplende il

sole e all'orizzonte appare l'arcobaleno, così, per un attimo, nel mio cuore straziato, un raggio di luce.

La notte è arrivata presto e io, nel silenzio della casa, ho letto d'un fiato le tue parole, pagina dopo pagina. La più lunga e inutile dichiarazione d'amore che una donna abbia mai avuto.

Sono le cinque del mattino, tutto tace nella notte. Adesso che ho ripercorso i nostri giorni, al dolore s'è aggiunto lo sfinimento. Dove ho sbagliato? Perché ho sbagliato? Ma è stato veramente un errore non credere in noi due? In fondo le tue pagine raccontano di un amore imperfetto, di una storia vissuta come hai vissuto tu: intensamente e troppo brevemente. Era il ritmo della tua vita, nella quale anche l'incompiutezza era un valore.

Ricordi? Me lo spiegasti davanti ai quadri di De Nittis. Non capivo gli sfondi nebbiosi, vaghi, indistinti. «Fanno risaltare la nitidezza della figura centrale, la protagonista è Léontine e solo lei. Anche l'incompiutezza può essere perfetta e non aver bisogno d'altro.»

Così è stato per te. Una storia imperfetta s'è trasformata in un capolavoro nel tuo cuore solo. Se avessimo consumato la nostra relazione come due normali amanti, il nostro amore si sarebbe compiuto, consumato, concluso.

Così no, così è rimasto sospeso, intatto. Tu l'hai rivissuto nel tuo cuore, nelle tue parole e pagine dolenti. Io solo oggi.

Già, solo oggi... E domani che sarà di me? Come potrò vivere avendo scoperto di amarti quando è ormai troppo, troppo tardi? Inutile, tutto è così inutile... Ho il cuore devastato. Non riesco a trovar ragione, spiegazione, consolazione per quanto è accaduto. Irrimediabile, tutto è così irrimediabile... Mi sento prigioniera dei miei errori. Vittima della stupidità del destino. Colpevole dell'inaccettabile razionalità delle mie azioni, dell'incapacità di capire, godere, vivere l'amore di un uomo troppo complicato, sì, ma che mi avrebbe resa felice e questi anni indimenticabili.

Ora non mi resta che l'amarezza, il dolore, il senso di colpa, i ricordi e queste pagine a farmi soffrire. Non ero pronta, ecco tutto... Non ho capito il valore che avevi per me, quanto contavi, cosa avresti potuto essere.

Io ti amavo, ma l'ho compreso solo il giorno in cui ti ho perso.

E non riesco a perdonarmelo.

Avrei potuto donarti un po' di felicità, di serenità nel mare di solitudine in cui ti eri smarrito. E non l'ho fatto.

Ora che non ci sei più percepisco la dolcezza del tuo sguardo e quel sorriso amaro sulle tue labbra. Amore mio.

Mai mi dimenticherò di te
e come potrei non pensare al tuo amore
che oggi mi tormenta?
Come potrei non ricordare le tue mani,
protezione inutile al mio cuore?

Vorrei che ieri non fosse mai esistito,
vorrei non sapere quello che oggi so,
vorrei non veder piangere così tanto
questo mio povero cuore...

Tua
LÉONTINE

Ciao papà,
dovunque tu sia...
Alla fine, come vedi,
quella bottiglia me la sono scolata!
Grazie!
RAF

Indice

Raffaello Mastrolonardo
La scommessa

Gian Lorenzo Manfredi, per gli amici Maestrale, è un uomo arrivato, orgoglioso e sicuro di sé. È un architetto di successo e sa godersi appieno le cose belle che la vita gli offre, comprese le molte distrazioni da una routine coniugale ormai troppo stretta. Si è fatto un nome nelle ristrutturazioni di prestigio, e grazie a ciò conosce i coniugi Vettori, ma soprattutto conosce lei: Miriam. L'incarico è restaurare una vecchia masseria, la Ginestra, e trasformarla in un luogo da sogno. Inaspettatamente le antiche mura di quella casa diventano la cornice di un amore che prima sboccia e poi divampa, nel quale Gian Lorenzo non crede e contro il quale è pronto a scommettere. Sullo sfondo di una Puglia autentica e assolata, presi per mano dai versi d'un grande poeta dimenticato, i due amanti metteranno in gioco se stessi e il loro mondo: tutto.

TEA

Narrativa TEA

Pamela Aidan, *Per orgoglio o per amore* (3ª rist.)
–, *Quello che resta* (2ª rist.)
–, *Tra dovere e desiderio* (3ª rist.)
Alan D. Altieri, *Armageddon* (1ª rist.)
–, *Hellgate*
–, *Killzone*
–, *Underworlds*
–, *Warriors*
–, *Juggernaut*
J. Austen e J. Aiken, *I Watson & Emma Watson* (1ª rist.)
Stephanie Barron, *Jane e la disgrazia di Lady Scargrave* (3ª rist.)
–, *Jane e il mistero del Reverendo* (2ª rist.)
–, *Jane e il segreto del Medaglione* (3ª rist.)
–, *Jane e lo spirito del Male* (1ª rist.)
–, *Jane e l'arcano di Penfolds Hall* (1ª rist.)
–, *Jane e il prigioniero di Wool House*
–, *Jane e i fantasmi di Netley*
–, *Jane e l'eredità di Sua Signoria*
–, *Virginia Woolf e il giardino bianco*
Carrie Bebris, *Intrigo a Highbury*
–, *Le ombre di Pemberley* (2ª rist.)
–, *L'enigma di Mansfield Park* (2ª rist.)
–, *Orgoglio e preveggenza* (6ª rist.)
–, *Sospetto e sentimento* (3ª rist.)
–, *Inganno e persuasione*
Massimo Cassani, *Zona franca*
–, *Soltanto silenzio*
Monica Ciccolini, *Il cielo bugiardo* (1ª rist.)
Angela Clarke, *I love fashion*
Shobhaa Dé, *Notti di Bollywood*
–, *Ossessione*
Daniela De Prato, *Il sole negli occhi*
Stefano Di Marino, *Sole di fuoco*
Susan Finden, *Casper il gatto pendolare* (2ª rist.)
James Frey, *Buongiorno Los Angeles*
Juliet Gael, *Romancing Miss Brontë*
Roberta Gallego, *Quota 33*

–, *Doppia ombra*
–, *Il sonno della cicala*
Marina Garaventa, *Voglio arrivarci viva*
Giovanna Giolla, *Ora comincia la vita di Isabel*
Roberto Goracci, *Acqua viziata*
Amanda Grange, *Mr. Darcy, Vampyre* (esaurito)
Elvia Grazi, *Lasciami contare le stelle*
Claude Izner, *La confraternita di Boulevard d'Enfer* (1ª rist.)
–, *La casa abbandonata di rue Corvisart*
Cornelius Kane, *Gli Ingrattabili*
–, *Il braccio felino della legge*
Raffaello Mastrolonardo, *Lettera a Léontine* (4ª rist.)
–, *La scommessa* (1ª rist.)
Nicola Manzò, *Gli amanti di vico San Severino*
Tucker Max, *Spero che servano birra all'inferno* (2ª rist.)
Elizabeth Newark, *La figlia di Jane Eyre*
Rossella Panigatti, *AnimaMagica*
Gabriella Parca, *La guerra acerba*
Tony Park, *Il respiro della savana* (esaurito)
–, *Sotto il cielo dell'Africa* (esaurito)
Roberto Parodi, *Scheggia* (3ª rist.)
–, *Controsole* (2ª rist.)
–, *Il cuore a due cilindri* (2ª rist.)
–, *Chiedi alla strada* (1ª rist.)
Matteo Pelli, *Non invitarmi al tuo matrimonio*
–, *Fuoricorso*
Liaty Pisani, *Il diario della signora*
Fabio Pozzo e Roberto Centazzo, *Signor giudice, basta un pareggio*
Matteo Righetto, *Savana padana*
Paolo Ruffini, *Tutto Bene*
Ian Sansom, *Il caso dei libri scomparsi* (10ª rist.)
–, *Che cosa è successo a Mr. Dixon?* (2ª rist.)
–, *Due uomini e un furgone (per non parlar dei libri)* (1ª rist.)
–, *Galeotto fu il libro*
Sara, *In un corpo senza carne*
Gianni Simoni, *Commissario domani ucciderò Labruna* (5ª rist.)
–, *Lo specchio del barbiere* (3ª rist.)
–, *Morte al cancello* (5ª rist.)
–, *Un mattino d'ottobre* (4ª rist.)
–, *Pesca con la mosca* (2ª rist.)

–, *Piazza San Sepolcro* (1ª rist.)
–, *Il ferro da stiro* (2ª rist.)
–, *Il filosofo di via del Bollo* (1ª rist.)
–, *Sezione Omicidi* (1ª rist.)
–, *Chiuso per lutto* (1ª rist.)
–, *Contro ogni evidenza* (1ª rist.)
–, *Troppo tardi per la verità* (1ª rist.)
Simona Siri, *Lamento di una maggiorata*
Marco Vichi (a cura di), *Selva oscura*
Nicole C. Vosseler, *Il cielo sopra Darjeeling*
Emma Woolf, *Alla fine di un lungo inverno*
Zoran Živković, *Sei biblioteche*
–, *L'ultimo libro* (4ª rist.)
–, *Sette note musicali*
–, *Il ghostwriter*
–, *Il grande manoscritto*
–, *Incontri impossibili*

Fotocomposizione:
Nuovo Gruppo Grafico s.r.l. - Milano

Finito di stampare nel mese di novembre 2014
per conto della TEA S.r.l.
dalla Elcograf S.p.A.
Stabilimento di Cles (TN)
Printed in Italy